COMMENTARY & PHOTOGRAPH FOR ALL N64 FAN!

NINTENDO64

NINTENDO64 PERFECT CATALOGUE 퍼펙트 카탈로그

samho MEDIA

머리말

벌써 7권 째를 맞이하게 된 「퍼펙트 카탈로그」 시리즈. 고가에다 판형이 큰 책임에도 불구하고 매 권이 나올 때마다 응원해주셔서 진심으로 감사할 따름이다. 진부하나마, 독자 여러분께 깊이 감사를 드리고자 한다.

이번 책의 테마로는 다시금 시대를 크게 거슬러 올라가, 본 시리즈 최초로 64비트 게임기인 '닌텐도 64'를 골라보았다. 사실 이 기기의 재미있는 점은, 세대별로 평가가 크게 갈린다는 것이다. 닌텐도 64가 현역이었던 1996~2001년의 일본 게임업계는 비디오 게임의 대중화가 급속도로 진행되었던 시기로서, 이른바 코어 게이머가 아닌 '평범한 성인'이 마치 최신유행을 따르듯 게임을 즐기던 시대였다. 그러한 '캐주얼 게이머' 층을 대거 입문시키는 데 공헌한 게임기가 바로 플레이스테이션이며, 그 반면 이전부터 게임을 즐겨온 코어 게이머는 세가새턴을 선호했다는 식의 막연한 구분선이 그어져 있었다(물론 이건 어디까지나 당시의 '경향'이 그랬다는 의미로서, 코어 게이머가 플레이스테이션을 배척했다는 식의 극단론이 결코 아니니 오해하지 않기를 바란다).

그럼 닌텐도 64의 구매자 층은 과연 누구였느냐 하면, 바로 '초등학생·중학생'이었다. 이 당시 초등학생·중학생이었던 현재의 30대 게이머에게, 닌텐도 64는 매우 깊은 추억이 어린 게임기이다. 자신이 번 돈으로 마음껏 게임을 살 수 있는 성인 게이머와는 달리, 초등학생·중학생에게 '게임'이란 무척 값비싼 상품이다. 무슨 게임을 살지 철저하게 정보를 수집해 심사숙고하여 결정하고, 부모님이 어렵사리 사주시고 나면 그 게임을 바닥까지 파고들어 즐기던 추억이 누구에게나 있으리라 생각한다.

그런 닌텐도 64도 발매된 지 벌써 20년 이상이 지나, 어느새 이미 충분히 '고전 게임기'가 되었다. 이번 책에서는 이 닌텐도 64와 함께 어린 시절을 보낸 분들을 대상으로 삼아, 당시의 추억을 되살리는 도구로서 활용될 수 있는 책을 목표로 집필하였다. 특히 금번에는 지면이 비교적 여유로워졌으므로, 새로운 시도로서 소프트 카탈로그에 ROM 카트리지 전면 및 패키지 후면 사진도 함께 게재해 보았다. 좋은 볼거리가 되었으면 하는 마음이다.

2019년 4월,

마에다 히로유키

NINTENDO 64

NINTENDO64

NINTENDO64 PERFECT CATALOGUE 퍼펙트 카탈로그

CONTENTS

CHAPTER 1
닌텐도 64 하드웨어 대연구

CHAPTER 2
닌텐도 64 일본 소프트 올 카탈로그

CHAPTER 3
닌텐도 64 서양 소프트 카탈로그

CHAPTER 4
한국의 닌텐도 64 이야기

- 이 책 안에서 다루는 게임기, 소프트, 기타 각 상품은 ™ 및 ©, ® 표기를 생략했으나, 각종 권리는 해당 회사의 소유이며, 각 회사의 상표 또는 등록상표입니다.
- 이 책 안에서 다루는 게임기, 소프트, 기타 각 상품은 일부를 제외하고 현재 판매 종료되었습니다. 문의처가 게재되어 있는 상품을 제외하고, 이 책의 정보를 근거로 각 회사에 직접 문의하시는 것은 삼가 주십시오.
- 이 책에 실린 사진은 저자가 촬영한 것을 제외하고는 모두 당시의 카탈로그, 위키미디어 공용의 사진을 사용하였습니다. http://commons.wikimedia.org/wiki/Main_Page
- 회사명 및 상품명은 발매 당시 기준입니다. 또한, 일부 회사명 및 상품명이 정확한 표기가 아닌 경우가 있습니다만, 가독성을 위해 조정한 것이며 오독·오해 유발 목적이 아닙니다.
- 회사명 표기 시에는 '주식회사' 등의 표기를 생략했습니다. 또한 개인 이름의 경칭은 생략했습니다.
- 가격 표시는 원칙적으로 일본의 소비세 제외 가격 기준이지만, 당시 표기를 따라 소비세가 포함되어 표기된 경우가 일부 있습니다.
- 한국어판의 추가 페이지는 모두 한국어판 감수자가 집필하였습니다.

Special Thanks To

게임샵 트레더

꿀딴지곰	고전게임 컬럼니스트, 유튜브 채널 '꿀딴지곰의 게임탐정사무소' 운영
권생	목표는 '죽기 전에 모아둔 게임 다 하기'인 컬렉터
오영욱	게임잡지의 DB를 꿈꾸는 게임개발자
이승준	'레트로장터' 행사 주최자
정세윤	http://blog.naver.com/plaire0
타잔	레트로 게임 컬렉터, 네이버 카페 '추억의 게임 여행' 운영자
홍성보	월간 GAMER'Z 수석기자

CHAPTER 1

NINTENDO64 하드웨어 대연구

NINTENDO64 HARDWARE CATALOGUE

해설 '닌텐도 64'란 과연 무엇인가

COMMENTARY OF NINTENDO64 #1

실리콘 그래픽스와의 사장간 교류가 발단이었다

닌텐도 64는, 닌텐도가 처음으로 본격적인 3D 그래픽 표현에 중점을 두어 개발한 가정용 게임기다. 1990년대 들어서부터 폴리곤이 새로운 영상 표현으로서 주목받기 시작해, 아케이드 게임업계에서는 「릿지 레이서」(남코)와 「버추어 레이싱」·「버추어 파이터」(세가)가 등장하는 등, 본격적인 3D 폴리곤 시대의 막이 서서히 올라가고 있었다. 닌텐도 스스로도 전용 연산 칩으로 3D 그래픽을 구현한 「스타폭스」를 슈퍼 패미컴으로 발매하였고, 슈퍼 패미컴 이후의 차세대 게임기에 3D 폴리곤 기능을 본격적으로 넣는 길을 검토하던 차였다.

이 과정에서 닌텐도가 비즈니스 파트너로 고른 회사가 미국의 밉스 테크놀로지즈 사(이하 MIPS)와, MIPS의 모회사인 미국 실리콘 그래픽스 사(이하 SGI)였다. 당시 SGI는 자사가 보유한 3D 영상 기술의 일반 소비자용 제공을 모색하고 있었기에, 그 연장선상에서 '가정용 게임기'를 유망한 시장으로 눈여겨보았다. 이에 따라 SGI의 짐 클라크 사장이 직접 일본으로 가 닌텐도의 고 야마우치 히로시 사장과 대면 회담하였고, 여기서 MIPS가 제조하는 64비트 CPU + SGI가 제공하는 그래픽 엔진이라는, 훗날의 닌텐도 64의 기본 설계가 확립되었다.

1993년 8월, 닌텐도는 64비트 차세대 게임기를 1995년 연말에 발매한다고 발표하고, 이를 '프로젝트 리얼리티'로 명명했다. 이 시기에는 세가도 차세대기 '코드네임 : 새턴'을 개발 중이었고, 소니 역시 'PS-X'(후일의 플레이스테이션) 프로젝트를 진행하며 게임 업계 참가를 노리고 있었다. 닌텐도가 굳이 그 시점에 차세대 게임기를 발표한 것은, 라이벌인 양사에 대한 견제라는 측면도 있었다 하겠다.

닌텐도는 다음 해가 되자 '울트라 64(가칭)'로 기종명을 발표했고, 세가·소니에 비해 발매 시기가 늦다는 불리함을 불식시키기 위해 「Killer Instinct」·「Cruis'n USA」(154p) 등의 서양 개발 타이틀과 함께 「슈퍼 마리오 64」와 「파이널 판타지」의 데모 영상을 공개하여, 소프트 개발이 순조롭게 진행 중임을 어필했다. 이 시기부터 이미 64DD도 함께 발표하였는데(당시엔 '닌텐도 64 디스크 드라이브'라고 호칭했다), CD-ROM을 전면 부정하던 당시의 닌텐도 진영은 "닌텐도 64는 디스크 드라이브와 연결됨으로써 비로소 완전체가 된다."라는 표현으로 64DD의 우위성을 강조했다.

소프트 개발이 어려웠던 닌텐도 64

닌텐도 64의 하드웨어 개발과정은 계속 지연되었지만, 닌텐도는 이를 큰 핸디캡으로 여기지 않았다. 과거, 슈퍼 패미컴이 타사의 동세대 기종에 비해 2년 이상 뒤늦게 발매되었음에도 불구하고 압도적인 점유율을 유지한 전례가 있었기 때문이다. 당시엔 일본의 게임 관련 매체 및 게이머들 역시, 결국은 닌텐도 64가 시장의 패권을 쥘 것이라고 예상하던 차였다.

하지만, 닌텐도 64의 문제점은 오히려 하드웨어보다 소프트웨어 쪽에 있었다. 정확히는, '소프트 개발 체제'가 문제였다고 해야 하리라.

닌텐도 64는 닌텐도가 개발의 주도권을 쥐긴 했으나, 어디까지나 가정용 게임기 개발 노하우가 없었던 SGI가 설계한 하드웨어였다. 특히 이 시기는 3D 기술의 제작 툴도 개발환경도 거의 정비되지 않았던 초창기였기에, 3D 게임 장르를 선행 개척하던 일부 개발사들이 독자적으로 노하우를 축적하며 개발하던 때였다. 비교적 초기 단계부터 「블래스트도저」와 「골든아이 007」 등의 하이퀄리티 3D 게임을 완성해냈던 영국의 레어 사(슈퍼 패미컴의 「슈퍼 동키 콩」 시리즈 등으로도 유명한 개발사)조차도, 닌텐도 64의 개발 단계부터 반년간이나 SGI에 전담 개발진을 파견해 소프트 개발에 필요한 노하우를 습득했었다고 한다.

당장 닌텐도부터 자사 개발 라인의 소프트 개발이 예상보다 지지부진했던 탓에 발매연기를 거듭하게 되어, 동시발매 작품인 「슈퍼 마리오 64」 이후 킬러 타이틀이 좀체 나오지 못하는 소프트 가뭄 상태에 빠지고 말았다. 기기 발매 초기에 터진 이러한 부진은 이후의 닌텐도 64 마케팅 전반에 영향을 끼쳤고, 64DD처럼 하드웨어 자체는 일찍이 완성해놓고도 지원 소프트가 완비되지 못해 기기의 발매가 늘어지는 문제까지도 일어났다.

참고로 언급하자면, 마찬가지로 발매일이 매우 늦었던 슈퍼 패미컴이 시장에 순조롭게 안착할 수 있었던 이유는 서드파티까지도 활발히 참여하여 초기 단계부터 풍부한 소프트 라인업이 제공되었기 때문이니, 아무리 성능이 좋은 게임기라도 결국 '매력적인 소프트가 없으면 무의미하다'라는 대원칙을 새삼 깨우쳐주는 뼈아픈 사례라 하겠다.

한편, 닌텐도 64와 마찬가지로 3D 폴리곤 기능을 탑재한 게임기를 내놓았으며 개발 노하우가 부족한 서드파티도 다수 참여했었던 세가와 SCE(소니컴퓨터엔터테인먼트. 현 소니인터랙티브엔터테인먼트) 쪽은 자사 내에서 소프트를 개발하며 제작한 샘플 프로그램과 라이브러리를 서드파티에 끊임없이 제공해, 개발 부담이 조금이라도 줄게끔 정보공유에 힘썼다. 물론 이런 지원 대책이 현장에서 완벽히 작동했느냐 하면 꼭 그렇지만도 않았으나, 양사 모두 소프트 라인업 확충이 게임기 보급에 중요한 요소임을 잘 알았기에 취한 배려라 할 수 있다.

닌텐도 64는, 다음 쪽부터 나오는 하드웨어 해설로도 알 수 있듯, 같은 세대의 게임기들 중에서는 후발주자였던 만큼 월등히 뛰어난 성능의 기기였다. 하지만 그로 인해 소프트 개발의 문턱이 높아진 것도 사실이며, 가뜩이나 개발이 어려운 하드웨어이면서도 개발환경과 개발지원 체제를 충분히 구축하지 못했다. 이 두 가지 문제가, 타 기종 대비 닌텐도 64 소프트 라인업의 양적 격차의 요인이었다고 정리할 수 있겠다.

RPG 팬들을 잡아두지 못한 실책

발표 당초엔 차세대 게임기 전쟁의 주인공이 되리라 여겨졌음에도 불구하고 소프트 공급체제 지연이라는 예상외의 문제로 초장부터 발을 헛디딘 닌텐도 64 앞에, 더욱 험난한 난관이 기다리고 있었다. 과거 패밀리 컴퓨터와 슈퍼 패미컴을 제왕으로 만든 공로자였던 양대 소프트 제작사, 스퀘어와 에닉스가 닌텐도 진영에서 이탈한 것이다.

스퀘어는 앞서 서술한 대로, 차세대 「파이널 판타지」의 데모 영상을 이벤트에서 공개하여 차기 작품의 닌텐도 64 발매를 암시한 바가 있었다. 허나 스퀘어가 원했던 '동영상 연출'을 실현하려면 대용량 매체가 필수적인데도 불구하고, 정작 64DD는 언제 발매되는지도 알 수 없어 소프트 출시 계획조차 세울 수 없는 상태였다. 이런 상황을 알아챈 세가와 SCE는 각자 세가새턴과 플레이스테이션의 킬러 타이틀로 영입하기 위해 물밑에서 스퀘어 유치작전을 펼쳤으며, 결과적으로 SCE가 이에 성공했다. 그로 인해 「파이널 판타지 VII」이 발매된 후, FF 시리즈가 플레이스테이션의 간판이 되었음은 주지의 사실이다.

한편, 에닉스는 초기부터 서드파티로 참가하여 「원더 프로젝트 J2 : 코를로 숲의 조제트」를 닌텐도 64가 발매된 해에 출시했었다. 하지만 스퀘어와 마찬가지로 64DD의 발매 지연이 자사의 소프트 개발 계획에까지 영향을 끼쳐 난감한 상태였고, 마침 스퀘어가 1997년 플레이스테이션 진영으로 갈아타기도 해, 같은 해 에닉스 역시 플레이스테이션에 참가했으며 「드래곤 퀘스트 VII : 에덴의 전사들」의 개발도 정식 발표했다. 이 두 사건이 다른 소프트 제작사들의 닌텐도 이탈을 가속시켜, 그 결과 게임기 전쟁 삼파전이 플레이스테이션의 승리로 확정되었다고 할 수 있다. 이로 인해 특히 RPG·시뮬레이션 게임이 부족해진 것이 닌텐도 64의 큰 약점으로서, 슈퍼 패미컴 시절 키워놓은 이 장르의 팬층을 그대로 가져가지 못하고 라이벌 기종에 완전히 빼앗기게 만든 크나큰 실책이었다.

플레이스테이션과 세가새턴은 양쪽 모두 소프트 매체로 CD-ROM을 채용했으며 개발자원 및 소재를 공통 운용하기도 용이했으므로, 플레이스테이션과 세가새턴에 동일 타이틀을 발매하는 '멀티플랫폼' 전략을 취하는 소프트 개발사가 많았다. 하지만 설계사상과 그래픽 성능이 크게 다른데다, CD-ROM과 ROM 카트리지라는 매체·용량의 차이도 있고, '3D 스틱'을 전면에 내세운 특수한 조작계의 컨트롤러까지 고려해야 하는 등 다른 두 기종과는 차이점이 너무 많았던 닌텐도 64는, 이식도 번거롭고 판매량 예측도 힘들었기에 멀티플랫폼의 선택지에 들어가지 못했다(「하이퍼 올림픽 인 나가노」처럼 드물게 예외가 있으나, 타이틀명이 동일할 뿐 플레이스테이션판과 닌텐도 64판은 별개의 게임이다). 이런 점도 타이틀 수의 격차를 벌린 원인이었다 하겠다.

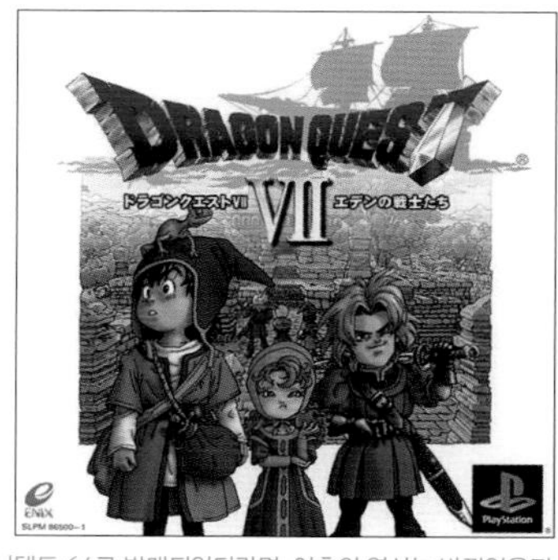

▲ 게임기 전쟁의 승패를 결정지은 2대 RPG. 만약 이 두 타이틀이 닌텐도 64로 발매되었더라면, 이후의 역사는 바뀌었을지도 모른다.

NINTENDO64 HARDWARE GUIDE

닌텐도 64

닌텐도 1996년 6월 23일 25,000엔
※ 1997년 3월 14일 16,800엔으로 가격 인하 ※ 1998년 7월 1일 14,000엔으로 가격 인하

64비트 CPU의 고성능 게임기

닌텐도 64는 닌텐도가 1996년 발매한 거치형 가정용 게임기다. 닌텐도 제품에서 '닌텐도'를 일본어 가타카나로 표기할 때는 보통 'ニンテンドー'가 표준이지만, 닌텐도 64의 경우 'ー'가 하이픈(-)으로 보일 수 있다 하여 'ニンテンドウ'라는 표기를 사용했다.

미국 실리콘 그래픽스(SGI) 사와 함께 '프로젝트 리얼리티'라는 공동개발 체제를 구축하여, 64비트 CPU와 램버스 사의 고속 메모리라는 하이스펙을 구현했다. 특히 3D 그래픽 표현을 위해 당시의 업무용 그래픽스 워크스테이션에 필적하는 성능의 칩을 신규 개발했으며, 소프트 개발기자재 역시 SGI의 제품을 채용했다. 개발 당시에는 상품명을 '울트라 64'라 했었는데, 형식번호의 'NUS'에 그 흔적이 남아 있다.

닌텐도 64의 사양

형식번호	NUS-001(JPN)
CPU	MIPS 64비트 RISC CPU (R4300i) 93.75MHz
메모리	RAMBUS RDRAM 4.5MB(최대 9MB) 전송속도 최대 4,500Mbit/초
GPU	RCP (미디어 코프로세서) 62.5MHz - RSP (사운드 및 그래픽스 연산 프로세서) DMEM : 4KB, IMEM : 4KB 내장 - RDP (픽셀 디스플레이 프로세서) TMEM : 4KB 내장
그래픽	화면 해상도 : 256×224 ~ 640×480픽셀 플리커 프리, 인터레이스 모드 컬러 : 최대 24비트 RGB 컬러 버퍼 + 8비트 알파 채널 표준 21비트 컬러 (2,097,152색) 출력 영상표시 처리 기능 : Z버퍼, 엣지 안티에일리어싱, 본격적인 텍스처 매핑 (트라이리니어, 밉맵, 인터폴레이션 텍스처, 환경 매핑, 퍼스펙티브 보정 등)
사운드	오디오 출력 : 16비트 스테레오, CD 품질 ADPCM : 피치 시프트 PCM으로 16~24채널, 이론상 100 PCM채널까지 가능 샘플링 주파수 : 44.1kHz 혹은 48kHz로 선택 가능
전원 / 소비전력	전용 AC 어댑터 (DC 3.3V 2.7A, DC 12V 0.8A) / 19W
외형 치수	260(가로)×190(세로)×73(높이) mm
본체 중량	약 880g

▲ 실물을 찍은 사진 대신, 특징적인 디자인을 도안화하여 내세운 외장 패키지 박스.

TOP VIEW

BOTTOM VIEW

FRONT VIEW

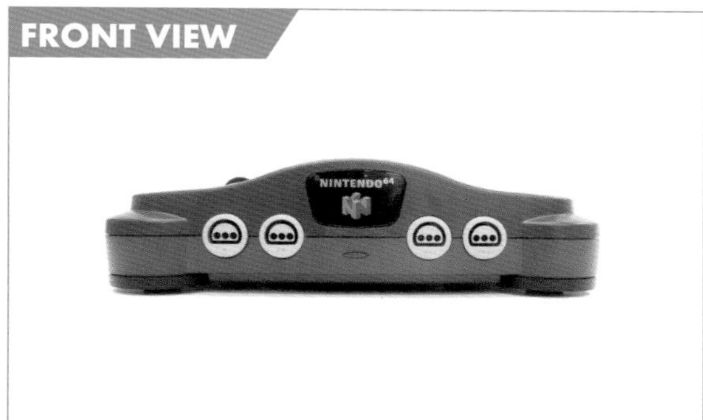

REAR VIEW

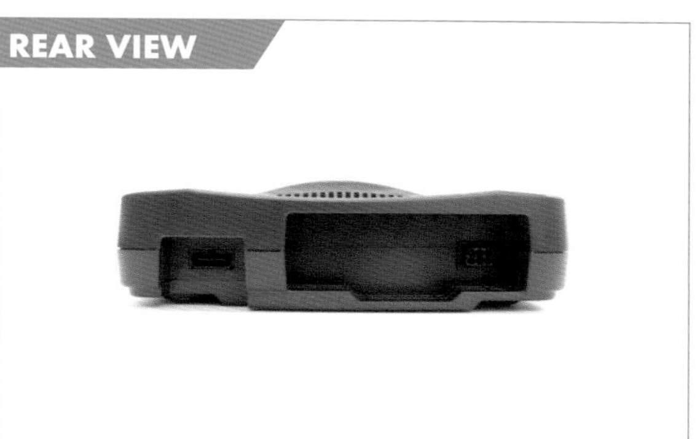

LEFT SIDE VIEW

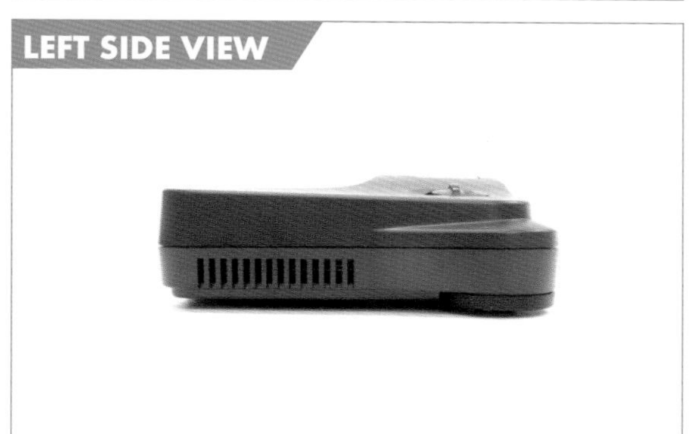

RIGHT SIDE VIEW

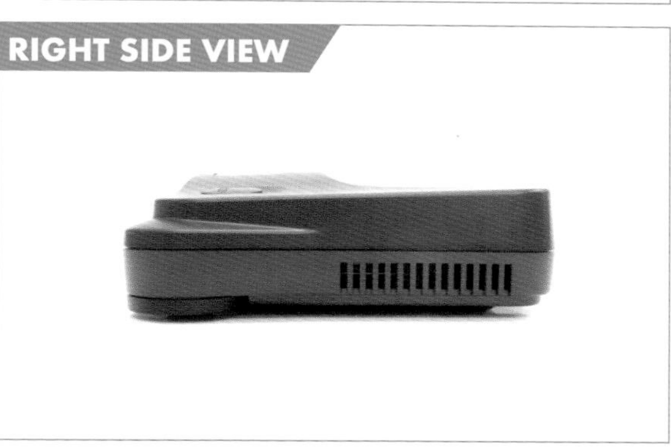

게임이 바뀐다, 64가 바꾼다.

닌텐도 64가 발매된 1996년은, 플레이스테이션과 세가새턴이 패권을 두고 다투던 32비트 게임기 경쟁 시대였다. 후발주자였던 닌텐도 64는 선행 발매된 두 기종을 꺾을 만큼 압도적인 연산성능을 지닌 64비트 CPU를 한 발 앞서 탑재했으며, 당시의 보편적인 조류였던 CD-ROM을 정면으로 부정하고 ROM 카트리지로의 소프트 공급 방식을 채용했다.

이전까지의 닌텐도 게임기는 발매 지역별로 제품명이나 본체 디자인이 바뀌는 경우가 많았으나, 닌텐도 64부터는 세계 공통의 유니버설 디자인을 본격적으로 도입했다. 3D-CAD를 사용하여 곡면을 도처에 넣은 특이한 본체 디자인과 검은색 바디는, 당시의 일본 유저에게 과거의 닌텐도 게임기에 없었던 이질적인 인상을 주었다. 컨트롤러 및 본체의 일부분에는 원 포인트로 그레이 컬러를 넣었는데, 이는 슈퍼 패미컴의 컬러링에 맞춘 것으로서 일본 유저에게 친숙한 색상을 남기고 싶었기 때문이라고 한다.

닌텐도 64는 업계의 왕으로 군림하던 닌텐도가 슈퍼 패미컴 이후 6년의 시간을 들여 발매한 신규 하드웨어였으므로 차세대 게임기 전쟁의 주인공이 되리라 예측되었지만, 이미 세간은 CD-ROM의 대용량을 활용하여 동영상·음성 연출을 진화시킨 플레이스테이션과 세가새턴에만 관심이 쏠려 있었고, 당초엔 닌텐도 64의 킬러 타이틀이어야 했을 「파이널 판타지 VII」도 결과적으로는 플레이스테이션으로 발매되고 말았다.

그로 인해 일본 국내 출하대수는 554만 대에 그쳐, 닌텐도의 게임기로서는 최초로 '3위'라는 점유율에 만족해야만 했다.

닌텐도 64의 본질은 '컨트롤러 혁명'

닌텐도 64를 말할 때 64비트 CPU를 비롯한 고성능에만 주목하는 경향이 있으나, 닌텐도 64가 게임 플레이 면에서 가장 큰 변화를 이룩한 부분은 바로 '컨트롤러'가 아닐까 싶다.

아날로그 스틱을 게임 조작의 표준 위치에까지 올려놓는 계기가 된 '3D 스틱'은 물론이요, 게임에 '진동'이라는 새로운 표현의 가능성을 가져다준 '진동 팩', 1~2명이 즐기는데 그쳤던 기존 게임기와는 달리 여러 명이 동시에 게임을 즐기는 재미를 제안한 '4개의 컨트롤러 커넥터' 등, 닌텐도 64가 컨트롤러 관련으로 새롭게 도입한 개념들은 실로 다채롭기 그지없다.

물론 'VRS'(32p) 등과 같이 성공하지 못한 제안도 있기는 하나, 이처럼 게임의 조작계 면에서 다양하게 제시한 새로운 시도들 중엔 이후의 게임기에 큰 영향을 준 것이 많으니, 공이 매우 크다 할 수 있다.

슈퍼 패미컴용 케이블을 사용 가능

가정용 게임기에서의 닌텐도는, 본체와 컨트롤러 쪽만큼은 과감하게 전 세대와의 호환성을 끊어버리는 경우가 많다. 이는 본체의 성능과 컨트롤러를 밀접하게 연관시키는 닌텐도의 개발철학에 기인한 것으로 보이는데, 그와는 반대로 케이블 등의 소모품 쪽은 최대한 전 세대의 것들을 물려 쓸 수 있도록 배려해주는 편이다(뒤집어 말하면, 닌텐도가 케이블이나 전원 부분의 호환성을 끊었다면 반드시 그럴 만한 이유가 있다는 의미이기도 하다).

닌텐도 64의 음성/영상 출력 단자(MULTI OUT)는 슈퍼 패미컴 발매와 동시에 도입했던 규격을 계속 채용한 것이라, 대부분의 슈퍼 패미컴용 케이블을 그대로 물려 쓸 수 있다. 이 음성/영상 출력 단자는 AV 패미컴부터 후일의 게임큐브에까지 사용되었으므로, 무려 4세대에 걸쳐 사용된 장수 단자라 할 수 있다.

닌텐도 64에 연결 가능한 케이블은 모노럴 AV 케이블, 스테레오 AV 케이블, S단자 케이블의 3종류(37p)이며, 슈퍼 패미컴용 RGB 케이블만은 닌텐도 64의 영상 생성 사양이 크게 변경된 탓에 사용할 수 없으니 주의해야 한다. 또한 슈퍼 패미컴에는 있었던 RF 단자는 닌텐도 64에서 삭제되었으므로, RF 출력으로 게임을 즐기려면 별매품인 RF 스위치 UV(37p)가 필요하다.

반면, 전원은 3.3V와 12V로 규격이 대폭 변경되었기에 패미컴·슈퍼 패미컴용 AC 어댑터는 사용할 수 없으며, 착오로 연결하지 않도록 아예 AC 어댑터의 형태 자체도 크게 변경했다.

바닥 면에 있는 의문의 확장단자

닌텐도 64의 바닥 면에는 50핀 확장 커넥터가 내장되어 있는데, 이는 64DD(22p)와의 결합을 상정해 마련한 것이었다. 애석하게도 64DD 자체가 발매량이 매우 적었으므로 이 단자를 실제로 사용한 유저가 거의 없어, 이후 발매된 피카츄 닌텐도 64에서는 단자 자체를 아예 삭제해 버렸다(내부 기판 상에는 남아있다). 슈퍼 패미컴 때에도 바닥 면에 이러한 확장 커넥터를 만들어두고는 끝내 거의 쓰지 않았었기에, 의도는 아니었겠지만 같은 실패를 반복한 셈이 되었다.

▲ 4개의 컨트롤러 커넥터. 단자 하단에 있는 점의 개수는 해당 플레이어의 번호를 의미한다.

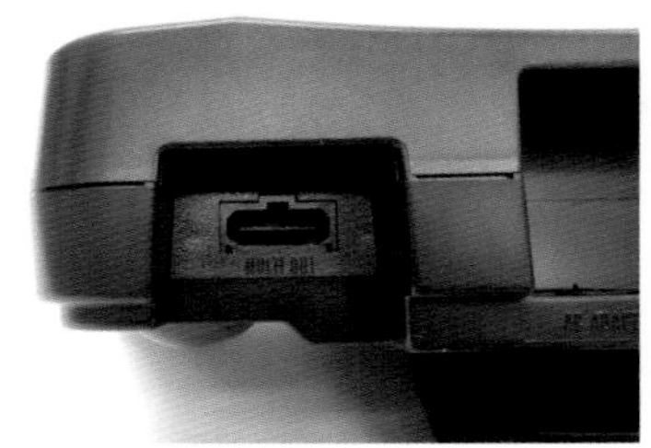

▲ 고참 유저에게는 익숙할 음성/영상 출력 단자. 슈퍼 패미컴용 케이블을 이미 TV 뒷면에 연결해뒀다면, TV 뒷면에 힘들게 손을 뻗지 않고도 게임기만 교체하면 되어 편리했다.

▲ 거의 사용되지 않았던 50핀 확장 커넥터. 64DD의 발매 지연이 새삼 아쉽기 그지없다.

CATALOGUE

컬러 바리에이션 모델을 다수 출시

닌텐도 64의 특징 중 하나가, 다양한 컬러 바리에이션 모델을 발매했던 전략이다. 본래 게임보이에서 처음 시작한 개념이었으나, 호평을 받아 가정용 게임기로도 전개한 것이다. 일본 내에서만 특정 판매처 한정 모델을 포함해 8색의 컬러 바리에이션이 있다.

이 컬러 바리에이션 전개는 이후 세대에도 이어졌으며, 플레이스테이션 2를 비롯한 타사 게임기에서도 널리 활용하는 전략으로서 정착했다.

1996.6.23 release

블랙

닌텐도 64의 기본 컬러.

1998.11 release 토이저러스 한정 판매

골드

토이저러스로만 나온 첫 컬러 바리에이션 모델. 이것만 성형색이 아니라 도장색이다.

1999.12.1 release 다이에이 한정 판매

클리어 오렌지 & 클리어 블랙

야구팀 '후쿠오카 다이에이 호크스'의 우승 기념으로 발매된 다이에이 한정 컬러 모델.

1999.11 release 토이저러스 한정 판매

미드나이트 블루

토이저러스 한정 모델 제 2탄.

1999.12.1 release

클리어 블루

한정판매가 아니라 정규 모델로서 투입된 컬러 바리에이션 모델.

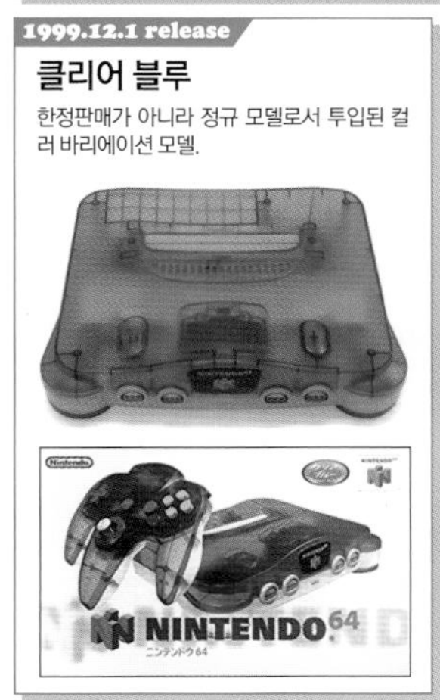

1999.12.1 release

클리어 레드

클리어 블루와 같은 날 발매된 정규 모델.

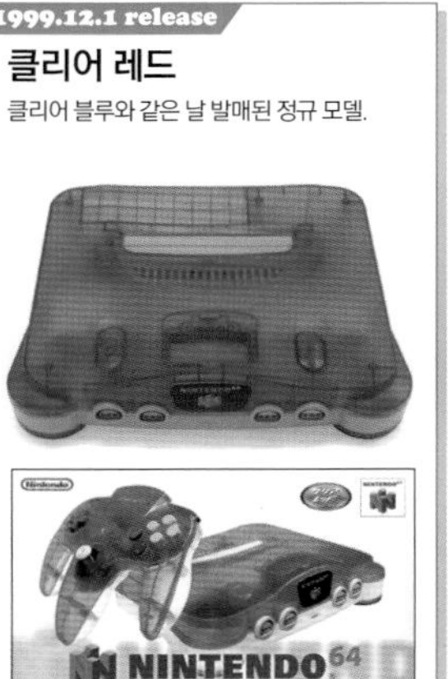

1999.12 release 저스코 한정 판매

클리어 그레이

일본의 슈퍼마켓 체인인 저스코에서만 판매된 한정 모델.

2000.2 release 랜드넷 한정 판매

클리어 블랙

랜드넷(22p) 가입 혹은 통신판매로 구입할 수 있었던 모델.

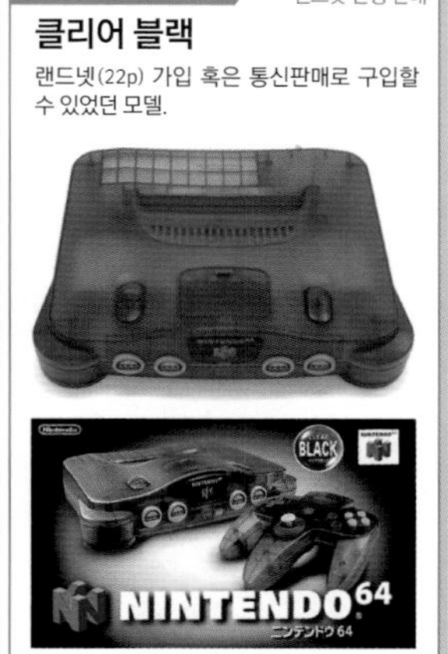

CHECK POINT 1 CPU(Central Processing Unit)

64비트 CPU가 제품명의 유래

닌텐도 64에 탑재된 CPU는 MIPS 사의 64비트 RISC 프로세서 'R4200'의 임베디드용 염가판 칩인 'R4300i'(정확히는 NEC가 라이선스해 생산한 칩 'VR4300'을 탑재)다. CPU 내에 부동소수점 유닛(논리 코프로세서)이 내장되어 있으므로, 닌텐도 64는 가정용 게임기로서는 최초로 부동소수점 연산이 가능한 하드웨어이기도 하다. 참고로, MIPS 아키텍처의 CPU는 플레이스테이션 역시 'R3000A'라는 32비트 프로세서 형태로 사용하고 있다(이쪽은 부동소수점 연산 명령어가 없다).

클럭은 93.75MHz로 구동되며, 거의 모든 명령어를 1클럭 내에 처리 가능하다. 발열을 낮추기 위해 히트 스프레더를 장착했고, 히트싱크를 나사로 고정했다.

CPU 단독보다는, 전체적으로 고속화

다음 페이지에서 소개하는 RCP와는 32비트 버스로 직결돼 있으므로, 메모리 액세스를 비롯한 각종 처리가 전부 RCP를 경유해 이루어진다. R4300i는 64비트 CPU이기는 하나 기본적으로 퍼포먼스를 RCP에 의존하기 때문에, 극히 일부 타이틀을 제외하고는 대부분의 소프트가 32비트 코드로 개발되었고 개발자들 역시 32비트로 코드를 작성했다. 부동소수점 연산이 가능한 만큼 기존의 가정용 게임기 CPU에 비해 총체적인 퍼포먼스가 뛰어나며, CPU 단독 속도뿐만 아니라 버스 대역폭도 넓게 설계했으므로, 굳이 64비트를 고집하지 않아도 32비트 코드로 컴팩트하게 설계하면 충분했기 때문이었을 것이다.

R4300i의 기본 사양

파이프라인 수 : 5단계 슈퍼스칼라 설계
클럭 (소비전력) : 100MHz(1.8W) ~ 133MHz(2.2W)
L1 캐시 : 명령어용 16KB, 데이터용 8KB
퍼포먼스 : 125 MIPS(1초당 100만 명령어 단위), 93.75 MFLOPS(초당 100만 회의 부동소수점 연산 단위)
다이 사이즈 : 45mm² 120핀 QFP 패키지(350nm 공정)

▲ 닌텐도 64의 기판. 성능 대비로 배선이 적고 심플한 구조인 것이 인상적이다. CPU(왼쪽)와 RCP(오른쪽 상단)는 물론, 메모리(오른쪽 하단)에도 방열대책으로서 히트 스프레더를 탑재했다.

CHECK POINT 2 RCP(Reality CoProcessor)

프로젝트 리얼리티 엔진의 심장부

닌텐도 64의 주요 컴포넌트 중 핵심에 해당하는 것이, 이 RCP(리얼리티 코프로세서)라는 이름의 칩이다. SGI가 닌텐도 64용으로 독자 개발한 64비트 코프로세서(메인 CPU의 일부로서, 일체화하여 동작하는 칩)로서, 62.5MHz로 동작하는 '프로젝트 리얼리티'의 중핵이라 할 수 있다. 칩 내부는 RSP(리얼리티 시그널 프로세서)와 RDP(리얼리티 디스플레이 프로세서)의 두 부분으로 구성돼 있으며, 이후부터는 각각의 기능과 성능에 대해 해설하겠다.

프로세서의 명령어를 리프로그래밍하다

RSP는 '그래픽 연산'과 '사운드 기능'을 담당하는 구역으로서, 폴리곤의 정점과 광원 위치, Z버퍼(폴리곤의 깊이값 정보)를 결정하여 실제로 그래픽을 그리기 전에 밑준비하는 역할을 맡는다. 또한 '서브픽셀 포지셔닝'이라는 기능이 있어, 더욱 정밀도가 높은 정점좌표 산출과 색 보간 데이터 생성이 가능하다. 이 덕분에, 타 기종의 그래픽에서 가끔 엿보이는 폴리곤 깜박임 현상이 닌텐도 64에서는 전혀 발생하지 않는다.

사운드 기능은 최대 샘플링 레이트 48kHz의 16비트 스테레오 ADPCM을 재생 가능(채널 수는 RSP의 부하 상태에 따라 변동된다. 이론적으로는 프로세서의 모든 자원을 사운드에 할당하면 100채널의 PCM 처리가 가능)하지만, 소프트웨어 코덱만 준비하면 PCM, WAV, MIDI 등 대부분의 음원 포맷을 지원시킬 수 있다.

RSP의 최대 특징은, 프로세서 내의 마이크로코드(명령어)를 재 프로그래밍하는 기능이 있다는 것이다. 마이크로코드를 변경하면, RSP를 '3D 표시 특화'·'2D 표시 특화'·'사운드 기능 특화'·'사고 루틴 특화'처럼 성격이 다른 프로세서로 변신시킬 수 있게 된다. 물론 마이크로코드를 리프로그래밍하려면 그에 상응하는 지식이 있어야 하므로 결코 누구나 만만히 다룰 수 있는 기능은 아니었으나, 일부 개발사는 폴리곤 표시 수를 극적으로 늘리는 등 독자적으로 RSP의 능력을 개선하여 활용하였다.

RDP는 렌더링 엔진

RDP는 이른바 렌더링(묘사) 엔진으로서, RSP가 연산한 정보를 넘겨받아 실제 '영상' 형태로서 표시 출력하는 기능을 담당한다. 매우 거칠게 비유하자면, RSP가 일단 밑그림을 그려주고, 그 종이를 RDP가 받아 화구와 터치를 결정해 착색하는 식이라고나 할까.

RDP의 영상 해상도는 256×224픽셀부터 최대 640×480픽셀까지로, 표시 색수는 색심도 정보가 RGB 각 8비트씩이므로 최대 약 1,677만 색이 된다. 여기에 8비트의 알파 채널도 추가하여 픽셀 단위로 투명도를 변경할 수 있어, 구름·연기 등의 디테일한 표현도 가능하다.

반면 RDP의 결점은 텍스처 캐시가 작다는 것으로, 불과 4KB였다. 따라서 텍스처를 많이 사용하는 영상을 표현하려 하면 작은 텍스처를 필요 이상으로 잡아 늘려 붙이게 되므로, 전체적으로 흐릿한 느낌의 그래픽이 되는 경우가 흔했다. 그래서 「슈퍼 마리오 64」처럼, 최대한 텍스처 매핑을 쓰지 않는 방향으로 게임 그래픽을 만들어야 했다.

RCP(리얼리티 코프로세서)의 개요

화면 해상도(NTSC)
최소 256×224픽셀 ~
최대 640×480픽셀

최대 발색수
24비트 (16,777,216색)
RGB 각 8비트 (256계조)

표준 발색수
21비트 (2,097,152색)
RGB 각 7비트 (128계조)

알파 채널
8비트 (256단계)
픽셀 단위로 투명도 설정 가능

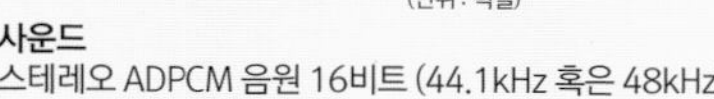

사운드
스테레오 ADPCM 음원 16비트 (44.1kHz 혹은 48kHz)

Reality Signal Processor (RSP)

MIPS R4000 기반의 128비트 정수 벡터 프로세서
캐시 : 4KB (명령어용), 4KB (데이터용), 4KB (마이크로코드용)
그래픽 : 정점·광원 연산, Z버퍼 연산
사운드 : 16비트 스테레오 ADPCM 최대 48kHz

초당 1.0GB의 128비트 내부 데이터 버스로 연결

Reality Display Processor (RDP)

픽셀 렌더링 프로세서
캐시 : 4KB (텍스처용)
영상효과 : 트라이리니어, 밉맵, 인터폴레이션 텍스처, 퍼스펙티브 컬렉션, 환경 매핑, 포그, 셰이딩(플랫/고러드/퐁), Z버퍼, 알파 블렌딩, 엣지 안티에일리어싱, 섀도우 매핑, LoD, 플리커 프리, 인터레이스 표시

CHECK POINT 3 MEMORY

램버스 DRAM을 세계 최초로 채용

닌텐도 64의 뛰어난 퍼포먼스는 CPU와 RCP만으로 이룩한 것이 아니다. 오히려 가장 크게 기여한 쪽은 메모리였다고 단언해도 좋을 정도이다.

닌텐도 64는 가정용 게임기로서는 처음으로, 메인 메모리와 VRAM 등의 각종 메모리를 하나의 메모리 상에서 공유하는 UMA(Unified Memory Architecture) 개념을 도입했다. 덕분에 회로설계가 대폭 간략화되어, 고속 액세스와 생산비 절감을 동시에 실현하였다.

닌텐도 64에 탑재된 메모리는 당시의 최신 아키텍처였던 4.5MB의 NEC사 제조 Rambus DRAM으로, PC용 RDRAM이 일반 판매되는 시기가 1999년경임을 고려해보면 1996년 단계에서 일찌감치 채용을 결정한 닌텐도와 SGI의 판단은 상당한 모험이었을 터이다. 당연히, 가정용 게임기에서의 채용 사례도 닌텐도 64가 최초일 수밖에 없다.

RDRAM은 '배선(버스)이 적은 대신, 이를 고속 클럭으로 구동하여 고속 데이터 전송을 구현한다'라는 발상으로 제작한 메모리로서, 닌텐도 64에서는 9비트 데이터 버스를 CPU 및 RCP의 클럭보다도 고속인 250MHz로 구동시킴으로써 초당 562.5MB라는 고속 전송을 구현했다(참고로, 플레이스테이션의 버스 대역폭은 초당 132MB).

RDRAM은 최선의 선택?

얼핏 보면 RDRAM은 장점밖에 없는 듯한 이상적인 메모리이지만, 후일 PC업계에 등장했을 때는 큰 화제를 일으킨 것치고는 결정적인 보급 타이밍을 잡지 못하여 급속도로 퇴출되고 만다. 소켓이 빌 때는 일일이 터미네이터(종단저항)나 더미 카드를 장착해야만 했고, 고 클럭으로 구동되므로 발열량이 커지는 등, 여러 단점이 있었기 때문이다. 즉 '주변부 회로가 늘어나 생산비가 증가'하고 '메모리 증설의 자유도가 제약'된다는 점이, 높은 범용성이 필요한 PC라는 상품과 맞지 않았던 것이다. 뒤집어 말하면, PC와 같은 풍부한 확장성이 전제조건이 아닌 주문형 완제품, 즉 게임기 쪽에는 상대적으로 적합한 메모리였다는 말도 된다.

닌텐도 64의 메모리는 앞서 서술한 대로 RDRAM이었기에, 메모리 칩 위에 방열대책으로서 히트 스프레더를 부착했으며, 본체의 메모리 확장 팩용 슬롯에 처음부터 터미네이터 팩이 장착된 상태로 출하했다.

VRAM까지 증설 가능했던 게임기

닌텐도 64에는 '메모리 확장 팩'(30p)이라는 메모리 확장 수단이 마련되어 있었다. 메모리 확장 팩 자체는 4.5MB의 RDRAM이므로, 삽입하면 본체와 통합되어 9MB로 메모리가 확장된다.

닌텐도 64는 메인 메모리와 VRAM이 동일한 RDRAM으로 공유되는 구조이므로, VRAM을 확장할 수 있는 세계 최초의 게임기라는 의미도 된다. 애초에 메모리 확장 팩의 발매 당시 상품명이 '하이레조(고해상도) 팩'이었으니, 화면 표시 능력을 추가로 강화할 수 있는 게임기라는 개념은 당시로서는 전대미문이었다 할 만하다. 꼭 VRAM 확장 용도로서만이 아니라, 64DD의 경우 메모리 확장 팩을 디스크를 사용하기 위한 워크 메모리 용도로 사용했다.

▲ 메모리 확장 팩 미장착 시, 슬롯에 터미네이터 팩을 꽂아두지 않으면 기기가 동작하지 않는다.

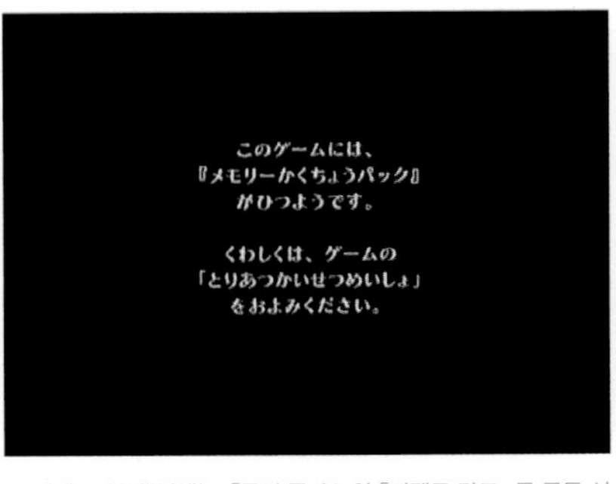

▲ 닌텐도 64 후기에는, 「동키 콩 64」와 「퍼펙트 다크」 등 구동 시에 메모리 확장 팩이 필수인 소프트도 발매되었다.

▲ 메모리 슬롯 뚜껑을 열면 바로 보이는 '떼지 마십시오' 스티커. 메모리를 확장하려면 떼어야 하는데도 겁을 먹은 초등학생도 많지 않았을까?

CHECK POINT 4 ROM CARTRIDGE

이번에도 ROM 카트리지를 채용

닌텐도 64의 소프트 매체로는, 당시 주류였던 CD-ROM이 아니라 패미컴·슈퍼 패미컴 시절부터 죽 사용해왔던 ROM 카트리지를 여전히 채용하였다. 다른 라이벌 플랫폼 사들은 '640MB나 되는 대용량', '극도로 저렴한 제조비', '매진되어도 곧바로 재생산할 수 있는 신속한 발매체제' 등을 CD-ROM의 장점으로 내세웠지만, 닌텐도는 '느린 액세스 속도'와 '물건을 함부로 다루는 어린이에 맞지 않는 민감한 상품'이라는 이유로 CD-ROM을 정면 부정했다. 그런 이유로, 당시의 가정용 게임기 중에서는 유일한 ROM 카트리지 기기가 되었다.

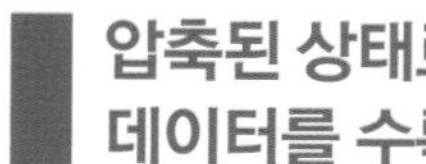

압축된 상태로 데이터를 수록

ROM 카트리지의 형태는 슈퍼 패미컴 때에 비해 전체적으로 작아졌으나, 내부를 철판으로 실드 처리하였으므로 크기는 작아도 제법 묵직한 중량감이 느껴진다. 용량은 64Mbit부터 512Mbit까지의 ROM(MB로 환산하면 8MB~64MB)을 마련했으나, 640MB인 CD-ROM과 비교하면 최대용량으로 따져도 CD-ROM 대비 1/10에 불과해, 용량 차이가 확연했다.

▲ 닌텐도 64 소프트 패키지의 전체 내용물. 외장 패키지는 슈퍼 패미컴 때보다 조금 커졌으며, 설명서도 충분히 큼직해졌다.

그런 이유로, ROM 내에는 주요 데이터를 전부 압축한 형태로 수록하고, 필요에 따라 데이터를 로드하여 메인 메모리 내에서 압축을 풀어 실행하는 수법을 도입하였다. 메인 메모리로의 전송과 데이터 압축 해제까지의 공정에는 당연히 처리시간이 걸리지만, 그래도 CD-ROM의 로딩 시간에 비하면 훨씬 고속으로 처리되므로, 플레이 중인 유저가 거의 의식하지 못할 정도의 속도를 구현했다.

또한 ROM 카트리지라는 전자회로를 사용한다는 장점을 활용해, 게임 도중에 저장이 가능한 '배터리 백업'은 물론, 전원을 끈 상태에서의 시간 경과가 게임 상황에 반영되는 「동물의 숲」의 '시계 기능', 원거리의 플레이어와 대전할 수 있는 「모리타 쇼기 64」의 '모뎀 기능' 등, 특수한 기능을 내장한 전용 카트리지도 발매되었다.

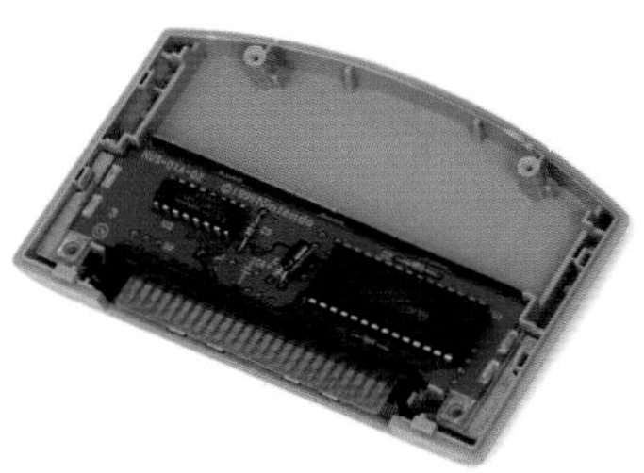

▲ ROM 카트리지의 내부. 기판은 작지만, 기판 주변을 철판으로 실드 처리했다.

▲ 닌텐도 64의 ROM 카트리지. 뒷면 하단에 보이는 네모난 홈은 국가별 리전 판별용으로 넣은 것으로, 사진은 일본 판매용이다.

CHECK POINT 5 CONTROLLER

컨트롤러는 개인용 단말기 개념

닌텐도 64의 최대 특징이라 할 만한 것이 바로, 이 기기용으로 신규 개발한 전용 컨트롤러이다. 가정용 게임기로는 최초로 '3D(역주 ※) 스틱'으로 명명된 아날로그 스틱을 표준 장비하여, 이후 게임기들의 방향 조작계의 사실상 표준이 되었다.

또한, 닌텐도 64는 다인 플레이의 재미를 강조한 게임기였기에 컨트롤러를 일종의 '개인 소유 단말기'로 간주하여, '친구 집에 자기 컨트롤러를 가져가 함께 즐긴다'라는 개념을 도입했다. 이를 위해 컨트롤러 하단에 소형 주변기기를 연결 가능한 '팩용 커넥터'를 신설하고, 이를 통해 게임의 세이브데이터를 저장하는 '컨트롤러 팩', 진동기능을 추가해주는 '진동 팩', 게임보이용 소프트와 연동시켜 주는 '64GB 팩' 등을 연결하도록 하여, 컨트롤러를 중심으로 다양한 기능이 확장됨을 강조한 점도 짚어둘 만하다. 팩용 커넥터는 컨트롤러 당 하나뿐이라 '컨트롤러 팩과 진동 팩을 동시에 사용할 수 없는' 등의 결점도 물론 있었으나, 플레이스테이션의 '듀얼쇼크'와 드림캐스트의 '비주얼 메모리' 등 이후 발매된 타사 게임기의 컨트롤러에도 다대한 영향을 끼쳤다.

이 컨트롤러에만 존재하는 또 하나의 특징이, 중앙 그립 뒤편에 있는 'Z 트리거' 버튼이다. 중앙 그립을 움켜쥐고 권총의 방아쇠와 같은 느낌으로 사용하는 버튼인데, 3D 스틱의 존재와 결합시키면 한손으로 FPS를 즐기는 데 매우 안성맞춤인 조작방법이었다.

(역주 ※) 3D 스틱의 '3D'는 닌텐도 공식 호칭이 '삼디'[さんでぃー]였다.

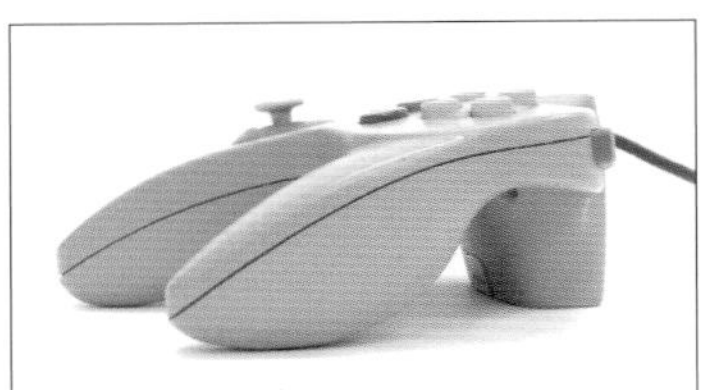

▲ 각 그립들과 팩용 커넥터가 자연스럽게 스탠드를 구성하므로, 내려놓아도 안정적이다.

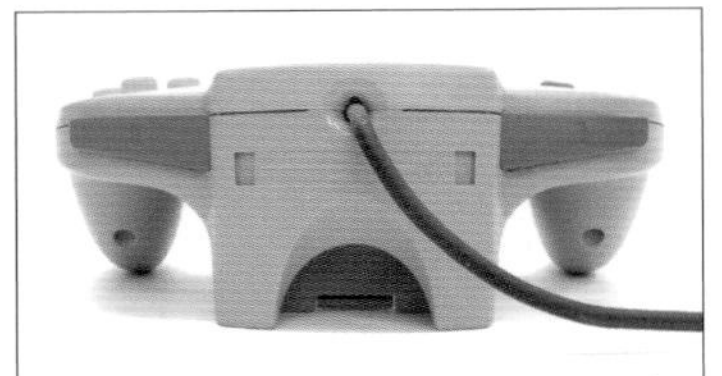

▲ 후면에는 슈퍼 패미컴과 마찬가지로 L·R 버튼을 설치했다.

▲ 연결용 단자는 독자적인 형태의 3핀 플러그다.

▲ 중앙에 자리 잡은, 닌텐도 64를 상징하는 3D 스틱.

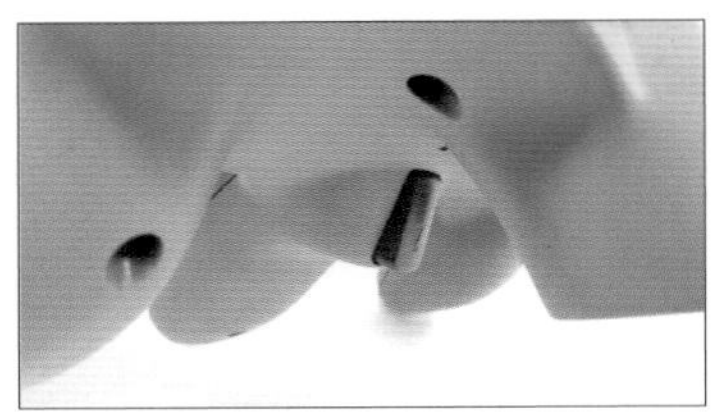

▲ 중앙 그립의 후면에 설치된 Z트리거 버튼.

▲ 다양한 주변기기를 삽입할 수 있는 컨트롤러 팩용 커넥터.

게임에 따라 3가지 그립법을 적절히 사용한다

이 컨트롤러는 그립(손잡이)이 3개나 있으며, 게임에 맞춰 양손에 쥐는 방법을 바꾸는 식으로 다양한 조작방법을 지원했다. 꽤나 편리했던 만큼, 다음 세대로 계승되지 못한 것이 아쉽다.

패미컴 포지션

라이트 포지션

레프트 포지션

본체 이상으로 풍부한 바리에이션

닌텐도 64가 본체의 컬러 바리에이션 모델이 많았음은 앞서 소개한 바 있지만, 컨트롤러도 개인 소유품 개념이므로 한눈에 구분하기 쉽도록 발매 당초부터 다양한 컬러로 발매했다.

클리어 블루 이후의 모델은 본체 모델에 맞춰 추가된 컬러이며, 점포 한정 색상 모델의 컨트롤러는 일반 시판되지 않고 거래 점포용 증정품이나 고객 사은 경품용으로만 유통되었다. 따라서 기본적으로 비매품이었지만 의외로 상당수의 물량이 돌았는데, 유사시 교환 대처가 용이하도록 여분을 넉넉히 생산했기 때문으로 추측된다.

1996.6.23 release
그레이

1996.6.23 release
블랙

1996.6.23 release
블루

1996.6.23 release
레드

1996.6.23 release
옐로

1996.6.23 release
그린

1996.6.23 release
블랙 & 그레이

1999.12.1 release
클리어 블루

1999.12.1 release
클리어 레드

2000.7.21 release
블루 & 옐로

2000.7.21 release
오렌지 & 옐로

not for sale
골드

not for sale
클리어 오렌지 & 클리어 블랙

not for sale
미드나이트 블루

not for sale
클리어 퍼플

not for sale
클리어 그레이

not for sale
클리어 블랙

NINTENDO64 HARDWARE GUIDE

피카츄 닌텐도 64

닌텐도 2000년 7월 21일 14,000엔

▲ 외장 패키지에도 다양한 포켓몬이 그려져 있어, 그야말로 활기가 넘친다.

피카츄가 닌텐도 64로!

피카츄 닌텐도 64는 제품명대로, 닌텐도의 인기 캐릭터인 '피카츄'를 본체에 아로새긴 모델이다. 기본 성능은 기존 닌텐도 64와 동일하나, 바닥면의 50핀 확장 커넥터를 삭제했으므로 64DD를 연결할 수 없다는 것이 가장 큰 변경점이다. 동시에 64DD 설치 시 사용하게 되는 나사 구멍도 없어졌다.

이 제품의 가장 큰 특징인 피카츄 양각 장식물은 실은 단순한 부착물이 아니며, 오른쪽 발바닥이 리셋 스위치, 뺨이 파워 램프 역할을 한다. 전원 스위치도 몬스터볼 모양으로 제작해, 포켓몬 상품 삼아 장식해두어도 재미있다. 참고로, 컨트롤러도 로고를 집어넣고 본체와 컬러링을 통일하여 발매했다(19p).

피카츄 닌텐도 64의 사양

형식번호	NUS-101(JPN)
CPU	MIPS 64비트 RISC CPU (R4300i) 93.75MHz
메모리	RAMBUS RDRAM 4.5MB(최대 9MB) 전송속도 최대 4,500Mbit/초
GPU	RCP (미디어 코프로세서) 62.5MHz – RSP (사운드 및 그래픽스 연산 프로세서) DMEM : 4KB, IMEM : 4KB 내장 – RDP (픽셀 디스플레이 프로세서) TMEM : 4KB 내장
그래픽	화면 해상도 : 256×224 ~ 640×480픽셀 플리커 프리, 인터레이스 모드 컬러 : 최대 24비트 RGB 컬러 버퍼 + 8비트 알파 채널 표준 21비트 컬러 (2,097,152색) 출력 영상표시 처리 기능 : Z버퍼, 엣지 안티에일리어싱, 본격적인 텍스처 매핑 (트라이리니어, 밉맵, 인터폴레이션 텍스처, 환경 매핑, 퍼스펙티브 보정 등)
사운드	오디오 출력 : 16비트 스테레오, CD 품질 ADPCM : 피치 시프트 PCM으로 16~24채널, 이론상 100 PCM채널까지 가능 샘플링 주파수 : 44.1kHz 혹은 48kHz로 선택 가능
전원 / 소비전력	전용 AC 어댑터 (DC 3.3V 2.7A, DC12V 0.8A) / 19W
외형 치수	292(가로)×189(세로)×81(높이) mm
본체 중량	약 1000g

▲ 본체 컬러로는 블루&옐로 외에, 오렌지&옐로도 발매했다.

TOP VIEW

BOTTOM VIEW

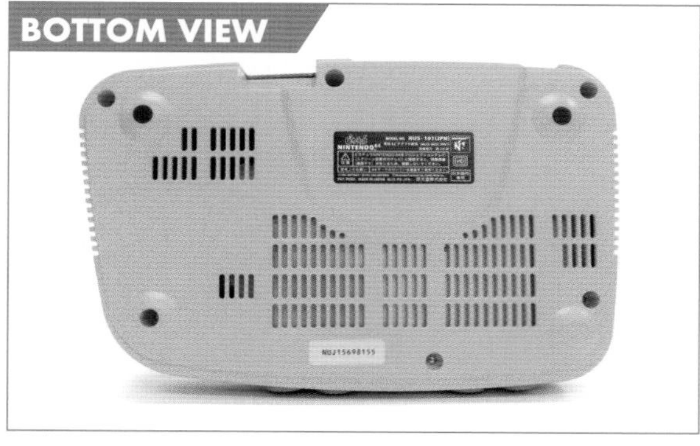

FRONT VIEW

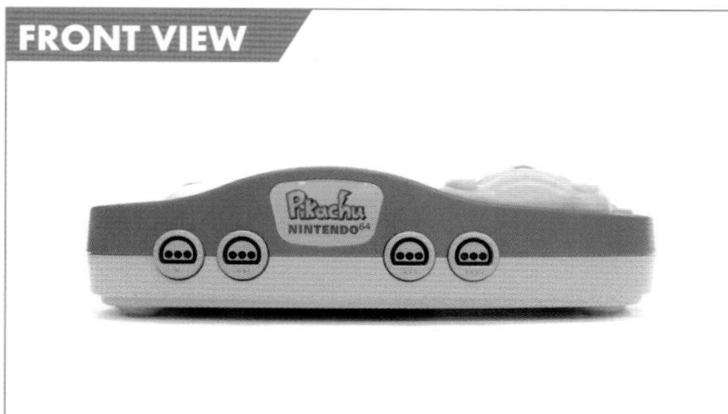

REAR VIEW

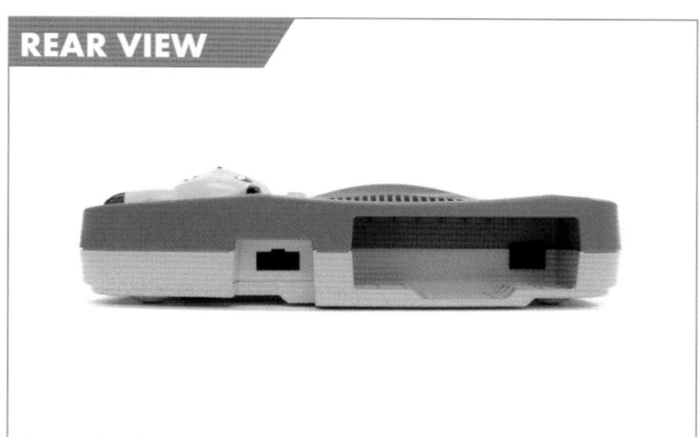

LEFT SIDE VIEW

RIGHT SIDE VIEW

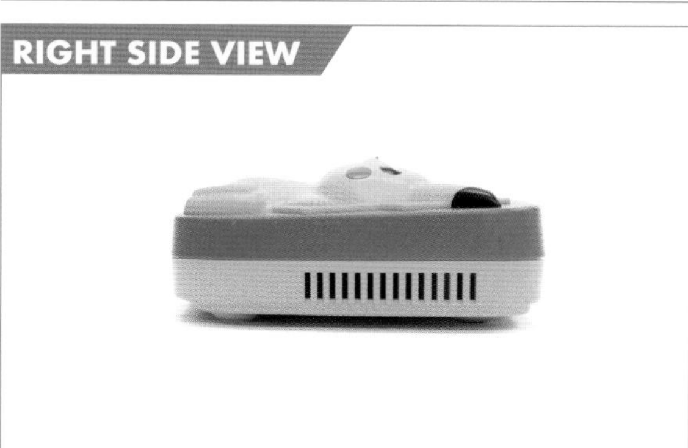

서양에서도 인기였던 일본산 모델

39p에서도 소개한 대로 닌텐도 64는 전 세계에서 많은 바리에이션 모델이 발매되었으나, 이들 중 대부분은 성형색을 바꾼 정도로서 이른바 '컬러 바리에이션' 모델에 지나지 않으며, 이 제품처럼 완전히 신규 금형으로 제작한 케이스는 매우 드물다. 피카츄 닌텐도 64는 일본 외의 서양에서도 토이저러스 한정 모델과 「포켓몬 스타디움」 번들 모델 등으로 시판되었다. 덕분에 서양의 수집가들에게도 상당히 인기 있는 기종이라 하는데, 피카츄의 귀여움을 생각하면 납득할 만한 에피소드라 하겠다.

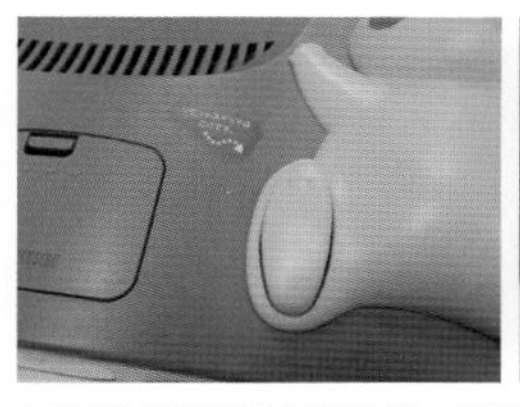

▲ 세세한 디테일에서 장인정신이 느껴지는 피카츄 닌텐도 64. 특히 뺨이 빛나는 연출이 재미있다!

HARDWARE
1996's SOFT
1997's SOFT
1998's SOFT
1999's SOFT
2000's SOFT
2001's SOFT
OVERSEA SOFT
SOFT INDEX

64DD

랜드넷 DD　2000년 2월 서비스 개시　월회비 2,500엔의 대여제
※ 닌텐도 64 본체도 세트로 제공하는 월회비 3,200엔 요금제도 존재　※ 후일 점두에서 30,000엔 지불로 1년간 일괄 가입제도 추가

소프트 개발 지연이 발목을 잡다

64DD는 닌텐도 64용으로 개발된 외장형 주변기기다. 같은 세대의 타사 게임기들이 모두 CD-ROM을 채용한 가운데, 닌텐도는 닌텐도 64용의 대용량 미디어로서 읽고 쓰기가 자유로운 '자기 디스크'를 골랐다.

닌텐도 64 본체가 발매되기도 전부터 존재가 밝혀져 있었으며, 닌텐도 스스로도 지속적으로 닌텐도 64와 64DD의 연동이 만들어내는 새로운 놀이의 가능성을 언급하면서 '닌텐도 64는 64DD와 연결하면 비로소 완전체가 된다'라고 어필하여, 64DD를 닌텐도 64에 필수불가결한 기기로 홍보했다.

하지만 닌텐도가 제창했던 그 '놀이의 가능성'을 구현시켜주는 소프트의 개발이 좀처럼 진전되지 않았고, 본체인 닌텐도 64조차도 보급이 계획대로 진행되지 못했기에, 본래 예정했던 1997년 연내 발매는 무산되었고, 2년 이상이나 64DD의 발매연기가 반복되었다. 그 영향으로, 당초 64DD용으로 개발 중이었던 소프트의 태반이 결국 ROM 카트리지 발매로 전환되어, 64DD 자체의 존재의의가 희박해져 버렸다.

64DD의 사양

형식번호	NUS-010(JPN)
사용 전원	닌텐도 64 본체에서 공급
소비전력	14.40W (최대)
기록방식	양면 자기 기록
포맷 용량	약 64.45MB (64,458,560바이트)
데이터 전송률	약 1.0MB/초 (최대)
시계 기능	내장
사용 온도범위	5~40℃
사용 습도범위	20~85%RH (결로가 없을 때)
외형 치수	260(가로)×190(세로)×78.7(높이) mm
중량	1.6kg

▲ 64DD의 외장 패키지. 이쪽은 점두에서 판매된 버전이며, 랜드넷 버전은 노란색의 오리지널 디자인이다.

TOP VIEW

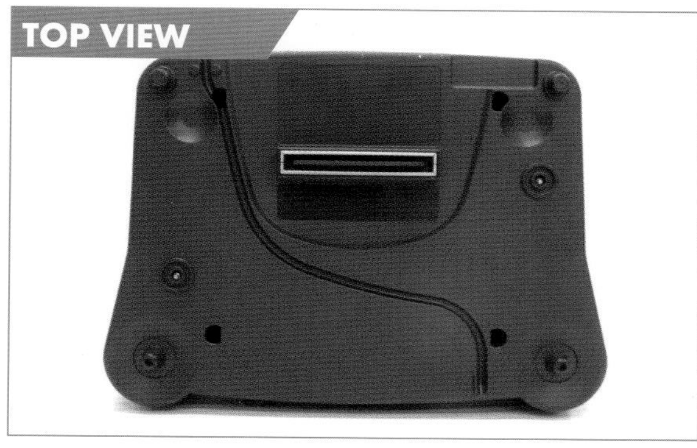

BOTTOM VIEW

FRONT VIEW

REAR VIEW

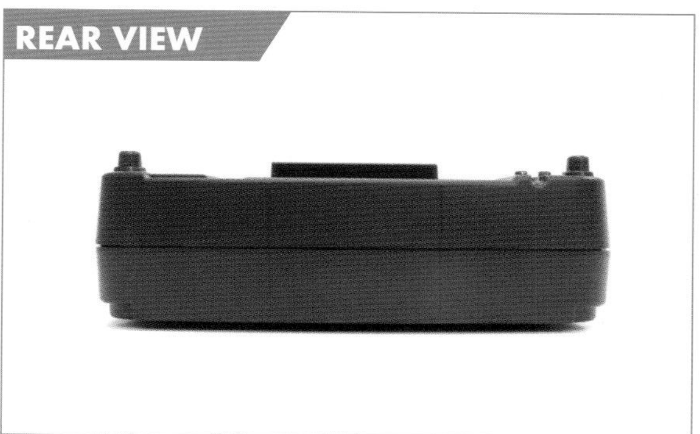

LEFT SIDE VIEW

RIGHT SIDE VIEW

대여 전용기로 서비스 개시

이 기기로만 즐길 수 있었어야 했을 수많은 킬러 소프트를 잃고 만 64DD는 주변기기로 별매하려 했던 당초 계획이 백지화되어, 리크루트 사와 닌텐도의 합작투자 회사인 랜드넷 DD 사가 개시한 네트워크 접속 서비스 '랜드넷' 접속용의 대여 단말기 형태로서 2000년에야 겨우 세상에 나올 수 있었다.

랜드넷은 1999년 11월 11일부터 서비스 가입 접수를 시작하고, '선착순 10만 명 한정으로 월정액 2,500엔'이라는 캠페인을 전개했다. 하지만 단순히 64DD용 소프트를 즐기고 싶었던 사람에겐 허들이 너무 높았는데, 일단 랜드넷 서비스 가입이 전제조건이었고, 결제방법도 신용카드뿐이었으며(후일 은행구좌 납입도 지원), 접속 서버도 개시 당초에는 도쿄에만 있었으므로 지방 유저는 랜드넷의 월요금에다 고액의 전화요금까지 지불해야만 했다(이 당시의 인터넷은 다이얼업 모뎀으로 접속했기에 종량과금제로 전화요금이 추가되는 것이 일반적이었다).

이러한 요인들 때문에 회원 수가 당초 예상을 밑돌아, 실제 회원 수가 15,000명 정도에 불과해 캠페인 정원조차도 채우지 못했다. 심지어 ROM 카트리지와 연동되는 소프트도 「F-ZERO X 익스팬션 키트」 단 하나뿐으로, 랜드넷 DD가 제창했던 인터넷 접속 서비스 이전에 '64DD만이 가능한 게임을 즐기고 싶다'는 유저의 수요에 전혀 부응하지 못했다.

후일 1년분 요금을 한꺼번에 선불해 가입하는 사실상의 점두 판매도 시작했지만 부진을 해결하지는 못해, 랜드넷은 서비스 개시 후 불과 1년만인 2001년 2월 28일을 기해 서비스를 종료했다.

▲ 닌텐도 64와 64DD가 합체된 상태. 일체화된 디자인이 제법 세련되고 멋지다.

▲ 삽입한 상태에서도 디스크 레이블이 그대로 보이는 것이 특징. 오른쪽의 EJECT 버튼을 누르면 스프링 구조로 추출된다.

나만의 게임으로 성장해간다

64DD는 닌텐도와 알프스 전기가 공동 개발한 기기로서, 사용 매체는 64MB 용량의 양면 자기 디스크다. 1990년대 중순에 미국에서 널리 보급된 자기 디스크인 'ZIP 드라이브'와 유사한 방식을 채용했다.

CD-ROM의 640MB에 비하면 1/10 용량이라 결코 비견할 만큼은 아니었으나, 전체 용량 중 38MB를 자유롭게 읽고 쓸 수 있는 영역으로 할당해 '플레이하는 동안 타인과는 데이터 내용이 점점 달라져 자신만의 게임으로 성장해간다'는 점이, 64DD가 자기 디스크를 채용하면서 내세운 세일즈포인트였다. 닌텐도 64 시장 말기에 이르면 64DD 디스크에 필적하는 512Mbit 용량의 ROM 카트리지까지 등장하기에 64DD의 우위성이 무의미해진 것이 현실이나, 1990년대 중반 시점에 일찍이 「심시티」를 비롯한 샌드박스 게임과 육성 게임에 적합한 매체를 내놓은 발상만큼은 그야말로 선견지명이라 할 수 있다. 참고로, 아쉽게도 구상에 그쳐 실현되지는 못했으나, 패미컴의 디스크 라이터처럼 점포에서 제공하는 디스크 재기록 판매 서비스도 검토했었다고 한다.

이 기기의 연결은 닌텐도 64 본체의 바닥면에 있는 50핀 확장 커넥터로 이루어지며, 전원도 이 단자로 공급되므로 64DD 자체에는 AC 어댑터 등의 연결단자가 존재하지 않는다. 본체 상단에는 S자 형태의 홈이 나 있는데, 개발 당초에 전면의 컨트롤러 커넥터를 통해 인터넷에 접속하는 방식을 검토했던 흔적으로 추정된다(실제 제품에서는 카트리지 삽입구에 모뎀 카트리지를 꽂는 방법을 채용했다).

참고로, 64DD는 메모리 중 일부를 디스크 캐시에 사용하기 때문에 메모리 확장 팩(30p)의 장착이 필수적이다. 다만 64DD 패키지 내에 메모리 확장 팩과 터미네이터 팩 이젝터가 함께 동봉돼 있으므로, 이것 때문에 새로 구매할 필요는 없었다.

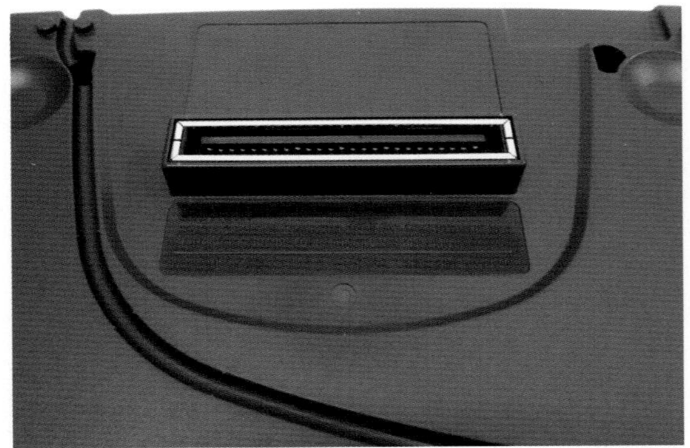

▲ 64DD 본체 상단에 보이는, 닌텐도 64와의 연결에 사용하는 50핀 단자. 전용 다이얼 나사를 돌려 단단히 고정하게 된다.

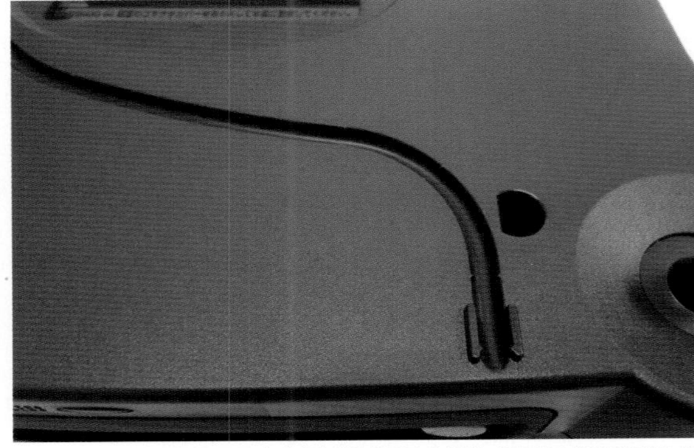

▲ 아마도 케이블을 후면으로 돌려 빼내기 위한 용도로 추측되는 S자형 홈. 이런 흔적이 남아있는 데서도, 64DD 자체는 개발이 꽤 이른 단계에서 완료되었으리라는 추측이 가능하다.

64DD의 매체인 자기 디스크

64DD 전용 디스크는 가로세로 각각 약 100mm인 정사각형 형태이며, 정면에서서는 셔터가 전혀 보이지 않고 중앙 쪽이 오목하게 패여 있는 디자인이라, 겉으로는 전혀 디스크처럼 보이지 않는 독특한 형상이 특징이다. 전체 용량은 64MB이지만, 읽기만 가능한 영역인 22MB, 재기록이 자유로운 영역인 38MB가 내부적으로 나뉘어 있다.

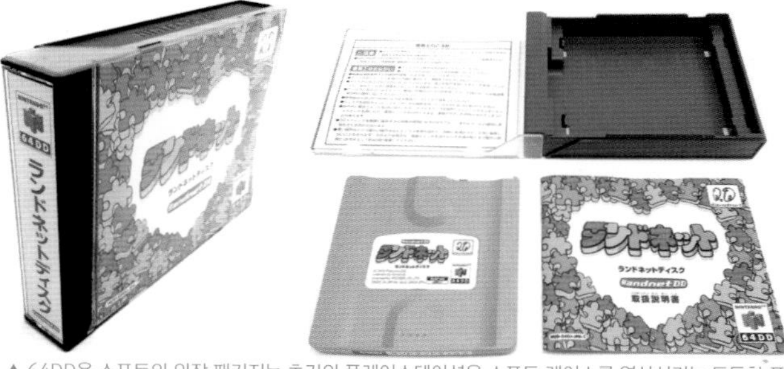

▲ 64DD용 소프트의 외장 패키지는 초기의 플레이스테이션용 소프트 케이스를 연상시키는 두툼한 플라스틱 패키지다.

▲ 디스크 내의 자성체 면. 기본적으로는 셔터가 잠겨 있으므로 열리지 않는다.

CATALOGUE

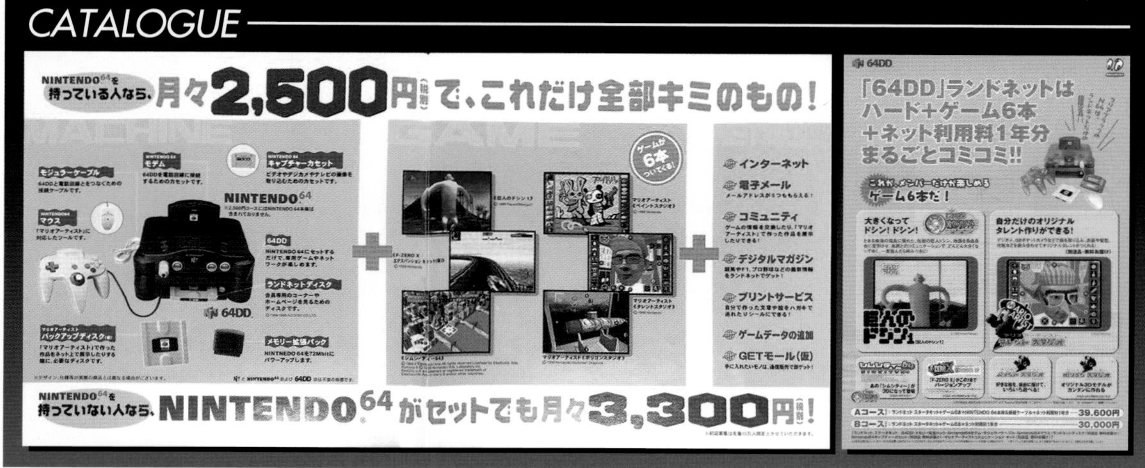

지원 소프트는 불과 10개뿐

64DD용 소프트는 기본적으로 랜드넷 회원에게 무료로 발송되었으며, 「마리오 아티스트 : 폴리곤 스튜디오」 등의 일부 소프트를 제외하면 랜드넷 서비스 내의 온라인 통신판매 샵인 'GET몰'에서 별도로 추가 구입할 수 있었다. 「일본 프로 골프 투어 64」와 「거인 도신 해방전선 치비코 치코 대집합」 두 타이틀만은, 무료발송이 아니라 별매품으로 발매되었다.

앞서 서술한 대로, 당초 64DD용으로 개발 중이었던 타이틀의 대부분이 ROM 카트리지로 매체를 변경했기 때문에, 실제로 출시된 10개 타이틀 중의 절반이 제작 툴과 인터넷 브라우저 등의 비 게임계 소프트였다. 64DD의 핵심이었어야 할 게임도, 64DD 발표 시점부터 홍보되었던 「거인 도신 1」처럼 개성적인 타이틀도 있었으나 솔직히 말해 '이 게임만으로도 랜드넷에 가입한 보람이 있었다'라며 뿌듯해할 만한 킬러 타이틀이 턱없이 부족했던 게 사실이다.

하지만 64DD라는 밑바탕이 있었기에 「젤다의 전설 시간의 오카리나」와 「동물의 숲」이 나올 수 있었고, 「탤런트 스튜디오」와 「폴리곤 스튜디오」를 만든 경험이 있었기에 훗날 Wii의 'Mii 채널'과 「메이드 인 와리오」가 태어날 수 있었던 것이다.

64DD가 보여주고자 했던 '미래의 게임'이라는 이상은 당시의 세상에선 결국 받아들여지지 않았고, 10년 가까이의 세월이 지나 Wii와 닌텐도 DS에서야 비로소 결실을 맺게 되었다. 당시의 닌텐도가 구상했던 게임의 원점이 응축된 64DD와 그 소프트들을 지금 접해보는 것도 괜찮은 경험이리라.

▲ 64DD의 기동화면. 회전하는 닌텐도 64 로고 주변에서 마리오가 다양한 액션을 보여준다.

다른 소프트와의 연동 가능성을 보여준 「마리오 아티스트」 시리즈

「마리오 아티스트」 시리즈는 여러 게임들이 개별적으로 각자 탑재하곤 했던 '에디트 기능'에 집중하여, 이 소프트만 있으면 모든 게임의 데이터를 에디트할 수 있도록 하자는 구상으로 제작된 툴이다. 하지만 이러한 구상은 이 시리즈를 지원하여 에디트가 가능한 게임이 많이 나와야 한다는 전제가 만족되어야 했기에, 안타깝게도 기획만 남고 끝나버렸다는 측면은 부정할 수 없다.

마리오 아티스트 : 페인트 스튜디오

NINTENDO64 64DD

교육·기타 | 1인용 | 디스크 | 닌텐도 | 1999년 12월 11일 | 무료발송(5,500엔으로 통신판매) | 마우스 동봉

BOX ART & DISK

64DD의 런칭 타이틀 중 하나. 64DD 본체 및 닌텐도 64 마우스에 동봉된 상태로 제공되었다. 슈퍼 패미컴의 「마리오페인트」에 비해 그림 그리기 기능을 대폭 확장했고, 저장 가능한 데이터 수도 대폭 늘어났다. 「탤런트 스튜디오」에 동봉된 캡처 카세트를 이용하면 사진 등의 영상을 캡처해 편집할 수도 있다.

마리오 아티스트 : 탤런트 스튜디오

NINTENDO64 64DD 교육·기타 1인용 디스크 닌텐도 2000년 2월 23일 무료발송(6,500엔으로 통신판매) 캡처 카세트·마이크 동봉

캡처 카세트·마이크를 동봉한 동영상 제작 소프트. '탤런트'라는 캐릭터를 먼저 만들고, 여기에 배경과 연출을 붙여 동영상을 제작할 수 있다. 완성한 동영상은 랜드넷의 '넷 스튜디오'에 업로드할 수 있었다. 샘플 동영상인 '예시 무비' 중에는 야마우치 히로시 사장(당시)이 등장하는 '사장의 인사말'이란 동영상도 있다.

마리오 아티스트 : 커뮤니케이션 키트

NINTENDO64 64DD 교육·기타 1인용 디스크 닌텐도 2000년 6월 29일 무료발송(3,500엔으로 통신판매)

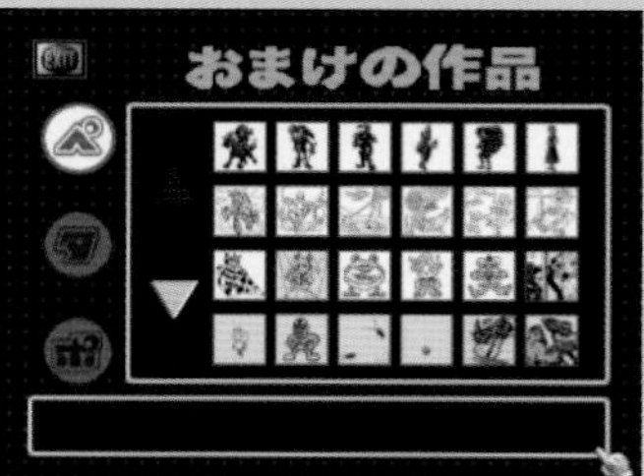

인터넷을 이용해 「마리오 아티스트」 시리즈로 만든 작품을 교류 가능했던 소프트. 랜드넷의 '넷 스튜디오'에 '2D 작품'·'팔락팔락 만화'·'탤런트'·'동영상'·'3D 작품'·'스테이지 작품'으로 총 6종류를 업로드할 수 있었다. 올린 작품은 랜드넷이 심사하여, '강력추천'·'살짝추천' 등의 평가를 붙여 소개했다.

마리오 아티스트 : 폴리곤 스튜디오

NINTENDO64 64DD 교육·기타 1인용 디스크 닌텐도 2000년 8월 29일 무료발송

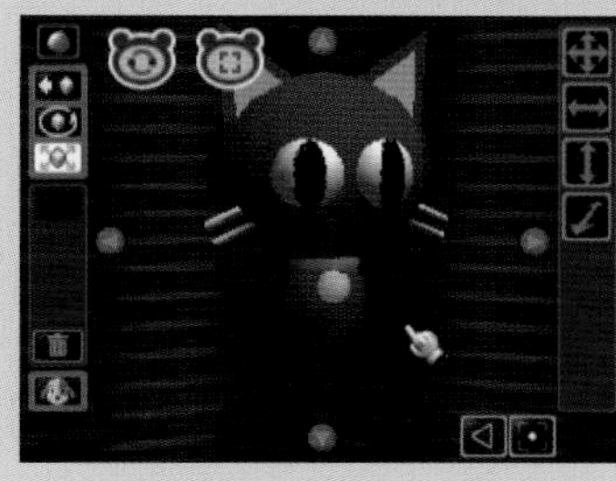

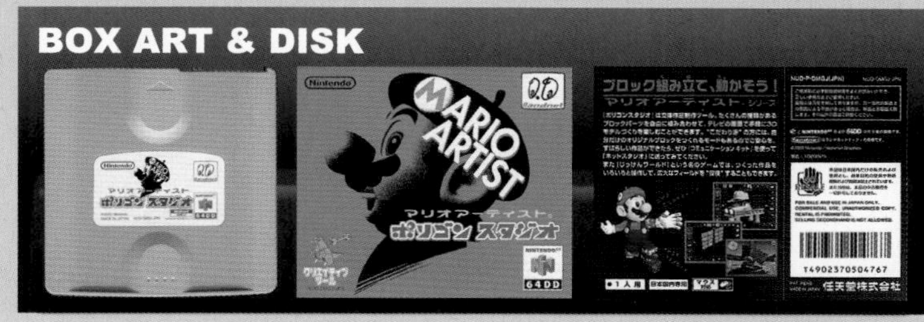

오리지널 3D 모델을 제작하고, 내장된 게임에 등장시켜 즐기는 것이 목적인 소프트. 다만 모델 제작 모드인 '모델러 로켓'의 완성도가 뛰어나다 보니, 이 모드만 사용하는 경우가 많았다. 제작한 모델로 탐험하는 '실험 월드', 치킨 레이스를 펼치는 '고고 파크', 「메이드 인 와리오」의 원형이 된 '사운드 봄버'도 수록했다.

거인 도신 1

64DD | 액션 | 1인용 | 디스크 | 랜드넷 DD | 1999년 12월 11일 | 무료발송(4,500엔으로 통신판매)

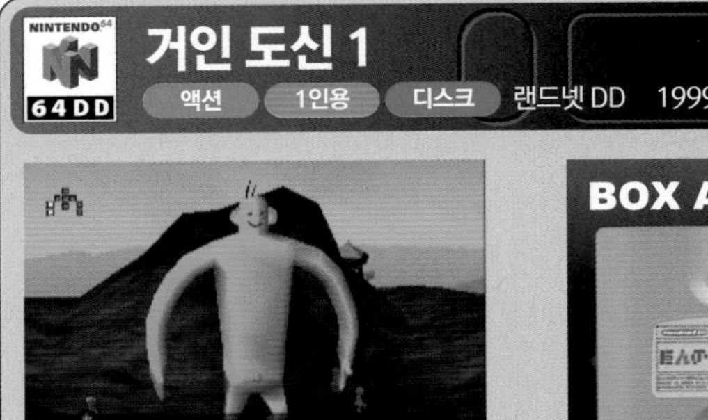

BOX ART & DISK

64DD 최초의 게임 소프트. 거인을 조작해 발드 섬에서 하루하루를 보내는 게임으로, 주민들에 영향을 주면 섬에 점점 기념물이 세워진다. 일단 엔딩은 있으나 어떤 의무도 목적도 없어, 주민들의 요망을 들어주든 반대로 싫어할 행동을 하든 자유다. 행동에 따라 '러브 거인'이나 '헤이트 거인'으로 모습을 바꿀 수 있다.

심시티 64

64DD | 시뮬레이션 | 1인용 | 디스크 | 닌텐도 | 2000년 2월 23일 | 무료발송(4,500엔으로 통신판매)

BOX ART & DISK

PC판 「심시티 2000」을 기반으로 HAL 연구소가 제작한 도시 구축 시뮬레이션 게임. 이식 과정에서, 맵부터 건물까지 모든 요소를 폴리곤을 사용한 3D로 변경했다. 플레이어인 시장의 조수로서, 「심시티」의 아버지 윌 라이트를 모델로 삼은 'Dr.라이트'라는 도우미 캐릭터가 등장하는 것도 이 작품의 특징이다.

랜드넷 디스크

64DD | 교육·기타 | 1인용 | 디스크 | 랜드넷 DD | 2000년 2월 23일 | 무료발송 | 닌텐도 64 키보드 지원

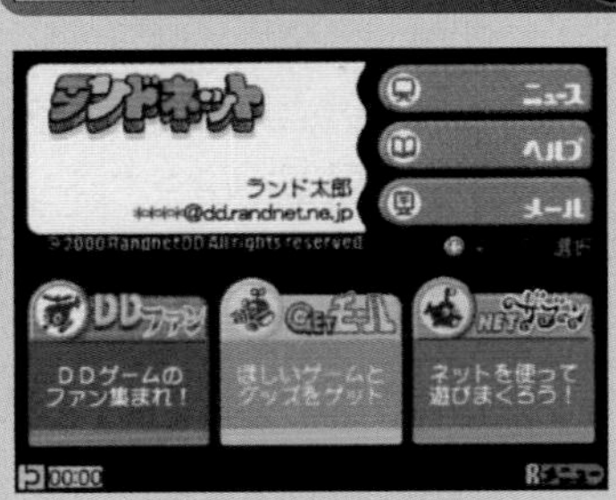

BOX ART & DISK

네트워크 접속 서비스 '랜드넷'을 이용하기 위한 소프트. 이 소프트로 접속하면 '랜드넷 FAN', 'NET 풍~덩', 'GET몰', '메일', '뉴스'를 이용할 수 있었다. '랜드넷 FAN'은 랜드넷 회원 간 교류와 64DD 관련 정보 공개를 위한 게시판, 'NET 풍~덩'은 웹브라우저, 'GET몰'은 닌텐도의 온라인 통신판매 서비스에 해당한다.

F-ZERO X 익스팬션 키트

64DD 교육·기타 1인용 디스크 닌텐도 2000년 4월 21일 무료발송(2,200엔으로 통신판매) 「F-ZERO X」 필수

BOX ART & DISK

닌텐도 64의 런칭 타이틀 「F-ZERO X」와 함께 구동하면 'COURSE EDIT'와 'CREATE MACHINE' 모드를 추가시켜 주는 소프트. 64DD 디스크의 기록영역을 사용해 타임 어택용 고스트를 전 코스에 3개까지 기록할 수 있으며, BGM도 스테레오화되는 등 게임 내용이 강화된다. 이 소프트 단독으로는 구동 불능.

일본 프로 골프 투어 64

64DD 스포츠 1~4인용 디스크 미디어 팩토리 2000년 5월 2일 3,500엔

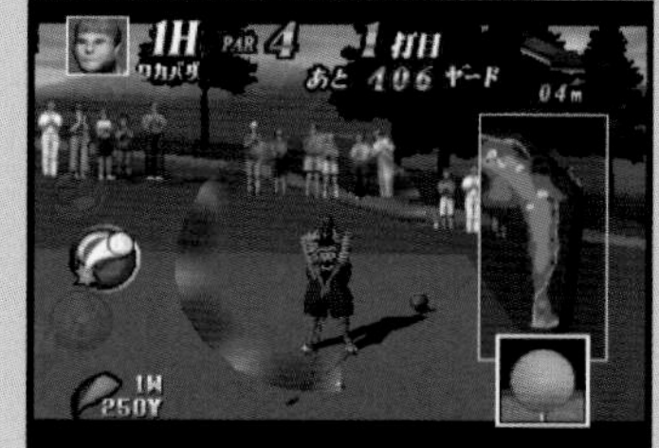

BOX ART & DISK

골프 게임이자, 64DD용 소프트 중 서드파티 발매작으로는 유일한 작품. 3D 스틱 조작에 따라 변화하는 샷을 이용해, 일본에 실존하는 10개 코스를 플레이한다. 최대 4명이 18홀을 돌며 스코어를 겨루는 '스트로크 플레이', 2인 대전인 '멀티 플레이', 투어로 상금을 버는 '상금왕', '대회 출장'의 4가지 모드를 수록했다.

거인 도신 해방전선 치비코 치코 대집합

64DD 액션 1인용 디스크 랜드넷 DD 2000년 5월 17일 3,333엔 「거인 도신 1」 필수

BOX ART & DISK

「거인 도신 1」의 세이브데이터를 사용하는 보조 디스크. '치비코'를 조작해 「도신 1」 내 기념물에 대응되는 전시관에서 퀘스트를 받아 「도신 1」에서 달성하는 심부름계 게임이다. 목적은 시간 경과로 충전되는 치코를 갇힌 거인에 사용해 탈출시키는 것과, 퀘스트 달성으로 17화짜리 애니메이션 '거인 이상'을 보는 것.

닌텐도 64의 주변기기

메모리 확장 팩 (하이레조 팩)

NUS-007 닌텐도 1999년 6월 18일 2,800엔

닌텐도 64 본체에 장착하여 메모리를 2배 용량으로 확장시키는 주변기기로서, PC 유저라면 익숙할 '램 업그레이드'와 동일한 용도의 제품이다. 본래는 VRAM(영상 표시용 메모리)을 증설해 화면 해상도나 표시 폴리곤 수를 늘리는 용도를 상정해 개발했었기 때문에, 첫 출시 당시엔 '하이레조(고해상도) 팩'이란 이름으로 발매했다. 하지만 당시 닌텐도 64 유저 중엔 어린이가 많았기에 상품명의 의미가 유저에게 전달되기 어렵다고 판단했는지 사후에 '메모리 확장 팩'으로 상품명을 변경해, 결과적으로 패키지가 2종류 존재하게 되었다.

「동키 콩 64」의 TV 광고 내에 메모리를 증설하는 어린이의 영상을 삽입해 '메모리 증설이 필요한 소프트'라는 점을 홍보하기도 했으며, 구동 시 메모리 확장 팩이 필요했던 「동키 콩 64」 등의 소프트는 메모리 확장 팩 동봉 패키지로도 동시에 발매했다.

◀외장 패키지의 상품명 표기가 다르다. '하이레조 팩' 쪽이 초기 상품명이므로, 출하수가 적은 편.

터미네이터 팩

NUS-008

본체 슬롯에 처음부터 꽂혀있는 더미 팩이며, 메모리 확장 팩 장착 후에는 불필요하다.

터미네이터 팩 이젝터

NUS-012

터미네이터 팩을 뽑아낼 때 사용하는 공구. 메모리 확장 팩에 동봉했다.

◀먼저 터미네이터 팩 이젝터를 사용해 터미네이터 팩을 뽑아내자.

◀그 자리에 메모리 확장 팩을 장착하면 무사히 메모리 확장이 완료된다.

■ 메모리 확장 팩 지원 타이틀

※ 붉은색 표기는 메모리 확장 팩이 없으면 구동되지 않는 타이틀

- 「탑기어 오버드라이브」
- 「바이올런스 킬러 : TUROK NEW GENERATION」
- 「스타워즈 에피소드 1 : 레이서」
- 「하이브리드 헤븐」
- 「스타워즈 : 로그 스쿼드론」
- 「동키 콩 64」
- 「악마성 드라큘라 묵시록 외전 : LEGEND OF CORNELL」
- 「건틀릿 레전드」
- 「다이카타나」
- 「젤다의 전설 무쥬라의 가면」
- 「퍼펙트 다크」
- 「바이오하자드 2」

진동 팩

NUS-013　닌텐도　1997년 4월 27일　1,400엔

게임의 전개에 맞춰 유저에게 진동으로 현장감을 전달하는 주변기기로서, 닌텐도가 닌텐도 64를 발매하면서 '컨트롤러 자체에 기능을 추가하여 진화시킨다'라며 제창한 '재미있는 컨트롤러 팩' 프로젝트 제 1탄으로 발매되었다.

AAA형 건전지 2개와 바이브레이터를 내장했기에 장착하면 컨트롤러가 묵직해지지만, 게임에 진동 연출을 추가한다는 발상은 당시엔 전례가 없었기에 매우 획기적인 시도였다. 덕분에 드림캐스트의 '부들부들 팩'과 플레이스테이션의 '듀얼쇼크' 등, 이후의 게임기 컨트롤러들에 커다란 영향을 끼쳤다.

유저들의 진동 팩 체험을 촉진하기 위해, 과거 발매했던 「슈퍼 마리오 64」와 「웨이브 레이스 64」 두 타이틀은 진동 팩 발매 후에 '진동 팩 지원판' 형태로 재발매되었다.

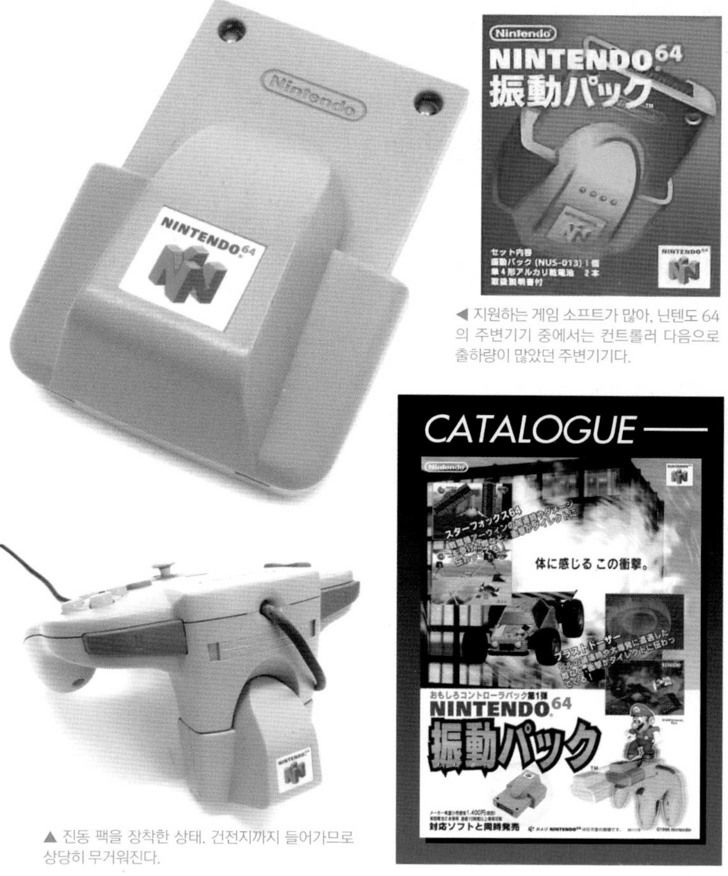

◀ 지원하는 게임 소프트가 많아, 닌텐도 64의 주변기기 중에서는 컨트롤러 다음으로 출하량이 많았던 주변기기다.

▲ 진동 팩을 장착한 상태. 건전지까지 들어가므로 상당히 무거워진다.

컨트롤러 팩

NUS-004　닌텐도　1996년 6월 23일　1,000엔

컨트롤러에 장착하여 게임 진행 도중의 데이터를 저장하는 주변기기. 저장된 데이터는 '페이지'라는 단위로 관리되며, 한 팩당 총 123 페이지를 기록할 수 있다(데이터 당 소비 페이지 수는 소프트에 따라 차이가 있다). 데이터 삭제는 컨트롤러 팩 지원 소프트를 삽입한 상태에서 'START + RESET'을 조작하면 나오는 관리 화면에서 할 수 있다.

참고로, 게임 ROM 카트리지 내의 배터리 백업 세이브와는 별개이므로 카트리지 내의 세이브데이터를 컨트롤러 팩으로 복사할 수는 없다.

◀ 게임에 따라서는 필수 장착해야 하는 컨트롤러 팩. 지원 게임 중에는 혼자서 123페이지 용량을 몽땅 써버리는 타이틀도 있다.

VRS 세트

NUS-020(VRS 유닛) 닌텐도 1998년 12월 12일 (「피카츄 잘지냈츄」·「전차로 GO! 64」에 동봉)

VRS란 'Voice Recognition System'(음성인식 시스템)의 약자로서, 음성입력으로 게임을 조작할 수 있도록 해주는 주변기기다. 지원 소프트는 「피카츄 잘지냈츄」와 「전차로 GO! 64」 두 게임뿐. 게다가 「전차로 GO! 64」 쪽은 어디까지나 보너스 모드 수준의 지원이므로, 실질적으로는 「피카츄 잘지냈츄」 전용 주변기기나 다름없다. 음성입력 활용의 여명기에 발매된 제품이다 보니 인식 정밀도는 그리 높지 않으나, 이를 역이용해 오히려 피카츄가 되묻는 귀여운 리액션 등을 넣어 인간이 아닌 '다른 생물과의 커뮤니케이션'을 효과적으로 연출하는 데 성공했다. 음성으로 게임 캐릭터와 직접 대화를 즐긴다는 완전히 새로운 가치관을 제창한 기기라 할 수 있다.

VRS 세트 내에는 여러 기기가 동봉되어 있는데, 이들이 전부 한 세트로서 시스템을 구성한다는 개념이므로 개별 단품으로는 판매되지 않았다.

▲「피카츄 잘지냈츄」와 VRS 세트 일체. 이렇게 특수한 주변기기가 필요한 소프트 치고는 드물게도, 영어판 형태로 북미에도 발매되었다.

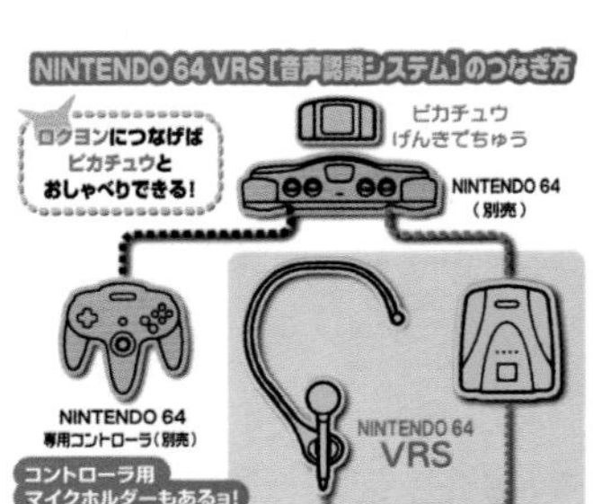

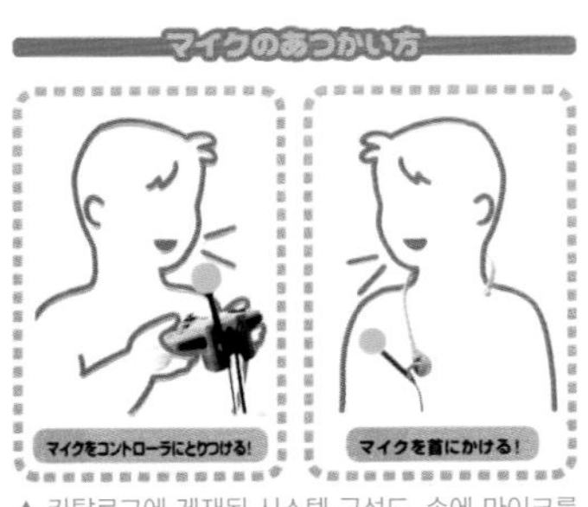

▲ 카탈로그에 게재된 시스템 구성도. 손에 마이크를 들고 쓰기는 번거로우므로 2종류의 마이크 홀더를 동봉했다.

CATALOGUE

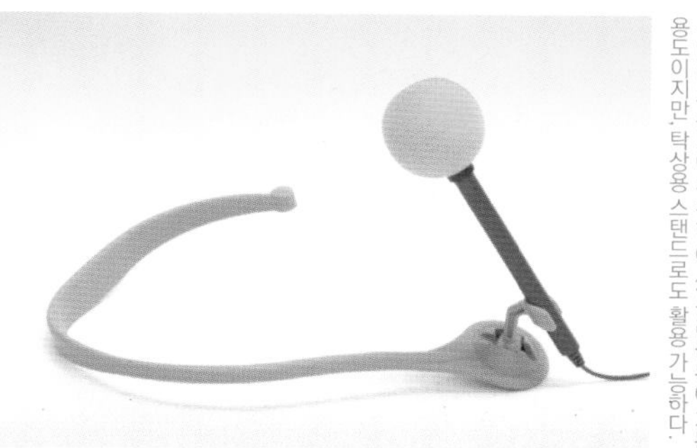

▲마이크 홀더에 장착한 예시. 원래는 목에 거는 용도이지만, 탁상용 스탠드로도 활용 가능하다.

▲컨트롤러용 마이크 홀더에 장착한 예시. 홀더 장착 상태로도 일반적인 게임을 즐길 수 있다.

VRS 유닛

NUS-020

마이크를 닌텐도 64 본체에 접속시키는 유닛으로, VRS 세트의 핵심이라 할 수 있다. 4P 컨트롤러 포트에 연결해 사용한다.

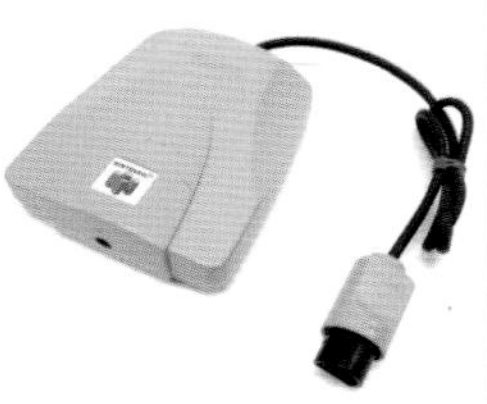

마이크

NUS-021

음성을 입력하는 용도의 마이크. 실은 64DD용 「마리오 아티스트 : 탤런트 스튜디오」(27p)에도, 마이크 커버와 이 기기가 동봉돼 있다.

마이크 커버

NUS-026

음성 입력 시의 타액 오염과 잡음을 줄이고 마이크 인식도를 높이기 위한 부품. 둥그런 재질의 스펀지이므로, 유사한 물건으로 대체도 가능하다.

마이크 홀더

NUS-022

마이크 째로 목에 걸고 사용하기 위한 전용 홀더. 마이크 부착 부분은 각도 조정도 가능하므로, 이를 이용하면 평판에 놓는 스탠드로 사용할 수도 있다.

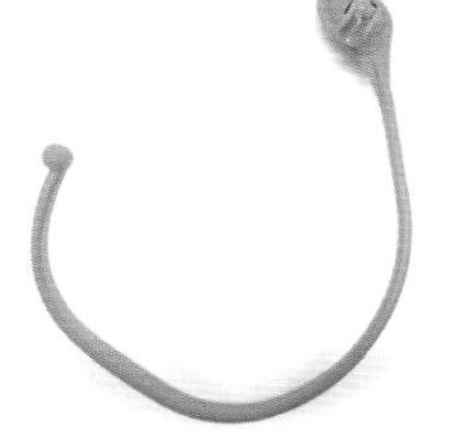

컨트롤러용 마이크 홀더

NUS-025

컨트롤러 후면의 컨트롤러 팩 부분에 묶어 장착하는 마이크 홀더. 벨트로 고정하는 방식이라서 안정성이 조금 떨어지지만, 컨트롤러를 양손으로 잡은 상태로도 마이크에 입을 대고 말할 수 있어 사용이 편리하다.

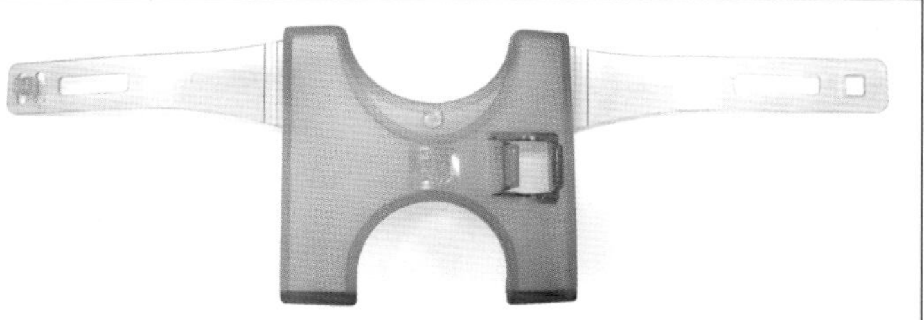

64GB 팩

NUS-019 닌텐도 1998년 8월 1일 1,400엔

닌텐도 64의 컨트롤러에 게임보이용 ROM 카트리지를 장착하기 위한 주변기기로, 이를 지원하는 닌텐도 64와 게임보이용 소프트 간에 상호 데이터 교환이 가능하다. 구체적인 예로는, 「포켓몬 스타디움」을 즐길 때 게임보이용 「포켓몬스터」 내에서 육성한 포켓몬을 불러와 배틀시키는' 식이다. 어디까지나 서로 이를 지원하는 소프트끼리 조합할 때에 한정해 사용하는 기기이지, 슈퍼 패미컴의 '슈퍼 게임보이'처럼 닌텐도 64로 TV에서 게임보이용 소프트를 즐기게끔 해주는 개념의 제품이 아니니 주의해야 한다.

가정용 게임기와 휴대용 게임기 간에 데이터를 교환한다는 아이디어 자체는 획기적이었으므로, 이후에도 닌텐도 기종뿐만 아니라 수많은 게임기가 유사한 기능을 도입하게 되었다.

CATALOGUE

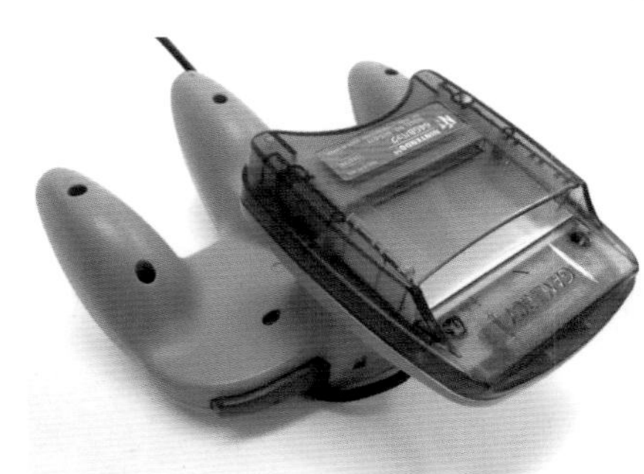

▲ 획기적인 제품이었지만, 컨트롤러가 무거워지는 결점도 있었다.

■ 64GB 팩 지원 타이틀

닌텐도 64		게임보이
「슈퍼 비드맨 : 배틀 피닉스 64」	⟷	「슈퍼 비드맨 : 파이팅 피닉스」
「포켓몬 스타디움」	⟷	「포켓몬스터 적·녹·청·피카츄」
「누시 낚시 64」	⟷	「강의 누시 낚시 2」
「실황 파워풀 프로야구 6」	⟷	「파워프로 군 포켓」
「마리오 골프 64」	⟷	「마리오 골프 GB」
「PD 울트라맨 배틀 컬렉션 64」	⟷	모든 게임보이 소프트
「트랜스포머 : 비스트 워즈 메탈스 64」	⟷	「결투 비스트 워즈 : 비스트 전사 최강결정전」
「슈퍼로봇대전 64」	⟷	「슈퍼로봇대전 : 링크 배틀러」
「로봇 퐁코츠 64 : 일곱 바다의 캐러멜」	⟷	모든 게임보이 소프트
「뿌요뿌요 파티」	⟷	「포켓 뿌요뿌요 SUN」
「쵸로Q 64 2」	⟷	「쵸로Q : 하이퍼 커스터머블 GB」
「실황 파워풀 프로야구 2000」	⟷	「파워프로 군 포켓 2」
「누시 낚시 64 : 바닷바람을 타고」	⟷	「강의 누시 낚시 4」
「마리오 테니스 64」	⟷	「마리오 테니스 GB」
「포켓몬 스타디움 금은」	⟷	「포켓몬스터 적·녹·청·피카츄·금·은·크리스탈」

전용 AC 어댑터

NUS-002(JPN) 닌텐도 1996년 6월 23일 2,500엔

패미컴·슈퍼 패미컴용 AC 어댑터와는 형태가 크게 달라져, 닌텐도 64 본체에 장착하는 식이 된 전용 AC 어댑터. 기존의 AC 어댑터와 호환성이 없어진 것은 아쉽지만, 트랜스가 어댑터 쪽으로 통합된 탓에 전원 플러그가 작아져 사용이 편해진 장점도 있다.

전용 RF 모듈레이터

NUS-003(JPN) 닌텐도 1996년 6월 23일 1,000엔

닌텐도 64를 컴포지트 비디오 입력 단자가 없는 아날로그 지상파 시대의 구식 TV에 연결할 때 필요한 주변기기이며, 37p에서 소개하는 'RF 스위치 UV'와 조합해 사용한다. 아날로그 방식의 TV가 거의 존재하지 않게 된 지금은 쓸모가 없어진 기기라 하겠다.

컨트롤러 브로스

NUS-005 닌텐도 1996년 6월 23일 각 색상 2,500엔

18p에서도 소개했던, 닌텐도 64 전용 순정 컨트롤러. 이름의 유래가 된 '게임보이 브로스'와 마찬가지로 다양한 컬러 바리에이션 모델을 구비하여, 취향에 맞는 색상을 선택할 수 있었다. 참고로 덧붙이자면, 닌텐도 64의 컨트롤러는 지금 게임기의 아날로그 컨트롤러와는 달리 3D 스틱의 밑동 부분도 플라스틱 재질이라, 격하게 조작하면 망가지기 쉽다. 중고품을 살 때 주의하자.

◀ 특이한 형태의 컨트롤러이지만, 실제로 잡아보면 손에 착 감기고 조작도 편하다.

마우스

NUS-017 닌텐도 1999년 12월 11일 (「마리오 아티스트 : 페인트 스튜디오」 동봉)

2버튼식 볼 마우스로서, 「마리오 아티스트 : 페인트 스튜디오」의 동봉품이다. 「마리오 아티스트」 시리즈 외에, 「데자에몽 3D」도 비공식이지만 지원한다. 마우스의 움직임이 3D 스틱, 좌우 버튼이 각각 A·B 버튼에 할당되어 있으므로, 그 외의 버튼을 쓰지 않는다면 일반적인 소프트에서도 사용 자체는 가능하다.

◀ 담백한 디자인의 평범한 마우스다.

캡처 카세트

NUS-028 닌텐도 2000년 2월 23일 (「마리오 아티스트 : 탤런트 스튜디오」 동봉)

「마리오 아티스트 : 탤런트 스튜디오」에 전용 마이크(33p)와 함께 동봉된 기기. 카트리지 후면에 있는 비디오 단자와 사운드 단자(L·R) 및 마이크 단자를 사용하면, 영상이나 음성을 「탤런트 스튜디오」 소프트로 불러와 편집할 수 있다. 완전히 「마리오 아티스트 : 탤런트 스튜디오」때문에 제작된 카트리지로서, 지원 소프트도 이것 하나뿐이다.

모뎀

NUS-029 닌텐도 1999년 12월 11일 (「랜드넷 스타터 키트」 동봉)

「랜드넷 스타터 키트」에 64DD 및 기타 소프트류와 함께 동봉된 주변기기로, 랜드넷(23p)에 접속하려면 꼭 필요했던 카트리지. 뒷면의 모듈러 단자에 전화선을 접속해 사용한다. 즉 랜드넷 서비스의 핵심에 해당하는 기기이지만, 정작 통신 속도가 불과 28.8kbps로서 당시 수준으로도 느린 축이었기에 평이 그리 좋지 않았다.

◀ 뒷면의 사진. 오른쪽에 보이는 것이 모듈러 단자다.

닌텐도 64 키보드

RND-001(JPN) 랜드넷 DD 2000년 4,600엔

랜드넷 서비스 내에서 통신판매로 구입할 수 있었던 키보드. 다만 지원하는 소프트가 「랜드넷 디스크」 뿐이므로, 서비스가 종료된 지금은 전혀 쓸모가 없는 주변기기다.

▲ 키보드 자체의 완성도는 무난한 편. 지원 소프트가 거의 없어서 아쉽다.

HARDWARE
1996's SOFT
1997's SOFT
1998's SOFT
1999's SOFT
2000's SOFT
2001's SOFT
OVERSEA SOFT
SOFT INDEX

RF 스위치 UV

NUS-009 닌텐도 1996년 6월 23일 1,500엔

닌텐도 64를 컴포지트 비디오 입력 단자가 없는 아날로그 지상파 시대의 구식 TV에 연결할 때 필요한 주변기기. 패미컴·슈퍼 패미컴 세대의 RF 스위치와 기능이 완전 동일하므로, 이미 보유 중이라면 새로 구입할 필요가 없다.

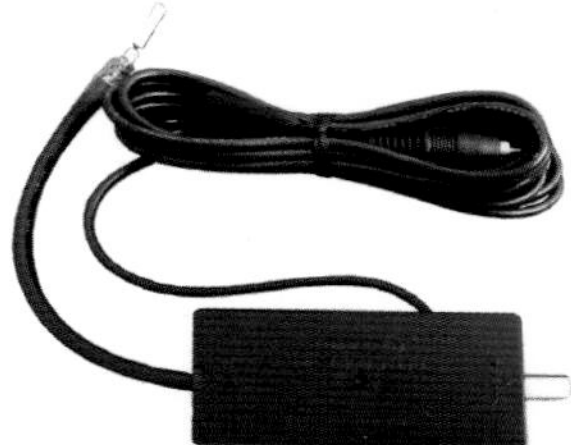

▼ 외장 패키지에도, 닌텐도 64 외의 구 기종도 지원한다고 표기되어 있다.

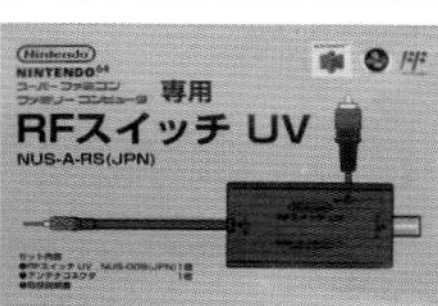

모노럴 AV 케이블

SHVC-007 닌텐도 1990년 11월 21일 1,200엔

컴포지트(비디오) 단자 및 모노럴 음성 단자가 있는 TV와 연결하기 위한 케이블. 닌텐도 64뿐만 아니라, AV 패미컴 및 슈퍼 패미컴에서도 사용 가능하다.

◀ 형식번호의 'SHVC'는 슈퍼 패미컴용 제품임을 의미한다. 패키지 디자인이 변경되면서도 지속적으로 판매되었다.

스테레오 AV 케이블

SHVC-008 닌텐도 1990년 11월 21일 1,500엔

컴포지트(비디오) 단자 및 스테레오 음성 단자가 있는 TV와 연결하기 위한 케이블. 닌텐도 64뿐만 아니라, AV 패미컴 및 슈퍼 패미컴에서도 사용 가능하다.

◀ 여담이지만, 이 계열의 AV 케이블은 게임큐브에서도 그대로 사용 가능.

S단자 케이블

SHVC-009 닌텐도 1990년 11월 21일 2,500엔

컴포지트(비디오) 신호를 혼합하기 전 상태로 바로 보내는 S단자를 내장한 TV와 연결하기 위한 케이블. 음성은 스테레오 단자로 연결한다.

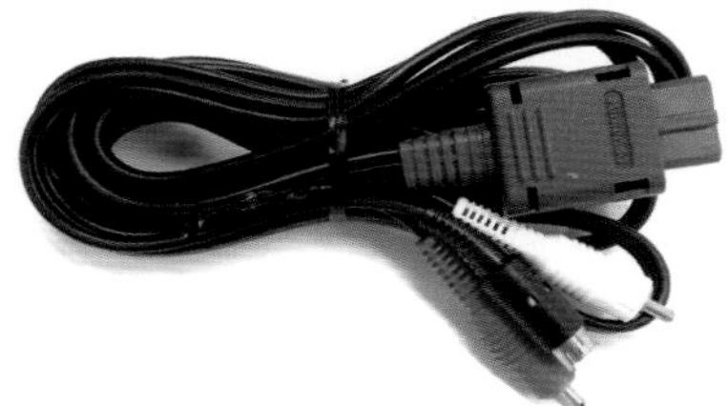

◀ 위에 열거한 모노럴·스테레오 AV 케이블보다 고화질 영상으로 즐길 수 있는 S단자. 하지만 지금은 S단자가 있는 TV를 찾기 힘들어졌다.

세계 각국에 발매되었던 닌텐도 64

닌텐도 64는 일본뿐만 아니라 세계 각국에 발매되어, 각 지역마다 독자적인 시장을 구축했다. 일본에서 호평받았던 컬러 바리에이션 모델은 다른 나라에서도 인기리에 전개되어, 북미를 중심으로 하여 일본에도 나오지 않았던 오리지널 컬러링 모델이 다수 출시되었다.

참고로, 닌텐도 64는 기본적으로 디자인은 물론 상품명 역시 세계 공통이었지만, 중국과 한국만은 예외적으로 각각 'iQue Player'와 '현대컴보이 64'라는 상품명으로 발매되었다.

닌텐도 64는 전 세계에 공통 상품명과 공통 디자인으로 발매된 최초의 닌텐도 가정용 게임기로서, 내부 구조와 주변기기까지도 최대한 공통화되도록 노력했다.

NTSC계 모델과 PAL계 모델은 애초에 TV부터 호환성이 없으므로 상호 교차 구동은 불가능하나, 같은 NTSC계 혹은 PAL계 모델끼리라면 소프트의 ROM 단계에서 지역제한을 걸지는 않았으며 ROM 카트리지 후면의 홈 위치만 조정해 삽입을 막는 물리적인 수단으로 구동 지역을 제한했기 때문에, 본체 슬롯 내부의 돌기를 깎는 등의 간단한 처치로 외국의 게임을 즐길 수 있었다.

참고로, 외국용 ROM 카트리지도 꽂을 수 있게 하는 어댑터 역시 비공식이지만 존재했다.

ADVERTISING

닌텐도 64의 일본 미발매 컬러 모델

아래에, 일본 외 국가에서만 발매된 일본 미발매 컬러의 닌텐도 64 본체를 소개한다. 'Pokemaniac'은 형태 자체는 일반 닌텐도 64와 동일하지만 성형색을 변경하고 스티커를 덧붙인 버전이며, 영어판에 한해 프로모션용 VHS 비디오테이프를 동봉했었다.

▲ Pokemaniac의 외장 패키지 디자인. 팬이라면 동봉된 'Bonus Video'가 더 기뻤을지도!

Jungle Green

Ice Blue

Fire Orange

Watermelon Red

Pokemaniac

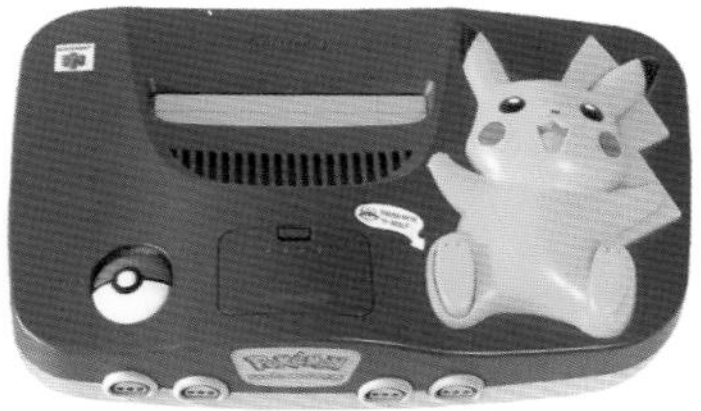
Pikachu(Dark Blue)

본체 컬러 바리에이션 일람표

세계 곳곳에서 발매된 컬러 바리에이션 모델을, 현재 알려진 한도 내에서 일람표로 정리해보았다. 다만 일반적인 블랙 모델에 스티커만 추가한 'ANA 모델', '로손 모델' 등의 파생 모델은 생략했다.

컬러 명칭	일본	북미	유럽	기타 지역
Charcoal Black (블랙)	●	●	●	●
Gold (골드)	●	●		
Clear Blue / White (클리어 블루)	●		●	
Clear Red / White (클리어 레드)	●			
Clear Grey / White (클리어 그레이)	●	●	●	
Smoke Black (클리어 블랙)	●	●	●	대만
Clear Orange / Black (클리어 오렌지 & 클리어 블랙)	●			
Jungle Green		●	●	오스트레일리아
Ice Blue		●	●	오스트레일리아
Fire Orange		●	●	오스트레일리아
Watermelon Red		●	●	
Grape Purple (미드나이트 블루)	●	●	●	
Pokemaniac (포케매니악)		●	●	오스트레일리아
Pikachu (Blue) (블루 & 옐로)	●			
Pikachu (Orange) (오렌지 & 옐로)	●			
Pikachu (Dark Blue)		●	●	

한국에서의 상품명은 '현대컴보이 64'

닌텐도 64 발매 당시의 한국은 일본 대중문화 규제가 있었기 때문에, 현지 업체인 현대전자가 수입하여 '현대컴보이 64'라는 이름으로 발매했다. 참고로 같은 닌텐도 제품인 패미컴·슈퍼 패미컴·게임보이도, 마찬가지로 현대전자가 '컴보이' 브랜드로 발매한 바 있다.

한국은 TV 수상 방식이 NTSC인데다 카트리지의 지역제한 구조도 일본과 동일해서, 게임 내의 언어만 이해한다면 현대컴보이 64로도 일본판 게임을 문제없이 즐길 수 있었다. 1998년 이후부터는 일본 대중문화가 순차 개방되었으므로, 일본판 소프트도 수입되어 시중에 유통되었다.

▲ 본체의 외장 패키지 디자인은 일본판 기준인데, 어째선지 소프트 패키지는 북미판 기준이었다.

◀ 다른 지역판과는 달리, 도처에 한글 표기가 실크 인쇄로 들어가 있다.

이것도 엄연히 닌텐도 64다. 'iQue Player'

iQue Player는 중국의 선유커지[神遊科技] 사가 닌텐도 정규 라이선스를 받아 생산 발매한 클론 게임기다. 본체 자체가 컨트롤러 형태로서, TV에 직접 연결하도록 되어 있다. 닌텐도 64와 마찬가지로 동시에 4명까지 플레이가 가능하나, 이 경우 전용 멀티탭과 컨트롤러를 구입해야 했다.

게임 소프트는 점포 직접 판매가 아니라, 64MB의 전용 플래시 카드에 다운로드받아 즐기는 방식이다. 「웨이브 레이스 64」 등, 14개 타이틀이 출시되었다.

◀ 원판과는 매우 다른 독특한 형태가 인상적인 iQue Player. 왠지 세가 새턴용 멀티 컨트롤러가 연상된다.

▲ 공식 웹사이트에는 주변기기 관련 정보도 있다.

CHAPTER 2

NINTENDO64 일본 소프트 올 카탈로그

NINTENDO64 SOFTWARE ALL CATALOGUE

해설 닌텐도 64의 소프트 전략

COMMENTARY OF NINTENDO64 #2

'저품질 소프트를 배제하는' 소수정예주의

1990년대에 접어든 이후부터, 닌텐도는 이전부터 품고 있던 일종의 위기감을 본격적으로 드러내기 시작했다. 게임기가 고성능화되면서 가격도 고가화되었고, 구매고객층은 고령화되고 있었으며, 게임이 본연의 재미를 등한시하여 패션 아이템화되는 등, '어린이들에게 재미와 즐거움을 제공한다는 게임의 본질이 무시되는 듯한 풍조'에 대한 우려였다. 이를 타개하려면 하드웨어의 성능 향상보다 먼저 소프트 개발체제 자체에 대한 의식 개혁이 필요하다는 인식에 도달한 닌텐도는, 엉터리 게임이 범람하는 것을 막고 타이틀 수를 줄여서 게임의 질적 수준을 끌어올려야 한다는 취지의 발언을 점차 강조해갔다.

닌텐도 64 발매 전후 시기에는 특히 이런 경향이 강해져, "마리오 클럽(닌텐도 사내의 게임 평가기구)에서 80점 미만을 받은 게임은 발매하지 않겠다"나 "소수정예" 등의 발언으로 양보다 질을 우선한다는 자세를 고수하고, 서드파티에도 이 방침에 찬동을 요구했다. 하지만, 앞 장에서 서술했다시피 닌텐도 64부터가 가뜩이나 개발이 어려운 게임기였다. 그런데도 소프트 개발사들을 불러 모으기는커녕 오히려 쳐내겠다는 의미로 해석될 만한 발언도 많았기에, 안타깝게도 닌텐도의 주장은 게임 제작사들의 찬동을 그다지 얻지 못했다.

닌텐도 64는 하드웨어 개발뿐만 아니라 소프트 개발도 난항을 거듭한 탓에, 다른 라이벌 기종에 비해 대폭 늦은 1996년 6월에야 발매되었음에도, 동시 발매 타이틀이 「슈퍼 마리오 64」·「파일럿윙스 64」(닌텐도)와 「최강 하부 쇼기」(세타)의 불과 세 작품뿐이었다. 게다가 이후 3개월간이나 닌텐도조차 소프트를 일체 내지 않았으며, 1996년 연내 발매 소프트가 앞의 3개를 합쳐도 불과 10작품이라는 극단적인 소프트 공급부족 사태가 일어났다.

분명 실제로 발매된 닌텐도 64용 타이틀들은 품질 면에서 평균적으로 수준이 높았던 것이 사실이다. 하지만 쇼기와 마작처럼 게임기 판촉에는 별 도움이 되지 않는 타이틀도 다수 있어, 적어도 발매 첫 해의 소프트 라인업만큼은 닌텐도가 당초 내세웠던 기치인 '아이들을 위한 게임'과는 다소 거리가 있었다고 할 수 있다.

런칭 타이틀이자 궁극의 게임이었던 「슈퍼 마리오 64」

닌텐도 64의 소프트를 논할 때 절대로 빼놓을 수 없는 커다란 존재가 바로 「슈퍼 마리오 64」가 아닐까 싶다. 본체와 동시 발매된 런칭 타이틀임에도 불구하고 이견이 없는 닌텐도 64의 대표작 중 하나가 된 이 작품은, 「슈퍼 마리오」라는 게임을 완전히 새로운 차원으로 진화시켜버린 타이틀이다. 이전까지는 스테이지 클리어식 횡스크롤 어슬레틱 액션 게임이었던 「슈퍼 마리오」 시리즈에 단순히 3D 그래픽을 도입하는 것을 넘어, 아예 무대인 버섯 성(역주 ※) 전체를 완벽한 '오픈 월드' 형태로 구축해낸 것이다.

성 내에 있는 다양한 장치를 통해 스테이지로 들어가면 풍부한 취향으로 공들여 디자인한 세계가 펼쳐져, 지하 호수·하늘·용암 등 다양한 장소를 모험하게 된다. 심지어 특정한 장치를 동작시키거나 파워 업을 완료해야만 갈 수 있는 세계까지 있어, 게임의 진행상황과 플레이어의 실력 상승에 따라 행동범위가 넓어져간다는, 실로 절묘한 밸런스 설정을 자랑한다.

일단 '파워스타를 모은다'라는 목적을 제시하기는 하나, 오픈 월드 형태로 입체화된 버섯 성을 돌아다니며 점프하기만 해도 그저 즐겁다. 기존의 「슈퍼 마리오」 시리즈처럼 스테이지를 꼭 클리어해야만 한다는 제약이 없고, 제한시간조차도 없다. 그저 컨트롤러를 쥐고 마리오를 조작하기만 해도 재미있는, 진정한 의미로 '모두에게 권할 만한 게임'인 것이다.

후일 이런 류의 게임에 '오픈 월드 탐색 액션'이라는 장르명이 붙기는 하였으나, 닌텐도 64로 발매된 이 계열의 다른 게임은 「힘내라 고에몽」·「반조와 카주이의 대모험」·「동키 콩 64」 정도로서 의외로 그다지 많지 않다. 이 장르의 시조가 된 「슈퍼 마리오 64」의 완성도가 지나치게 뛰어나서 일거에 품질의 기준이 높아져버렸기 때문이다. 런칭 타이틀은 그 게임기의 매력을 최대한으로 보여줘야 하는 사명을 지니기는 하나, 이쪽은 정반대로 처음부터 완성도가 너무나 좋았던 나머지 장르의 계승자가 나오지 못해 '「슈퍼 마리오 64」만 있으면 다른 게임은 필요 없다'라고까지 여겨질 정도였으니, 참으로 아이러니한 결말이 아닐 수 없다.

(역주 ※) 「슈퍼 마리오 64」 이식판들 중에선 유일한 한국어판인 닌텐도 DS의 「슈퍼 마리오 64 DS」에서도 '버섯 성'으로 칭하나, 현재의 다른 마리오계 게임에서는 '피치 성'으로 통일되어 있다.

사실상의 세컨드파티였던 세타

결코 대히트 인기작을 내는 개발사는 아니었으나, 닌텐도 64의 런칭 시기부터 지속적으로 자사 개발 소프트를 발매해온 개발사 중 하나로 세타가 꼽힌다. 이 회사는 게이머들에겐 「슈퍼 리얼 마작」 시리즈 등으로 유명했지만, 실은 하드웨어 개발부터 반도체 설계까지 직접 해내는 등, 기술력이 강했다는 측면을 지닌 회사이기도 하다.

닌텐도 64에는 일찍부터 서드파티로 참가하였는데, 자사의 반도체 설계 노하우를 활용해 RCP의 마이크로코드를 사고 루틴에 특화시켜 리프로그래밍(15p)하는 기술도 독자적으로 연구하여, 서드 파티로는 유일하게 닌텐도 64 본체 동시 발매 타이틀인 「최강 하부 쇼기」를 발매했다.

세타는 다른 게임기로도 적극적으로 소프트를 발매했으나, 이 회사의 닌텐도 64용 게임에서 특징적이었던 부분은 「모리타 쇼기 64」의 '모뎀 내장형 ROM 카트리지'나 「테트리스 64」의 '바이오 센서' 등, 하드웨어와 직접 연동되는 장치를 다양하게 고안했다는 점이다. 심지어 'Aleck 64'라는 닌텐도 64 호환 아케이드 기판을 닌텐도 라이선스까지 받아 개발하는 등, 일개 서드파티 범위를 뛰어넘는 활약도 보여주었다. 세타는 발매작들이 대부분 수수한 편이라 인상에 잘 남지 않는 회사였기는 하나, 일본산 닌텐도 64 소프트를 논할 때 분명 기억해두어야 할 회사 중 하나라는 점은 분명하다.

닌텐도 64 호환 아케이드 기판 'Aleck 64'

가정용 게임기를 기반으로 제작한 아케이드 기판은 세가의 'ST-V'와 남코의 'SYSTEM11'처럼 여러 종류가 나왔으며, 닌텐도 64 역시 'Aleck 64'라는 호환 아케이드 기판이 있었다. 개발은 세타가 담당했고, 총 10개 타이틀이 이 기판으로 출시되었다.

이 책에 게재된 카탈로그의 범례

① 게임 타이틀명

② 기본 스펙 표기란

게임 장르, 플레이 명수, ROM 카트리지 용량, 발매 회사, 발매일, 가격. 대응 주변기기 등의 특이사항도 여기에 표기했다.

③ 카트리지, 패키지 표지

④ 게임 화면

⑤ 내용 설명

⑥ 지원 주변기기 아이콘

해당 게임을 지원하는 주변기기를 아이콘으로 표시했다. 아래의 4종류가 있다.

 컨트롤러 팩 지원 게임

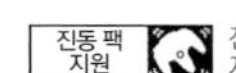 진동 팩 지원 게임

 하이레조 팩·메모리 확장 팩 지원 게임 (이 두 제품은 기능이 동일합니다.)

 메모리 확장 팩 전용 게임

NINTENDO64 SOFTWARE ALL CATALOGUE

1996AD

ALL 198 ROM TITLES FOR JAPAN MARKET

1996년은, 1994년 발발했던 32비트 차세대 게임기 경쟁의 주인공이 되리라 기대를 받았던 닌텐도 64가 드디어 발매된 해다. 동시 발매작은「파일럿윙스 64」·「슈퍼 마리오 64」·「최강 하부 쇼기」세 작품이었다. 런칭 타이틀로서 닌텐도 64의 하드웨어 파워를 과시하는 역할을 맡았던「슈퍼 마리오 64」만큼은 훌륭했으나 나머지가 스카이 스포츠와 쇼기라는, 즉 게임기의 런칭 타이틀로 삼기엔 다소 엇나간 라인업이었던 점은 부정할 수 없다.

이 시기는 플레이스테이션·세가새턴이 발매된 지 이미 1년 반이나 경과한 시점으로, 폴리곤이 영상기술로서 이미 대중에 익숙해진 시대였다. 즉 유저의 관점에서 폴리곤은 당연한 기술이었고, '기존 게임의 비주얼을 폴리곤으로 교체하는' 데 그친 게임이 이미 흔하게 널려 있었던 것이다.

닌텐도는 오히려 이러한 풍조를 이미 한 발 먼저 내다봤기에, 닌텐도 64를 이용한 새로운 놀이의 세계를 모색하려 했다. 하지만 이런 시행착오가 결실을 맞이하려면 좀 더 시간이 필요한 상황이었기에, 가능성을 제시하기는커녕 발매 후 반년 가까이 신작 타이틀이 거의 없는 소프트 가뭄을 초래하고 말았다. 그 결과, 런칭 1년차는 불과 10개 타이틀의 발매에 그쳤다.

파일럿윙스 64

시뮬레이션 | 1인용 | 64M | 닌텐도 | 1996년 6월 23일 | 9,800엔

컨트롤러 팩 지원 | 진동 팩 지원 | 메모리 확장팩 지원

슈퍼 패미컴으로 발매된 바 있는 스카이 스포츠 시뮬레이션 게임「파일럿윙스」가 파워 업되어 돌아왔다. 닌텐도 64 본체와 동시에 발매된 작품답게, 폴리곤으로 구축된 필드를 자유롭게 날아다니는 스카이 스포츠를 체험할 수 있는 게임이다. 행글라이더와 로켓 벨트, 자이로콥터 등의 개성적인 탈것으로 하늘을 누빌 수 있는 것이 매력. 각 종목마다 조작방법도 달라지므로, 공략 난이도가 만만찮은 게임이기도 하다.

BOX ART & ROM CARTRIDGE

▲ 폴리곤으로 화면상에 재현해낸 3D 공간을 자유롭게 날아다니기만 해도 즐거운 게임이다.

▲ 하늘을 미끄러지듯 나는 행글라이더의 감각에 익숙해지면, 맵 상의 어디로든 자유롭게 가볼 수 있다.

▲ 로켓 벨트는 관성이 붙기 때문에 조작감각이 특이해 연습이 필요하다. 엔진의 출력을 세심하게 조정하자.

슈팅 게임 장르 | 1인용 플레이 명수 | 32M ROM 용량

슈퍼 마리오 64

액션 | 1인용 | 64M | 닌텐도 1996년 6월 23일 9,800엔

컨트롤러 팩 지원 | 진동 팩 지원 | 메모리 확장 팩 지원

▲ 닌텐도 64 본체와 동시 발매된 런칭 타이틀 3작품 중 하나로, 킬러 타이틀 자리에까지 올랐다.

마리오 시리즈 최초의 3D 액션 게임. 마리오가 입체공간을 자유자재로 돌아다닐 수 있으며, 마리오가 구사할 수 있는 액션도 엉덩이 찍기·슬라이딩·몸통 박치기·백 텀블링에다 3단 점프까지 다채롭다. 이전까지는 2D로 활약했던 마리오가 3D 공간에서 더욱 파워 업하여 종횡무진 뛰어다니는 모습이 플레이어에게 큰 충격을 주었다. 피치 공주의 편지를 받고 신나서 버섯 성으로 달려온 마리오 앞을 또다시 쿠파가 가로막는다. 빼앗긴 '파워스타'를 되찾아 피치 공주를 구하고 버섯 성의 평화를 되찾기 위해, 그림 속의 세계에서 마리오가 분투한다는 스토리다. 필드 내에 숨겨진 파워스타를 하나하나 찾아내면서 쿠파에게로 가는 길을 여는 게 목적으로, 기존작처럼 정해진 코스를 달려 골인하는 방식이 아니라 오픈 월드화된 필드 내를 탐색하는 방식이기에 제한시간 시스템도 없앴다. 이후의 3D 마리오 시리즈에 공통되는 기본 시스템이 이 작품으로 확립되었다. 쿠파의 꼬리를 잡고 빙글빙글 돌려 던지는 등 3D 스틱을 활용한 유머러스한 액션도 도입하여, 닌텐도 64라는 하드웨어의 성능과 기능을 본보기로 보여준다는 소임을 충분히 완수했다.

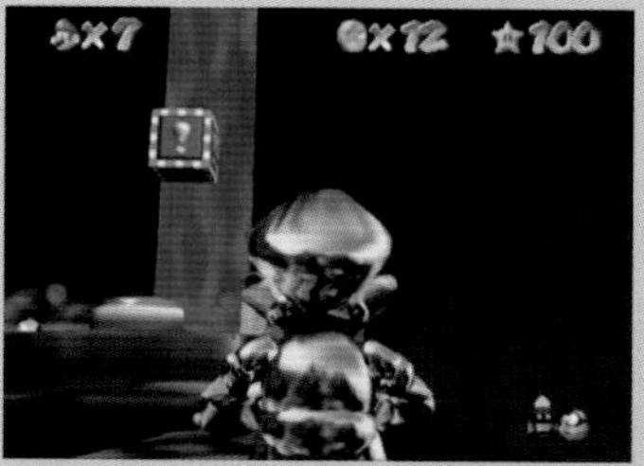

▲ 이번 작품의 마리오는 하늘을 나는 '날개마리오'나 무적의 '메탈마리오', '투명마리오'로 변신한다.

▲ 마리오가 말하기 시작한 것도 이 작품이 최초이며, 이후 시리즈에도 동일 성우의 목소리와 대사가 사용된다.

▲ 시리즈 첫 3D 게임이면서도 완성도가 매우 뛰어나, 이후의 3D 액션 게임들에도 절대적인 영향을 끼쳤다.

▲ 김수한무가 게임의 시점 카메라를 촬영한다는 설정을 붙여, 시점을 조작하면 코스 앞을 엿볼 수 있게 했다.

파워스타는 모두 120개

파워스타는 대부분 '보스 격파'나 '레드코인을 전부 획득' 등의 조건을 클리어하면 얻는다. 엔딩을 보려면 최소 70개가 필요하며, 총 15스테이지에 각 7개씩, 숨겨진 스테이지 등에 15개가 있어 모두 얻으면 120개가 된다.

컨트롤러 팩 지원  컨트롤러 팩 지원 게임 · 진동 팩 지원 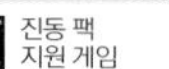 진동 팩 지원 게임 · 하이레조 팩 지원 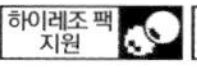 메모리 확장 팩 지원  하이레조 팩·메모리 확장 팩 지원 게임 (이 두 제품은 기능이 동일합니다.) · 메모리 확장 팩 전용 · 메모리 확장 팩 전용 게임

최강 하부 쇼기

테이블 1인용 64M 세타 1996년 6월 23일 9,800엔

컨트롤러 팩 지원 / 진동 팩 지원 / 메모리 확장팩 지원

당시 7관왕이었던 프로 쇼기 기사, 하부 요시하루 명인을 이미지 캐릭터로 채용한 쇼기(일본 장기) 게임. 기기와 동시 발매된 런칭 타이틀 3종 중 하나다. 컴퓨터 쇼기 선수권을 4연패한 카나자와 신이치로의 「카나자와 쇼기」를 CPU의 사고 루틴으로 채용해, 실력이 매우 강하면서도 빠른 사고 속도를 자랑했다. '쇼기 학교' 모드에서는 처음 쇼기를 접하는 사람을 위해 하부 명인이 룰을 가르쳐주는 '초보자 교실'과 '실전 연습'으로 실력을 키울 수 있다.

▲ 1985년 신인왕전부터 1995년 명인 방어전까지, 모든 공식전 612국의 기보를 해설과 함께 수록했다.

▲ 판과 말은 모두 3D이고, 질감도 훌륭히 재현했다. 기보도 매끄럽게 재생해, 쇼기 팬에게 호평을 받았다.

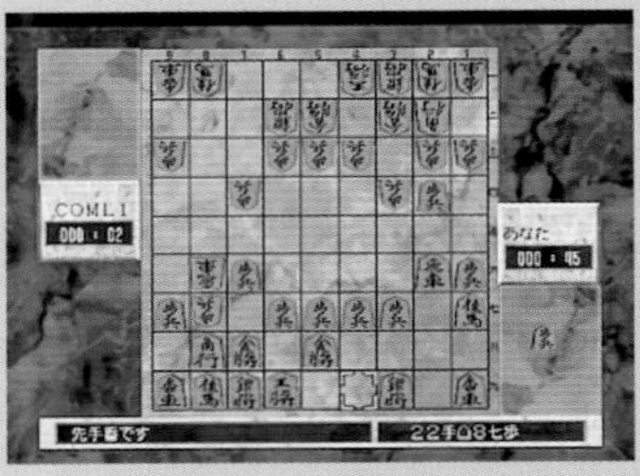
▲ '최강대국' 모드에는 사고 레벨 설정과 말 빼기, 2국 동시진행도 가능한 '대국실'도 마련했다.

웨이브 레이스 64

레이싱 1~2인용 64M 닌텐도 1996년 9월 27일 9,800엔

컨트롤러 팩 지원 / 진동 팩 지원 / 메모리 확장팩 지원

서양에만 발매했던 게임보이판 「Wave Race」에 이은 시리즈 2번째 작품으로, 일본에서는 이 게임이 첫 작품이다. 폴리곤으로 묘사한 제트스키를 조작하는 수상 레이싱 게임으로, 이후 시리즈 작품들의 원형이기도 하다. 챔피언십·타임 어택·스코어 어택·2P 배틀이 있으며, 반짝반짝 빛나는 수면과 파도의 기복 위를 달리는 상쾌함, 전방을 달리는 라이벌이 일으키는 파도, 다양한 요인으로 변화무쌍하게 바뀌는 코스 상태 등이 특징인 게임이다.

▲ 가와사키 중공업의 협력을 받았으므로, 타이틀 로고에 'Kawasaki JET SKI' 상표가 들어가 있다.

▲ 4종류의 머신 중 하나를 고르며, 핸들링·엔진·그립의 3가지 요소도 커스터마이즈할 수 있다.

▲ 일본 코카콜라와 콜라보하여, 코스 상에 '환타'나 '스프라이트'의 광고간판도 설치했다.

원더 프로젝트 J2 : 코를로 숲의 조제트

어드벤처 | 1인용 | 64M | 에닉스 | 1996년 11월 22일 | 9,800엔

컨트롤러 팩 지원 72 | 진동 팩 지원 | 메모리 확장 팩 지원

슈퍼 패미컴으로 발매된 전작의 15년 후 세계인 '블루랜드 섬'을 무대로, 기계인형인 '기진' 소녀 조제트를 성장시켜 가는 어드벤처 게임. 플레이어는 새 모양의 기진 '버드'를 통해 조제트의 액션이나 질문에 'YES'·'NO'로 대답해 다양한 지식과 개념을 학습시켜, 조제트가 인간성을 갖춘 기진이 되도록 성장시켜야 한다. 세계 최초로 '인공인격'을 탑재한 게임으로, 덕분에 조제트가 어엿한 소녀로 느껴지게 된다.

▲ 캐릭터 디자인은 당시 스튜디오 지브리에서 활약했던 애니메이터인 야마시타 아키히코가 맡았다.

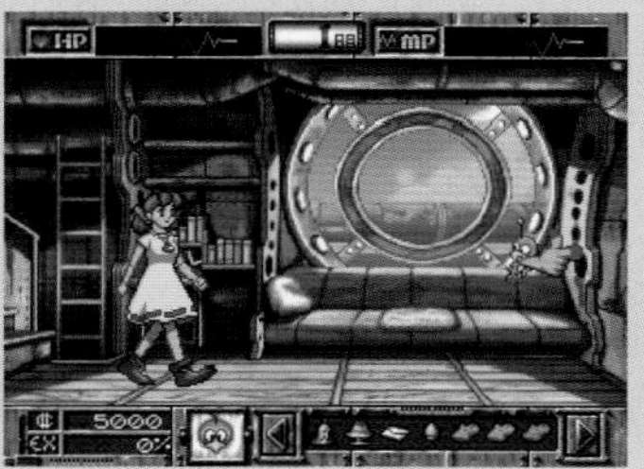

▲ 플레이어의 반응을 학습하는 조제트. 그녀는 이제 막 태어났기에 모르는 것이 많아, 호기심이 왕성하다.

▲ 조제트는 감정이 풍부해, 어떻게 대하느냐로 울거나 웃거나 화내는 등 다양한 표정을 보여준다.

영광의 세인트 앤드류스

스포츠 | 1~4인용 | 64M | 세타 | 1996년 11월 29일 | 9,800엔

컨트롤러 팩 지원 79 | 진동 팩 지원 | 메모리 확장 팩 지원

닌텐도 64로는 처음 발매된 골프 게임. 세계에서 가장 오래된 골프장인 '로열 앤드 에인션트 골프 클럽 오브 세인트 앤드류스'를 충실하게 재현했다. 픽셀 그래픽이나 애니메이션풍으로 그려진 코스 위를 작은 골프공이 굴러가는 수준에 그쳤던 이전까지의 골프 게임과는 달리, 드넓은 맵 상에서 골프공을 치면 물리연산으로 리얼하게 공이 날아가 튀고 굴러가는 등의 현실감을 맛볼 수 있다. 닌텐도 64의 성능을 제대로 활용한 골프 게임이다.

▲ 코스 재현도가 뛰어나고 벙커 하나까지도 실제 지형대로 옮겨놓아, 높은 공략 난이도가 피부로 느껴진다.

▲ 선수의 움직임은 모션 캡처를 사용해 재현하여, 훨씬 리얼하며 위화감이 없어졌다.

▲ 골프공의 움직임도 리얼해져, 건물에 맞으면 튕겨져 나오기까지 한다.

마리오 카트 64

레이싱 1~4인용 96M 닌텐도 1996년 12월 14일 4,800엔

컨트롤러 팩 지원 121 진동 팩 지원 메모리 확장 팩 지원

「마리오 카트」 시리즈 2번째 작품으로, 닌텐도 64용 소프트 중 일본 내 출하량 1위에 빛나는 빅 타이틀. 슈퍼 패미컴판이었던 전작에서 대폭 진화하여, 기복이 있는 입체적인 3D 코스로 변모했고 한 코스의 길이도 크게 늘었다. 이후에도 이어지는 「마리오 카트」 시리즈의 기본이 확립된 작품이다. 최대 4명이 동시 참가 가능하고 새로운 아이템 역시 풍부하게 들어간 배틀 모드도 수록했다.

BOX ART & ROM CARTRIDGE

▲ 기본 16개 코스에 배틀 전용 코스 4개를 더해, 총 20개 코스를 수록했다. 3D 스틱을 잘 조작해 돌파하자.

▲ 코인 시스템을 폐지했고, 아이템 박스는 얻고 난 후에도 부활되게 하여 몇 번이고 아이템을 입수할 수 있다.

동시발매
컨트롤러 세트
9,800엔

◀ 블랙&그레이 컨트롤러가 1개 동봉된 세트판. 이걸 사면 바로 대전을 즐길 수 있다.

실황 J리그 퍼펙트 스트라이커

스포츠 1~4인용 64M 코나미 1996년 12월 10일 9,800엔

컨트롤러 팩 지원 38 진동 팩 지원 메모리 확장 팩 지원

시합 상황에 맞춰 일본 TBS의 아나운서인 시미즈 다이스케의 실황중계 음성으로 경기 분위기를 고조시켜 주는 '리스폰스 사운드 시스템'이 특징이며, 4명까지 대전·협력 플레이도 가능한 축구 게임. J리그 공인이므로 클럽명·선수명·경기장명을 모두 실명으로 수록했다. 게다가 오리지널 선수도 제작 가능하고, 다른 클럽 선수의 트레이드도 무조건 가능한 등 자유도가 높다. 특정 조건 하에서 승리해야 하는 '시나리오' 등, 다양한 모드가 있다.

BOX ART & ROM CARTRIDGE

▲ C버튼 유닛과 A·B 버튼으로 코나미 커맨드를 입력하고 Z+START로 시작하면 선수들의 머리가 거대화된다.

▲ '힐 리프트', '리프팅', '킥 페인트' 등이 가능할 만큼 다채로운 조작으로 호평을 받았다.

▲ '승부차기'만 즐길 수 있는 모드도 있으니, 만약을 위해 여기서 페널티킥을 연습해두자.

초공간 나이터 : 프로야구 킹

스포츠 | 1~4인용 | 64M | 이매지니어 | 1996년 12월 10일 | 9,980엔

컨트롤러 팩 지원 117 | 진동 팩 지원 | 메모리 확장 팩 지원

풀 폴리곤을 사용한 최초의 야구 게임이자, 최초의 닌텐도 64용 야구 게임이기도 하며, 일본의 닌텐도 64용 소프트 사상 최고가의 소비자가격 등등, 여러모로 특기할 점이 많은 작품. 일본야구기구 공인 게임으로, 모든 구단·선수가 실명으로 등장한다. 12개 구단의 구장도 함께 수록했으나, 이쪽은 실명이 아니어서 '도쿄 돔'을 '초공간 돔'으로 바꾸는 식으로 명칭을 변경했다. 오리지널 팀을 편성하여 육성시킬 수도 있다.

▲ 이 게임은 배터리 백업 기능이 없기 때문에, 세이브하려면 컨트롤러 팩이 필요하다.

▲ 3D 스틱을 사용해, 공격 시에도 수비 시에도 감각적으로 선수를 조작할 수 있다.

▲ 선수별로 얼굴 그래픽을 디테일하게 차별화했으며, 장갑 색과 안경 등도 실제 선수에 맞췄다.

마작 MASTER

테이블 | 1인용 | 64M | 코나미 | 1996년 12월 10일 | 9,800엔

컨트롤러 팩 지원 14 | 진동 팩 지원 | 메모리 확장 팩 지원

폴리곤으로 표현하여 리얼리티를 추구한 4인 대국 마작 게임. 실력과 플레이스타일에 차이가 있는 등, 본격적인 사고 루틴을 갖춘 캐릭터 19명을 상대로 승부를 펼친다. 캐릭터마다 고유의 성격과 버릇이 설정돼 있고, 대국 도중의 대화로 상대의 수를 읽어낼 수도 있는 '커뮤니케이션 시스템'을 탑재해, 실전 마작 특유의 미묘한 심리전을 게임 내에서 표현했다. 대국 기능 외에도, 마작에 관련된 용어나 손동작 등에 대한 퀴즈를 푸는 모드도 마련했다.

▲ 프리 대전·스토리·서바이벌·퀴즈 등의 다채로운 모드를 탑재한 결정판과도 같은 마작 게임이다.

▲ 스토리 모드에서는 매달 차별화된 룰로 대회가 열리므로, 총 12종의 대회에서 우승해야 한다.

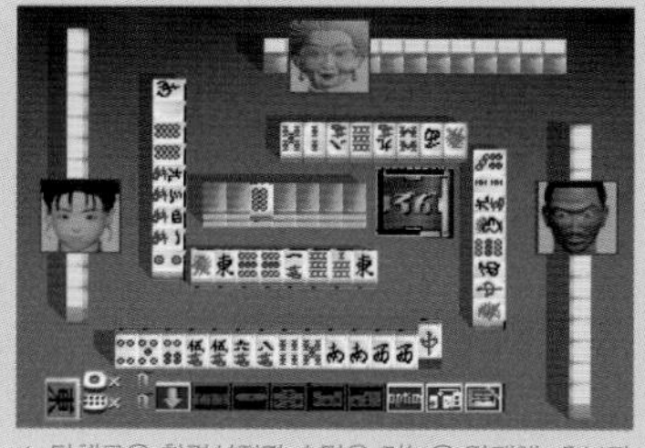

▲ 다채로운 환경설정과 수많은 기능을 탑재해, 초보자부터 상급자까지 마작을 즐길 수 있다.

 컨트롤러 팩 지원 게임
 진동 팩 지원 게임

 하이레조 팩·메모리 확장 팩 지원 게임 (이 두 제품은 기능이 동일합니다.)
 메모리 확장 팩 전용 게임

NINTENDO64 SOFTWARE ALL CATALOGUE

1997 AD

ALL 198 ROM TITLES FOR JAPAN MARKET

1997년에 발매된 타이틀은 총 43종. 빼아팠던 런칭 당시의 지지부진한 라인업이 어느 정도 개선되어, 액션·슈팅·스포츠·캐릭터 게임 등 여러 장르가 등장해 구색이 드디어 늘어난 느낌이 든 해였다.

또한 이 해는 닌텐도 64를 대표하는 타이틀이라 할 만한 「골든아이 007」이 발매된 해로서, TV 광고에 영화평론가 하마무라 준과 미즈노 하루오를 등장시켜 '인기 영화의 게임화'임을 강렬하게 어필했다. 「골든아이 007」은 이전까지 일본에서 그리 대중적인 장르가 아니었던 FPS(1인칭 슈터)를 널리 알리는 데 공헌한 게임이기도 해, 이 장르가 가진 다인 동시 플레이의 재미를 체험시키는 데에도 큰 공을 세웠다. 기본적으로 4명까지 동시에 플레이할 수 있고, 권총을 모방한 Z트리거 버튼이 존재하는 닌텐도 64이기에 빛나는 게임이라고도 할 수 있다.

한편, 닌텐도 64를 서양 개발 게임들이 견인하고 있다는 실상이 드러나게 된 것도 이 해의 특징으로, 그중 대부분이 FPS와 레이싱 게임이었던 탓에 결과적으로 장르가 편중되는 경향이 뚜렷해졌다. 반면 일본 제작사들은 스포츠 게임이나 마작을 위시한 파티 게임을 다수 출시하여, 자연스럽게 장르가 나뉘게 되었다.

NINTENDO64

실황 파워풀 프로야구 4

스포츠 | 1~2인용 | 96M | 코나미 | 1997년 3월 14일 | 8,900엔

컨트롤러 팩 지원 112 | 진동 팩 지원 | 메모리 확장 팩 지원

슈퍼 패미컴에서 인기가 많았던 야구 게임 시리즈의 4번째 작품이자, 닌텐도 64로 진출한 첫 작품. 시리즈 최초로 조작방법에 '아날로그'가 추가되어, 3D 스틱의 특성을 살려 감각적으로 조작할 수 있게 되었다. 미트 커서도 기존의 직사각형에서 더욱 감각적으로 이해하기 쉬운 타원형으로 바꿔, 커서로 공을 치기도 편리해졌다. 이번 작품은 석세스 모드도 강화하여, 슈퍼 패미컴판에서는 만들 수 없었던 투수도 작성 가능해졌다.

BOX ART & ROM CARTRIDGE

▲ 이 작품부터 6편까지는, 닌텐도 64로 메인 시리즈가 출시된다.

▲ 구장이 3D화되어, 석세스 모드에서 투수로 플레이할 때에 한해 시합을 다양한 카메라워크로 볼 수 있다.

▲ 석세스 모드에서는 시리즈 인기 캐릭터인 '야베 아키오'와 '이카리 마모루'가 처음으로 등장한다.

슈팅 게임 장르 | 1인용 플레이 명수 | 32M ROM 용량

도라에몽 : 진구와 3개의 정령석

액션 | 1인용 | 64M | 에포크 사 | 1997년 3월 21일 | 7,980엔

컨트롤러 팩 지원 | 진동 팩 지원 | 메모리 확장 팩 지원

완전 오리지널 스토리로 진행되는, '도라에몽' 소재의 닌텐도 64용 액션 게임. 요정계에 부활한 마왕의 부하에게 4차원 주머니를 빼앗긴 도라에몽이, 천공계의 공주 코로나 및 진구 일행과 함께 주머니를 탈환하고 요정계의 평화를 되찾으러 모험을 떠난다. 게임 도중 도라에몽·진구·비실이·퉁퉁이·이슬 다섯 명을 언제든지 교대시켜 조작 가능하다. 하늘 위와 바다 속 등 다양한 필드가 있으며, 독특한 세계관을 잘 표현했다.

▲ 오오야마 노부요 등의 초대 성우진이 연기했다. 요즘의 '도라에몽'을 보고 자란 유저에겐 어색할 지도.

▲ 1주차는 친숙한 도라에몽 일행 5명이 조작대상이지만, 2주차부터는 코로나도 조작 가능하다.

▲ 캐릭터마다 무기로 사용하는 비밀도구가 다르다. 이 동속도 등의 캐릭터 특성도 각자 차이가 있다.

블래스트도저

액션 | 1인용 | 64M | 닌텐도 | 1997년 3월 21일 | 6,800엔

컨트롤러 팩 지원 14~56 | 진동 팩 지원 | 메모리 확장 팩 지원

충격을 받으면 대폭발이 일어난다는 제어불능 상태의 트레일러가 충돌하지 않도록, 로봇과 다양한 중장비를 사용해 트레일러의 진로 상에 있는 건축물을 파괴해야 하는 액션 게임. 트레일러에서 새는 화학물질에 오염된 지역을 정화하는 기기도 돌리고, 트레일러를 처리하는 과학자도 때맞춰 발견해내야 하는 등 효율적인 파괴를 추구하는 전략적 요소가 가득해, '파괴의 미학'이란 선전문구가 어울리는 게임 디자인을 자랑한다.

▲ 공사용 중장비 등의 기계들이 집결한 건축물 파괴팀. 그 이름이 바로 '블래스트도저'다.

▲ 건축물별로 파괴에 적합한 장비가 다르다. 게다가 각 장비마다 가능한 작업도 달라, 전략성이 뛰어나다.

▲ 제트 엔진을 탑재해 비행이 가능한 로봇도 있다. 지상을 달리는 장비와는 다른 시점으로 맵을 공략할 수 있다.

J리그 LIVE 64

스포츠 | 1~4인용 | 64M | 일렉트로닉 아츠 빅터 | 1997년 3월 28일 | 9,800엔

컨트롤러 팩 지원 35 | 진동 팩 지원 | 메모리 확장팩 지원

J리그 공인 축구 게임. 타이틀명에서 '라이브'를 표방한 대로 리플레이 모드는 카메라 앵글을 8종류로 전환 가능하고, 프레임 단위로 재생·되감기도 지원하며, 재생속도도 자유롭게 변경해 감상할 수 있다. 꼭 슛을 날리는 순간만 리플레이로 볼 수 있는 건 아니며, 시간을 여유롭게 촬영하여 시합 중의 어느 타이밍이든 리플레이화하여 마음껏 감상할 수 있다. 게임 도중 작은 화면이 동시에 표시되는 점도 '라이브'한 부분이다.

▲ 익숙해지면 원투 패스 등 고도의 플레이도 가능한 '패스 백 모드'도 이 작품의 특징이다.

▲ 노멀 조작은 버튼 연타로 대시가 발동하는 게 재미있다. 이지 조작에서는 대각선 방향으로 뛰는 게 빠르다.

▲ '승부차기'를 비롯해, '엑시비션'·'풀 시즌'·'하프 시즌'·'토너먼트' 모드가 있다.

휴먼 그랑프리 : 더 뉴 제네레이션

레이싱 | 1인용 | 64M | 휴먼 | 1997년 3월 28일 | 9,800엔

컨트롤러 팩 지원 22 | 진동 팩 지원 | 메모리 확장팩 지원

「휴먼 그랑프리」 시리즈의 닌텐도 64판. 등장 선수와 팀명은 실명이 아니지만, '리네임' 기능으로 드라이버 이름과 팀명은 물론 엔진 이름까지도 바꿀 수 있다. 3D 스틱은 스티어링 용도로 조작할 수도 있고, 액셀과 브레이크 조작으로도 전환할 수 있다. 이때는 스티어링을 십자 버튼으로 조작하게 된다. 패미컴에 가까운 감각으로 아예 3D 스틱을 사용하지 않는 조작도 선택 가능한 등, 자신에 맞는 조작 스타일을 고를 수 있다.

▲ '월드 그랑프리'·'배틀'·'타임 어택'의 3가지 레이스 모드를 수록했다.

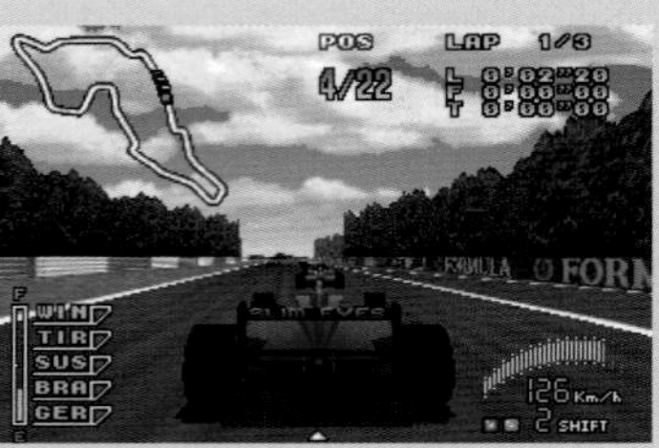

▲ 가솔린 잔량은 가속에, 급유량은 피트 타임에 각각 영향을 미친다. 상황을 간파해 전략을 세우자.

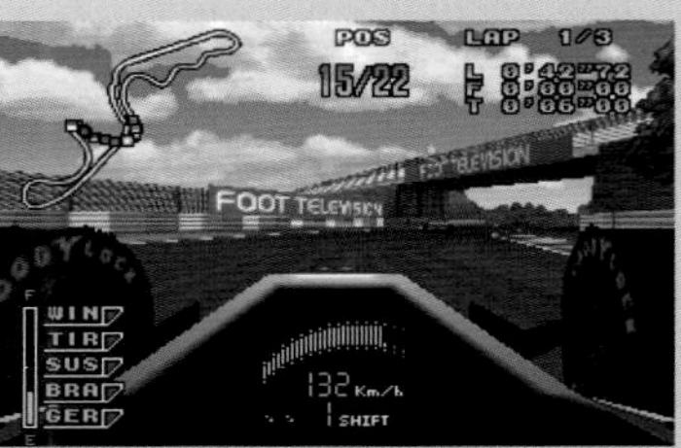

▲ 폴리곤 게임답게, 입체교차로도 재현했다. 위를 통과하는 라이벌 차량은 보이지 않지만, 소리로 존재감이 전달된다.

마작 64

테이블 | 1인용 | 64M | 코에이 | 1997년 4월 4일 | 7,800엔

컨트롤러 팩 지원 43 | 진동 팩 지원 | 메모리 확장 팩 지원

혼자서 마작을 배우는 게 목적인 게임. 플레이어는 '마작대학교' 합격통지서를 받은 대학교 1학년생이 되어, 마작 관련 학점을 따면서 대학교 졸업을 노린다. 강의마다 학점 취득조건이 설정돼 있고, 실전 대국에서 조건을 만족시키면 학점을 얻는다. 학교 안에는 강의를 듣는 '학부 건물'과 용어설명을 볼 수 있는 '도서관' 등 마작을 배우기 위한 전문시설이 갖춰져 있다. 마작을 기초부터 착실히 단련하고픈 사람을 위한 게임이다.

BOX ART & ROM CARTRIDGE

▲ 진지하게 마작을 가르쳐주는, 보기 드문 컨셉의 소프트. 졸업할 때쯤이면 제대로 실력이 붙는다.

▲ 대학교에는 목적별로 마련된 여러 시설이 있다. 룰의 자세한 설정은 본관 건물에서 할 수 있다.

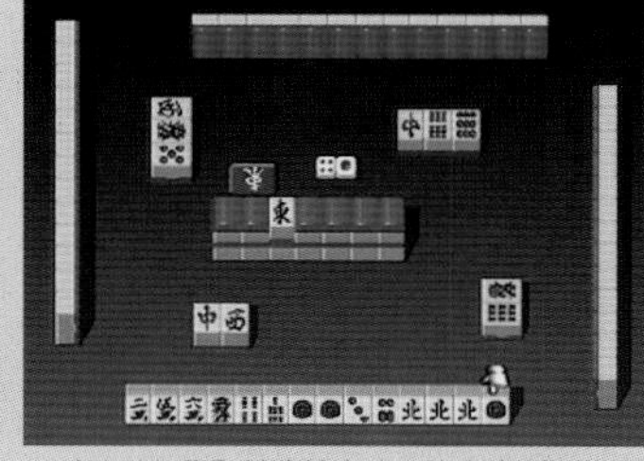
▲ 사기 기술 등은 일절 없다. 순수하게 마작을 즐기려는 플레이어를 위한 진검승부 게임이다.

스타폭스 64

슈팅 | 1~4인용 | 96M | 닌텐도 | 1997년 4월 27일 | 4,800엔

컨트롤러 팩 지원 | 진동 팩 지원 | 메모리 확장 팩 지원

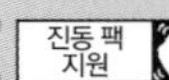
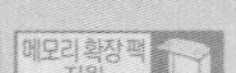

슈퍼 패미컴으로 발매된 바 있는 「스타폭스」가, 닌텐도 64의 폴리곤 기능으로 한층 더 업그레이드되었다. 더욱 리얼해진 3D 공간을 애기(愛機) '아윙'을 타고 누비며, 지상전 전용으로 개발한 뉴 머신을 타고 스타폭스 동료들과 함께 우주의 평화를 되찾아야 한다. 전작처럼 맵 상에서 행성과 주역을 골라 진행하며, 각 스테이지를 3D 슈팅 형태로 공략하게 된다.

BOX ART & ROM CARTRIDGE

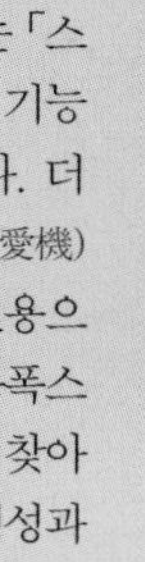
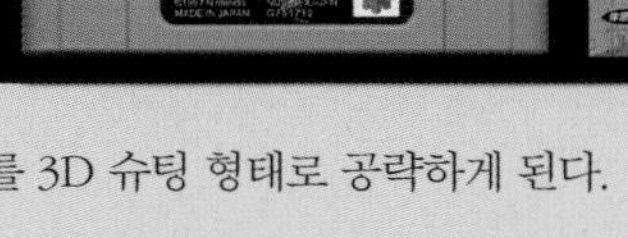
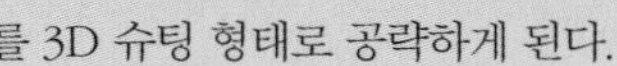

▲ 폴리곤으로 3D화해 표현한 스타폭스 동료들과 함께 안돌프의 야망을 분쇄하자.

▲ 전투 중 동료와의 대화는 음성으로 재생된다. 진동 팩이 선사하는 박력만점의 진동도 리얼함을 더해준다.

동시발매
진동 팩 세트
8,700엔

◀ 진동 팩을 컨트롤러에 장착하면, 대미나 폭발의 충격을 진동으로 재현해준다. 리얼한 조종석 체험을 만끽하려면 필수인 아이템이다.

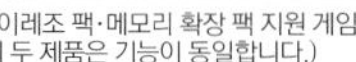

컨트롤러 팩 지원 123 컨트롤러 팩 지원 게임 | 진동 팩 지원 진동 팩 지원 게임 | 하이레조 팩 지원 · 메모리 확장 팩 지원 하이레조 팩·메모리 확장 팩 지원 게임 (이 두 제품은 기능이 동일합니다.) | 메모리 확장 팩 전용 메모리 확장 팩 전용 게임

시공전사 튜록

슈팅 1인용 64M 어클레임 재팬 1997년 5월 30일 7,800엔

컨트롤러 팩 지원 16 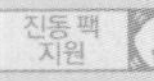 진동 팩 지원 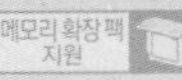 메모리 확장 팩 지원

BOX ART & ROM CARTRIDGE

이제는 비디오 게임계의 어엿한 메이저 장르가 된 1인칭 슈터(FPS) 게임의 초기에 닌텐도 64용으로 발매된 게임. 플레이어는 전사 '튜록'이 되어, 로스트 랜드를 지배하려 하는 적 '캠페이너'를 물리치기 위해 8곳의 월드에서 전투를 펼친다. 3D 공간에서 끊임없이 나타나는 적들을 계속 물리치면서 전진하는 심플한 FPS로, 주인공 캐릭터의 스피드감 넘치는 움직임이 박력을 연출한다. 무기 종류가 풍부한 것도 이 게임의 특징이다.

▲ 게임 도중 일정 조건을 클리어하면 발견할 수 있는 치트 코드를 쓰면 게임이 유리해진다.

▲ 활처럼 원시적인 무기부터 강력한 미사일을 장비하는 병기까지, 풍부한 종류의 무기가 나온다.

▲ 체력과 탄수만 나오는 심플한 UI에 숨쉴 틈 없는 전개의 게임이지만, 그런 만큼 플레이는 확실히 쾌적하다.

스타워즈 : 제국의 그림자

액션 1인용 96M 닌텐도 1997년 6월 14일 7,800엔

컨트롤러 팩 지원  진동 팩 지원 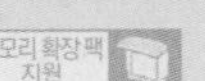 메모리 확장 팩 지원

BOX ART & ROM CARTRIDGE

영화 '스타워즈' 시리즈의 스핀오프 작품군으로서 멀티미디어 전개를 펼쳤던 'SHADOWS OF THE EMPIRE' 프로젝트의 일환이며, 시계열적으로는 '에피소드 5 : 제국의 역습'과 '에피소드 6 : 제다이의 귀환'(일본에선 '제다이의 복수'로 개봉하여 이쪽 제목이 유명하다) 사이에 위치하는 오리지널 스토리다. 액션과 어드벤처, 3D 슈팅 등 다채로운 장르로 구성된 총 10개 스테이지로 진행되며, 원작 영화의 세계관을 유감없이 표현한 작품이다.

▲ 음악은 로열 스코티시 관현악단이 제작한 오리지널 곡과 '임페리얼 마치' 등을 수록했다.

▲ 한 솔로의 옛 친구이자 밀수업자인 '대시 렌더'는, 레아 공주의 의뢰로 한 솔로를 구출하러 가게 된다.

▲ 영화에 등장했던 인기 캐릭터와 명장면 등, 팬이라면 기뻐할 요소가 가득한 것이 매력이다.

가자가자!! 트러블 메이커즈

액션 | 1인용 | 64M | 에닉스 | 1997년 6월 27일 | 8,900엔

컨트롤러 팩 지원 | 진동 팩 지원 | 메모리 확장 팩 지원

입체감이 있는 배경 그래픽의 횡스크롤 액션 게임. 메이드 로봇 '마리나'를 조작해, 악의 제국군에 납치당한 건벨 박사를 구출하고 넨드로 별의 평화를 되찾는 게 목적이다. 다양한 물체를 잡을 수 있고, 잡은 상태에선 던지거나 위아래로 흔들 수 있다. 특히 '흔들기'가 중요한데, 적이나 주민을 흔들면 아이템을 드롭하며, 물체를 흔들면 다른 물체가 출현하기도 해, 퍼즐을 풀 때도 흔들기를 잘 사용해야 한다. 게임 자체의 평가가 매우 높은 추천작이다.

▲ 컨트롤러는 '패미컴 포지션'으로 잡자. 닌텐도 64용 게임치고는 드물게, 3D 스틱을 일절 사용치 않는다.

▲ 스테이지는 총 50종이 넘는다. 타임 어택과 파고들기 요소도 있어 진득하게 즐길 수 있다.

▲ 넨드로 별 사람들은 전부 이렇게 얼굴이 음산한 느낌. 얼굴이 이렇지 않으면 제국군의 인간이다.

웨이브 레이스 64 (진동 팩 지원판)

레이싱 | 1~2인용 | 64M | 닌텐도 | 1997년 7월 18일 | 6,800엔

컨트롤러 팩 지원 | 진동 팩 지원 | 메모리 확장 팩 지원

진동 팩의 발매에 맞춰 출시된 마이너 체인지판. 「마리오 카트 64」에서 호평을 받았던 '고스트 기능'을 탑재했다. 수록곡도 일부 편곡해 변경을 가했다.

슈퍼 마리오 64 (진동 팩 지원판)

액션 | 1인용 | 64M | 닌텐도 | 1997년 7월 18일 | 6,800엔

컨트롤러 팩 지원 | 진동 팩 지원 | 메모리 확장 팩 지원

마리오가 대미지를 받으면 컨트롤러가 진동하며, 피치 공주에 목소리를 추가했고, 마리오의 보이스 종류도 늘어났다. 일부 효과음도 변경하고 버그도 수정한 마이너 체인지판.

컨트롤러 팩 지원: 컨트롤러 팩 지원 게임 | 진동 팩 지원: 진동 팩 지원 게임 | 하이레조 팩 지원 / 메모리 확장 팩 지원: 하이레조 팩·메모리 확장 팩 지원 게임 (이 두 제품은 기능이 동일합니다.) | 메모리 확장 팩 전용: 메모리 확장 팩 전용 게임

멀티 레이싱 챔피언십

레이싱 | 1~2인용 | 96M | 이매지니어 | 1997년 7월 18일 | 7,900엔

컨트롤러 팩 지원 45 | 진동 팩 지원 | 메모리 확장 팩 지원

이 장르의 게임 중에선 드물게도 코스 분기가 존재하는 독특한 레이싱 게임. 어느 쪽 길로 분기하느냐에 따라 비포장도로로 들어가기도 하고, 폭포 뒤의 지름길로 빠지기도 하는 등, 여타 레이싱 게임과는 느낌이 매우 다른 코스를 달리게 된다. '챔피언십'·'타임 트라이얼'·'프리 런'·'VS 레이스'·'매치 레이스'로 5가지 모드를 구비했다. '매치 레이스'에서 입수 가능한 '제우스'라는 차는 쓰기 좋고 고성능이므로 꼭 입수하도록.

▲ 레이스에 특화시켜 게임을 디자인했고, 기본 머신 8대와 숨겨진 머신 2대, 3가지 코스를 준비했다.

▲ 이 작품의 패키지 커버를 장식한 차량은 '갤리언 GTO'. 이매지니어 사의 로고가 들어간 간판 머신이다.

▲ 차량의 세팅은 디테일하게 조정할 수 있다. 좋은 기록을 내기 위해 세팅을 잘 연구해보자.

작호 시뮬레이션 : 마작도 64

테이블 | 1인용 | 96M | 비디오 시스템 | 1997년 7월 25일 | 6,980엔

컨트롤러 팩 지원 42 | 진동 팩 지원 | 메모리 확장 팩 지원

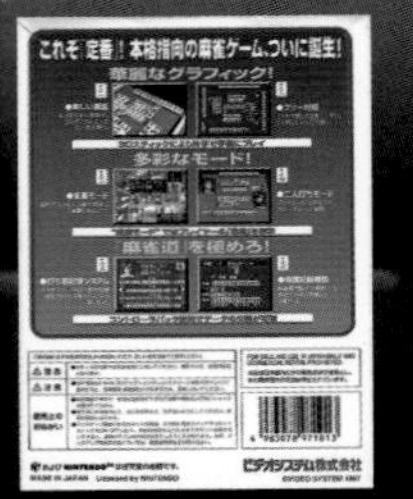

캐릭터 16명과 대국 가능한 마작 게임. 16명의 캐릭터에 각자 개성을 부여해, 이론 중시형으로 마작을 치는 캐릭터가 있는가 하면, 참을성이 없어 부를 수 있는 패는 일단 부르고 보는 캐릭터도 있다. 자유롭게 대국하는 '프리 대국', 룰이 각기 다른 작장에서 내기 마작을 쳐 1,000만 G를 버는 게 목적인 '작호 모드', 스토리를 진행하여 최종 보스를 물리치면 클리어하는 '2인 대국 모드'가 있다.

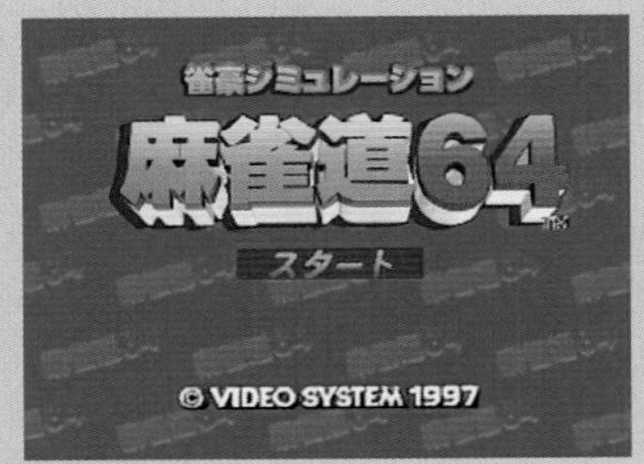

▲ 플레이어가 사용하는 캐릭터는 플레이어의 마작 스타일을 배워간다. 자기분석에도 활용해볼 만하다.

▲ 마작 초보자라는 설정인 '시라카와 사와미'. 시나리오 모드에서 실은 마작 청부인임이 판명된다.

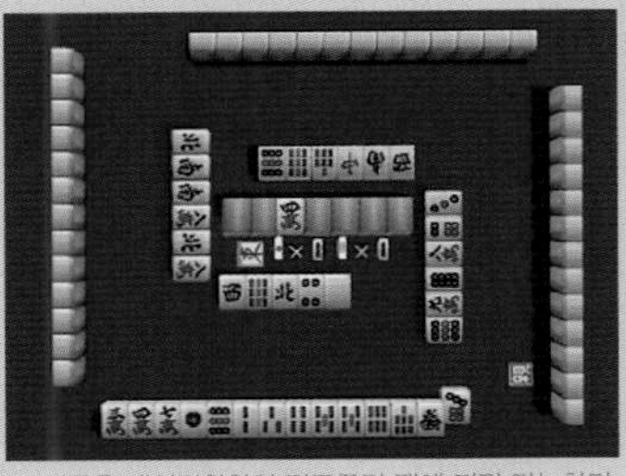
▲ 대국은 데이터화하여 컨트롤러 팩에 저장 가능하며, '패보 모드'에서 패보 형태로 볼 수 있다.

DOOM 64

슈팅 | 1인용 | 64M | 게임뱅크 | 1997년 8월 1일 | 7,800엔

컨트롤러 팩 지원 2  진동 팩 지원  메모리 확장 팩 지원 

1인칭 슈터 게임을 대표하는 타이틀 중 하나인 「DOOM」이, 업그레이드 되어 닌텐도 64로 등장했다. 핸드건이나 샷건을 들고 다니며, 3D 미로 안에서 속속 출현하는 적들을 쓰러뜨린다. 직관적으로 적을 물리치는 FPS의 즐거움과 스테이지 디자인은 초대 「DOOM」을 계승했지만, 원작보다 더욱 기괴하게 디자인한 몬스터와 고난이도의 적 배치 덕에, 가정용 게임기판이 맞나 싶을 만큼 도전욕구를 자극하는 게임으로 완성되었다.

BOX ART & ROM CARTRIDGE

▲ 닌텐도 64용답게, 영상은 물론이고 저음이 인상적인 공포의 BGM과 중후한 효과음도 파워 업되었다.

▲ 초대 「DOOM」에 있었던 적들도 나오지만, 한층 무서운 모습으로 리파인되어 공포가 느껴진다.

▲ 스테이지 중엔 플레이어가 절대 통과 못하게 하겠다는 듯이 적을 배치한 부분도 있어, 공략할 맛이 난다.

마작방랑기 CLASSIC

테이블 | 1인용 | 96M | 이매지니어 | 1997년 8월 1일 | 7,800엔

컨트롤러 팩 지원  진동 팩 지원  메모리 확장 팩 지원

아사다 테츠야의 소설을 원작으로 삼아, 잡지 '근대마작 오리지널'에 연재했던 만화 '마작방랑기 CLASSIC'에 기반한 마작 게임. 보야테츠·도사켄·죠슈토라·데메토쿠 등 원작의 친숙한 캐릭터들이 등장한다. 작화는 만화판도 담당했던 극화가 이노우에 타카시게가 담당해, 원작의 분위기에 조금도 손색이 없다. 원작의 스토리를 즐기는 '스토리 모드', 패산을 조작하는 사기 기술을 입수 가능한 '사기 모드' 등이 준비돼 있다.

▲ 2차대전 패전 직후가 시대 배경이며, 닌텐도 64용 게임이 맞나 싶을 만큼 살벌한 승부가 펼쳐진다.

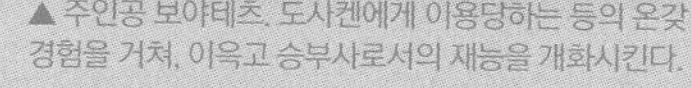

▲ 주인공 보야테츠. 도사켄에게 이용당하는 등의 온갖 경험을 거쳐, 이윽고 승부사로서의 재능을 개화시킨다.

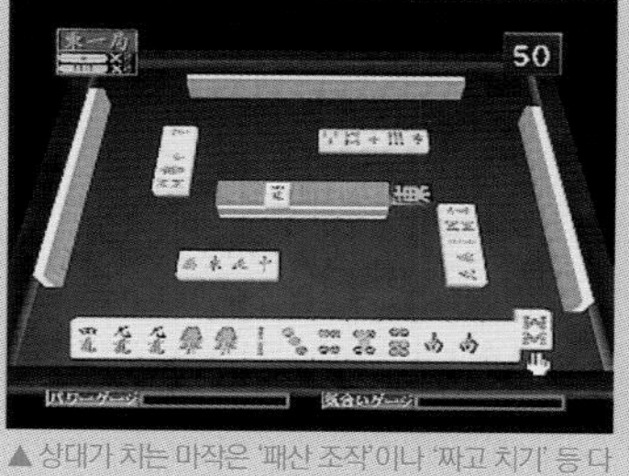

▲ 상대가 치는 마작은 '패산 조작'이나 '짜고 치기' 등 다양한 반칙을 구사하는 사기마작이라 방심하면 안 된다.

컨트롤러 팩 지원 123 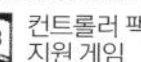 컨트롤러 팩 지원 게임  진동 팩 지원 게임  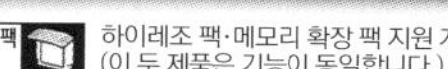 하이레조 팩·메모리 확장 팩 지원 게임 (이 두 제품은 기능이 동일합니다.)  메모리 확장 팩 전용 게임

힘내라 고에몽 : 네오 모모야마 막부의 춤

액션 | 1인용 | 128M | 코나미 | 1997년 8월 7일 | 8,900엔

컨트롤러 팩 지원 16 | 진동 팩 지원 | 메모리 확장 팩 지원

시리즈 최초의 3D 액션 게임이자, 3편의 시스템을 답습한 액션 어드벤처 게임이다. 수수께끼의 복숭아형 비행물체에 의해 이상한 모양으로 변해버린 성의 성주에게 부탁받아, 고에몽과 에비스마루가 범인을 쫓는 여행길에 나선다. 거대한 기계장치 인형 '고에몽 임팩트'를 조작하는 '임팩트 전투'는 건재하며, 배틀 공간까지 완전히 3D화된 덕분에 보스전에서도 360도로 자유롭게 움직일 수 있는 등, 게임이 대폭 업그레이드되었다.

▲ 오프닝 테마곡은 카게야마 히로노부, 임팩트 전투의 삽입곡은 미즈키 이치로가 불러, 뜨거운 노래가 울려 퍼진다.

▲ 시리즈 특유의 일본 풍 세계관을, 3D 그래픽을 통해 더욱 현장감 넘치는 필드로 진화시켰다.

▲ 고에몽과 에비스마루는 처음부터 사용 가능. 게임을 진행하다 보면 사스케와 야에가 동료로 들어온다.

파워 리그 64

스포츠 | 1~2인용 | 64M | 허드슨 | 1997년 8월 8일 | 6,980엔

컨트롤러 팩 지원 86 | 진동 팩 지원 | 메모리 확장 팩 지원

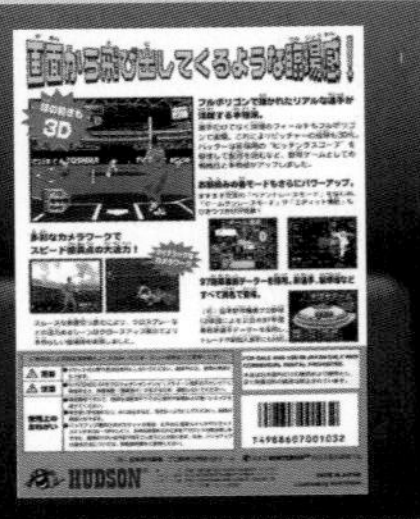

허드슨의 닌텐도 64 참가 제 1탄이자, 시리즈 최초의 3D 풀 폴리곤화 타이틀. 일본 리그 97년 개막 데이터 기반으로, 선수·구장이 모두 실명으로 등장한다. 게임 모드로 '페넌트레이스 모드'는 물론, 인기가 많은 '홈런 레이스 모드'와 '에디트 기능'도 여전히 수록했다. 이번 작품의 오리지널 요소로서, 「슈퍼 파워 리그 4」 대회'의 성적 상위 입상자가 제작한 가상 팀 '돌핀즈'와, 숨겨진 팀인 '몬스터즈'가 참전한다.

▲ PC엔진, 슈퍼 패미컴, PC-FX 등 다양한 플랫폼으로 신작이 출시되었던 인기 시리즈다.

▲ 일본야구기구 프로야구 12개 구단 공인 97년 데이터 기반이며, 신규 가입 선수·트레이드·신 구장도 수록했다.

▲ 카메라워크가 부드러워, 마치 TV 중계를 보는 듯한 클로즈업 영상을 구현했다.

골든아이 007

슈팅 | 1~4인용 | 96M | 닌텐도 | 1997년 8월 23일 | 6,800엔

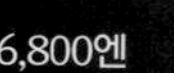

컨트롤러 팩 지원 | 진동 팩 지원 | 메모리 확장 팩 지원

▲「슈퍼 동키 콩」 등으로 유명한 영국의 레어 사가 개발하고, 닌텐도가 발매한 게임이다.

BOX ART & ROM CARTRIDGE

영화 '007 골든아이'를 게임화한 작품이며, 1인칭 시점으로 3D 필드를 활보하며 적을 총격하면서 진행하는 FPS(1인칭 슈터) 게임이다. 전 세계 800만 장이라는 판매량에 빛나는 대히트 타이틀이기도 하다. 플레이어는 영국의 첩보기관 'MI-6'의 공작원 '제임스 본드'가 되어, 냉전 이후의 세계를 무대 삼아 병기 위성으로 구성된 거대 군사 시스템 '골든아이'를 확보하려는 국제범죄조직 '야누스'를 저지하기 위해, 위험한 미션에 도전하며 리얼한 3D 필드를 탐색한다. 요란한 총격전뿐만 아니라, '007'이 주인공이라는 점을 살려 주변에 들키지 않도록 소음기를 사용하거나, 촙으로 적을 쓰러뜨리거나, 감시 카메라를 파괴하는 등의 스파이다운 스텔스 액션 요소도 첨가했다. 무기 종류도 다채로워, 007이 애용하는 PP7을 비롯해 서브머신건 ZMG, 소총인 KF7 SOVIET, 샷건과 그레네이드 런처, 수류탄 등의 투척무기는 물론이고, 원작 영화에도 나왔던 레이저 시계, 레이저 총, 황금총 등도 완비했다. 대전 모드에서는 2~4명이 동시 참가해 화면분할로 대전할 수 있다.

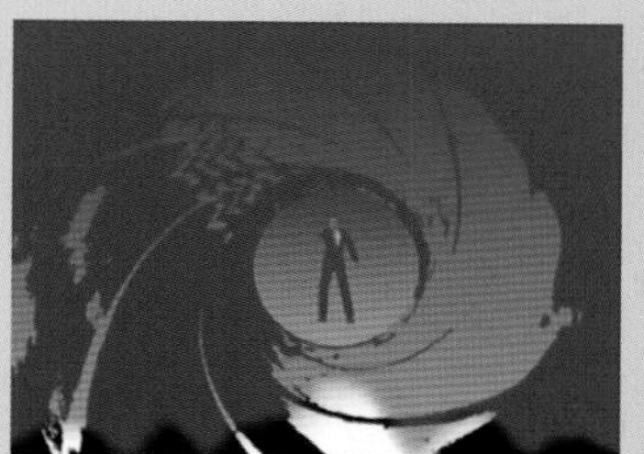
▲ 영화로 친숙한, 제임스 본드가 화면을 향해 총을 쏘는 오프닝도 제대로 재현했다.

▲ 스테이지는 '화학병기 공장'부터 '설원', '순양함', '군용 열차', '정글', '비밀기지' 등 종류가 풍부하다.

▲ 기본적인 스토리는 영화대로이나, 영화에 없는 스테이지와 미션도 일부 들어가 있다.

▲ 대전 모드에서는 역대 '007' 영화 시리즈의 부제에서 따온 대전 룰을 '시나리오'로 선택할 수 있다.

4분할 화면으로 즐기는 치열한 멀티플레이!

이 게임의 매력 중 하나는 단연코 4명 동시 대전이다. 언제 상대와 맞닥뜨릴지 모르는 긴장감이 즐겁다. 유리하게 진행하려면 상대보다 강력한 무기를 입수하는 것이 중요하다. 방탄조끼도 일찌감치 입수해두면 좋다.

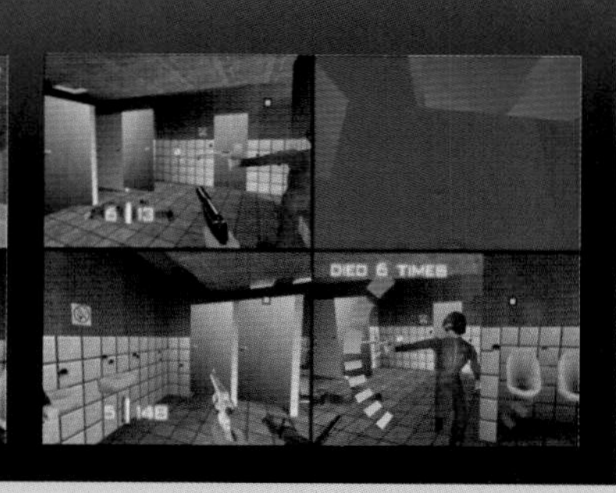

J리그 다이너마이트 사커 64

스포츠 | 1~4인용 | 64M | 이매지니어 | 1997년 9월 5일 | 7,500엔

컨트롤러 팩 지원 21 | 진동 팩 지원 | 메모리 확장 팩 지원

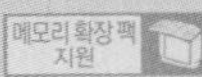

총 17개 클럽의 선수 272명이 얼굴 사진과 함께 실명으로 등장하는 J리그 공인 축구 게임. 경기장도 실명인 것은 물론이고, 각 경기장별로 별도의 잔디 데이터를 반영해, 공의 바운드 감각에 이르기까지 세세하게 재현했다. 조작 중인 선수를 가리키는 마크도 조작할 선수를 전환하는 버튼도 없지만, 굳이 필요성이 느껴지지 않을 만큼 자연스럽게 조작할 선수가 자동 전환되는 것이 이 작품의 매력 중 하나다. 2 : 2까지, 최대 4인 플레이를 지원한다.

▲ 개발사는 에이맥스 사. 액션성 강한 축구 게임의 제작사로서의 자부심을 느낀 사람도 적지 않았으리라.

▲ 옵션 설정에서 가로방향 플레이·세로방향 플레이 중 원하는 타입을 선택해 플레이할 수 있다.

▲ '승부차기'를 비롯해 '엑시비션', '리그전', '토너먼트', '올스타' 등의 모드가 있다.

실황 월드 사커 3

스포츠 | 1~4인용 | 64M | 코나미 | 1997년 9월 18일 | 7,500엔

컨트롤러 팩 지원 71 | 진동 팩 지원 | 메모리 확장 팩 지원

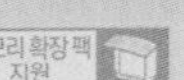

축구 세계대회를 형상화한「실황 월드 사커」시리즈의 닌텐도 64판. 한국, 일본을 포함하여 세계 36개국이 등장한다. '인터내셔널 컵' 모드에서는 월드컵처럼 예선전이 블록 단위의 리그전으로, 결승전이 토너먼트 방식으로 치러지며, '월드 리그'에서는 36개국 전체가 리그전으로 전·후반 합계 70시합을 벌여 세계 정상을 가린다. 지정된 조건 하에서 승리를 노리는 '시나리오'를 비롯해, '승부차기'·'트레이닝'도 수록했다.

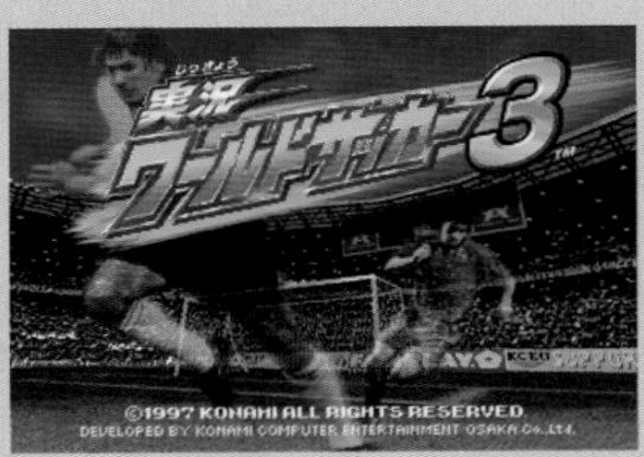

▲ 이 작품도, 타이틀 화면에서 숨겨진 커맨드를 입력하면 캐릭터의 머리가 거대해진다.

▲ 같은 KCE 오사카가 개발한「퍼펙트 스트라이커」시리즈처럼 조작감이 상당히 좋다.

▲ 실황은 칸사이 지역 라디오방송 'Kiss FM KOBE'의 DJ로 유명했던 TOM G가 맡았다.

폭 봄버맨

액션 | 1~4인용 | 64M | 허드슨 | 1997년 9월 26일 | 6,980엔

컨트롤러 팩 지원 1 | 진동 팩 지원 | 메모리 확장 팩 지원

닌텐도 64용의 첫 「봄버맨」. 3D 그래픽으로 그려진 필드는 이전처럼 규칙적으로 블록이 배치돼 있지 않으며, 폭발 시 화염도 십자형이 아니라 구형으로 퍼지는 등, 기존 시리즈와는 스타일이 크게 달라졌다. 또한 봄 던지기·봄 킥을 아이템 획득 없이도 기본으로 쓸 수 있고, 폭탄을 적에 직접 던져 기절시킬 수 있으며, 기절한 적을 스테이지 밖으로 던질 수조차도 있다. 폭탄을 발판으로 삼는 봄 점프, 폭탄을 세로로 쌓는 봄 타워 등의 신규 액션도 가득하다.

▲ '스토리 모드'와 '배틀 모드'를 수록했다. 스토리 모드에서는 총 6개 월드를 공략한다.

▲ 스토리 모드에서는 겉모습을 바꾸는 '커스텀 파츠', 파고들기 요소인 '골드 카드'를 수집할 수 있다.

▲ '봄 점프', '봄 타워', A 버튼 연타로 봄을 크게 키우는 '차지 봄'은 모두 동시 구사가 가능하다.

J리그 일레븐 비트 1997

스포츠 | 1~4인용 | 64M | 허드슨 | 1997년 10월 24일 | 6,980엔

컨트롤러 팩 지원 38 | 진동 팩 지원 | 메모리 확장 팩 지원

당시의 실존 일본 프로축구 선수들이 SD화되어 등장하는 3D 축구 게임. 풀 폴리곤의 이점을 활용해, 당시 축구게임의 주류였던 고정시점이 아니라, 공을 키핑 중인 선수를 중심으로 필드 전체가 회전하는 시점을 채용했다. 화면 하단의 미니맵도 함께 회전시켜, 방향감각 혼란을 억제하면서도 현장감을 연출한다. '프리시즌 매치'·'J리그'·'오리지널 리그'·'토너먼트'·'승부차기'·'올스타' 모드를 수록했다. 오리지널 클럽을 만들어 대전할 수도 있다.

▲ 포메이션은 한 칸 단위로 세세하게 설정 가능해, 얼핏 심플한 게임 같지만 전략성이 디테일하다.

▲ 조작은 간단한 편이지만, 점핑 발리슛처럼 다이내믹한 액션도 발동할 수 있다.

▲ 당시의 유명 선수로 꿈의 대결을 실현해보거나, 이상적인 대표팀을 만들어 즐겨볼 수도 있다.

 컨트롤러 팩 지원 게임  진동 팩 지원 게임 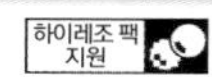  하이레조 팩·메모리 확장 팩 지원 게임 (이 두 제품은 기능이 동일합니다.) 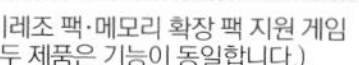  메모리 확장 팩 전용 게임

뿌요뿌요 SUN 64

퍼즐 1~2인용 64M 컴파일 1997년 10월 31일 5,980엔

컨트롤러 팩 지원 / 진동 팩 지원 / 메모리 확장 팩 지원

아케이드용 퍼즐 게임의 이식판. 타이틀명의 'SUN'은 '시리즈 3번째 작품'과 '태양'이라는 요소를 의미하며, 이름처럼 연쇄 시 함께 없애면 방해뿌요가 대폭 증량되는 '태양뿌요'가 처음 등장한다. 공격 상쇄 시 방해뿌요보다 한 수 먼저 태양뿌요가 떨어지는 '일륜상쇄' 룰도 함께 채용했다. 이식하면서 막간 개그 데모의 음성을 삭제했지만, 토너먼트 형식으로 싸우는 '연승전 뿌요뿌요'와 과제를 클리어하는 '끝없이 퍼즐뿌요'를 신규 수록했다.

BOX ART & ROM CARTRIDGE

▲ '일륜상쇄' 룰은 이 작품으로 명맥이 끊기므로, 독특한 전략성을 맛볼 수 있는 귀중한 작품이다.

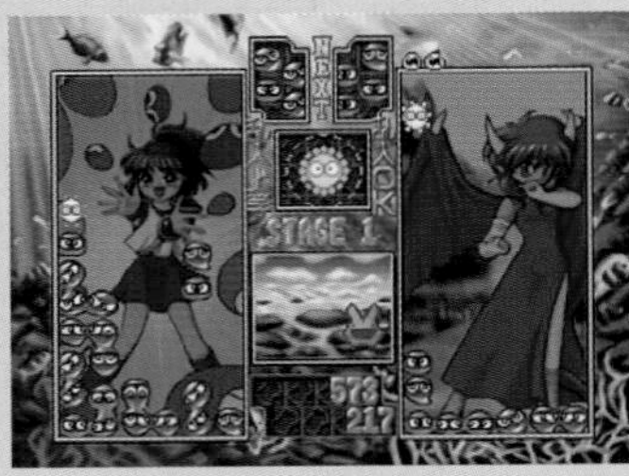

▲ '혼자서 뿌요뿌요' 모드의 난이도는 3단계이며, 각각 드라코·아르르·셰죠가 주인공인 별개 스토리가 전개된다.

▲ 이 작품부터 뿌요 색깔별로 다른 표정을 넣었으며, 연쇄를 비롯해 화면 연출도 강화했다.

디디 콩 레이싱

레이싱 1~4인용 96M 닌텐도 1997년 11월 21일 6,800엔

컨트롤러 팩 지원 / 진동 팩 지원 / 메모리 확장 팩 지원

「동키 콩」 시리즈의 스핀오프 작품으로, '디디 콩'이 주인공인 3D 레이싱 게임. 팀버 아일랜드의 레이스장을 봉인해버린 우주 제일의 무법자 '위즈피그'에의 도전권을 얻기 위해 챔피언이 되는 것이 게임의 목적이다. 각 코스를 클리어해 '골드 벌룬'을 모아 보스 캐릭터와 싸우고, 4개 지역을 돌며 2번째 보스전까지 클리어하면 위즈피그에게 도전할 수 있다. 탈 것은 카트·호버크래프트·비행기 중에서 선택 가능하다.

BOX ART & ROM CARTRIDGE

▲ 「동키 콩」 시리즈의 스핀오프 작품이지만, 디디 콩 이외엔 전부 오리지널 캐릭터뿐이다.

▲ 총 8마리 중 하나로, 라이벌 7마리와 싸운다. 저마다 가속력 중시, 최고속도 중시, 만능형 등 개성적이다.

▲ 배틀용 코스도 4종류. '상대에게 공격을 맞힌다'나 '달걀을 지켜내 부화시킨다' 등 승리조건도 풍부하다.

프로 마작 키와메 64

테이블 | 1인용 | 64M | 아테나 | 1997년 11월 21일 | 6,800엔

컨트롤러 팩 지원 28 | 진동 팩 지원 | 메모리 확장 팩 지원

슈퍼 패미컴 때부터 시리즈가 이어져온, 일본마작연맹과 콜라보한 마작 게임. 코지마 타케오와 안도 미츠루 등, 16명의 유명 프로 작사가 출연한다. '프로 모드'와 '갬블 모드', '트레이닝 모드'로 3가지 모드가 있다. '프로 모드'는 프로와 대국하는 모드로서, 마작대회에 참가할 수도 있다. '갬블 모드'는 프로가 제시하는 조건을 통과해, 모든 프로 작사가 내건 조건을 충족하면 클리어하는 모드다.

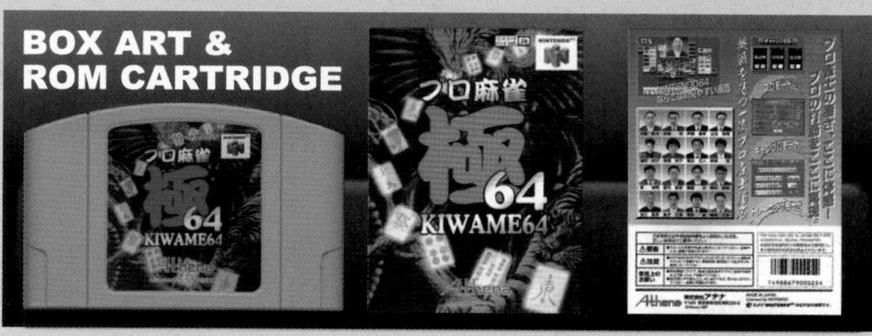

▲ N64로 등장한 「키와메」. 프로의 마작 풍을 완전 재현해 프로의 실력을 보여주는 것이 특징인 마작 게임이다.

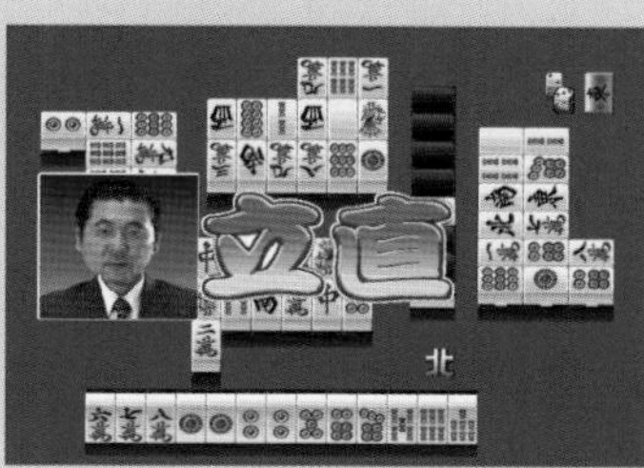

▲ 프로 모드에서 개최되는 대회는 '용황전'·'봉황전'·'맹호전' 3종. 각각 규칙이 다르니 주의하자.

▲ '트레이닝 모드'에서는 무슨 패를 버려야 최적일지를 퀴즈 형식으로 배울 수 있다.

64 오오즈모

스포츠 | 1~4인용 | 128M | 바텀 업 | 1997년 11월 28일 | 7,980엔

컨트롤러 팩 지원 38 | 진동 팩 지원 | 메모리 확장 팩 지원

오오즈모(프로 스모 대회)가 소재인 스포츠 게임. 스모 게임으로는 최초의 3D 폴리곤 게임이다. '요코즈나 석세스 모드'·'격투 배틀 모드'·'폭열 토너먼트 모드'·'가르쳐줘 연습 모드'로 4가지 모드를 수록했다. '요코즈나 석세스 모드'는 2년이라는 기간 동안 리키시(선수)를 육성해 요코즈나(천하장사)가 되는 것이 목표인 모드. 여러 가지 패턴의 엔딩을 준비했다.

▲ 귀엽게 SD화된 리키시가 힘차게 자세를 잡는 타이틀 화면. 요코즈나를 목표로 노력하자.

▲ 리키시는 19종의 다채로운 기술을 사용할 수 있다. 잘 모르겠다면 '가르쳐줘 연습 모드'로 특훈하자.

1998년 3월 20일 발매
캠페인 한정판
7,980엔

◀ 후일 컨트롤러 팩을 동봉한 캠페인 한정판이 발매되었다. 컨트롤러 팩이 있으면 육성한 캐릭터를 가져가 다른 사람과 대전할 수 있다.

패미스타 64

스포츠 1~2인용 96M 남코 1997년 11월 28일 6,800엔

컨트롤러 팩 지원 123 / 진동 팩 지원 / 메모리 확장 팩 지원

패미컴용 게임 「패밀리 스타디움」부터 이어져온 시리즈 작품. 게임 모드는 10종류로, 단일시합 승부부터 리그전, 페넌트 등 시리즈 전통의 모드뿐만 아니라, 미니게임 승부로 전국의 전직 프로야구 선수들을 모아 지구를 습격한 메탈 성인과 싸우는 '당신의 최강 팀'이라는 신 요소도 추가했다. 컨트롤러 팩에 저장한 팀 데이터로 대전도 가능. 시리즈 최초의 폴리곤 묘사와, 3D 스틱을 활용한 아날로그한 조작감이 특징이다.

BOX ART & ROM CARTRIDGE

▲ 실명 선수·구단들은 물론, 시리즈 전통의 '남코 스타즈' 등 오리지널 구단도 수록했다.

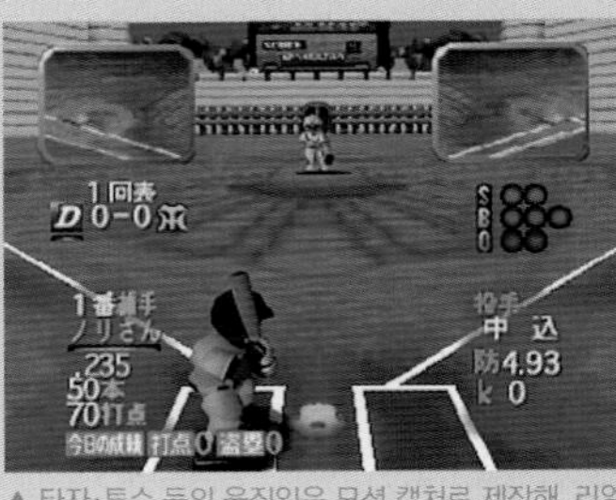
▲ 타자·투수 등의 움직임은 모션 캡처로 제작해, 리얼하고 디테일한 모션으로 표현한다.

▲ 노크 승부, 베이스 러닝, 홈런 경쟁, 펌프질 경쟁, 눈싸움 등 7가지 미니게임도 수록했다.

HEIWA 파친코 월드 64

테이블 1인용 64M 암텍스 1997년 11월 28일 7,900엔

컨트롤러 팩 지원 / 진동 팩 지원 / 메모리 확장 팩 지원

파친코 제조사 HEIWA를 소재로 삼은 파친코 시뮬레이션 게임이자, 닌텐도 64 최초의 파친코 게임. 'CR 석세스 스토리 SP'·'미녀대집합 2'·'레몬 파이'·'CR 타마짱 하우스' 네 기종의 파친코 실기를 폴리곤으로 재현하여 수록했다. '입문편'·'실전편'·'학습편'의 3가지 모드가 있다. '입문편'·'실전편'에서는 실제로 파친코를 플레이할 수 있고, '학습편'에서는 각 기기의 상세한 데이터를 볼 수 있다.

BOX ART & ROM CARTRIDGE

▲ 폴리곤으로 충실하게 재현된 실기가 매력인 작품. 각 기기의 디테일한 데이터도 착실히 수록했다.

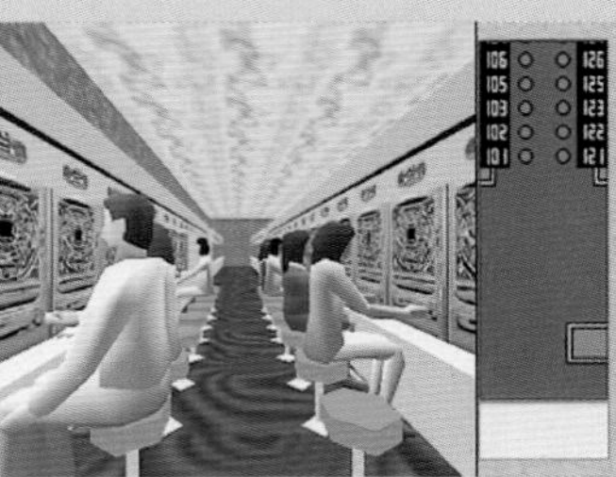
▲ 방문 가능한 점포는 대형점·중형점·소형점 3곳. 영업형태와 못의 난이도 차이 등을 파악해 플레이하자.

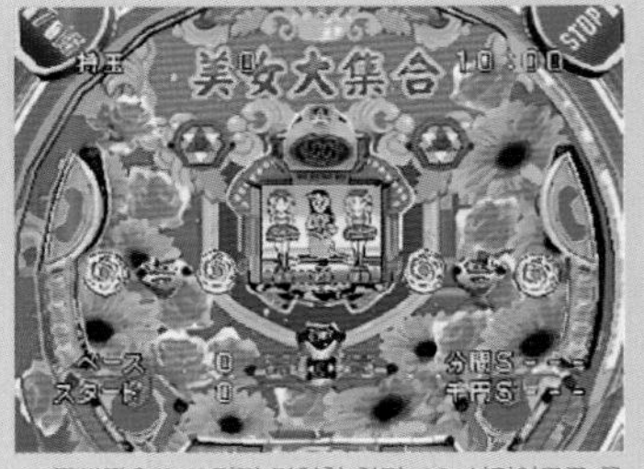

▲ 폴리곤으로 그려진 리얼한 화면, 3D 시점이므로 못과 구슬의 궤적 체크도 마음껏 가능하다.

HARDWARE
1996's SOFT
1997's SOFT
1998's SOFT
1999's SOFT
2000's SOFT
2001's SOFT
OVERSEA SOFT
SOFT INDEX

와일드 초퍼즈

슈팅 | 1인용 | 64M | 세타 | 1997년 11월 28일 | 6,980엔

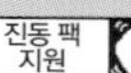
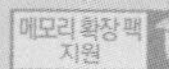

헬리콥터를 조종해 각 스테이지별로 정해진 미션 클리어에 도전하는 슈팅 게임. 주인공은 헬리콥터를 사용하는 특수부대에 소속되어, 적의 비행기와 헬리콥터, 탱크 등 다양한 목표를 격파한다. 스테이지 클리어 시 평가에 따라 상금을 받으며, 이 돈으로 미사일 등을 구입해 무장을 강화할 수 있다. 적재량·스피드·장갑 성능에 각기 차이가 있는 헬리콥터가 10종류 준비되어 있으므로, 미션에 적합한 장비를 신중하게 골라 활용해야 한다.

▲ '초퍼'란 '헬리콥터'의 속칭으로, 회전날개가 공기를 가르는 소리가 'Chop Chop'처럼 들린다는 게 유래.

▲ 미사일 잔량과 구출한 포로 수, 적 격파율 등의 평가로 미션 후 받을 보수가 변화한다.

▲ 대부분의 스테이지에는 포로가 잡혀있으며, 구출하면 보수를 받지만 자칫 죽으면 오히려 벌금을 내야 한다.

듀얼 히어로즈

액션 | 1~2인용 | 96M | 허드슨 | 1997년 12월 5일 | 6,980엔

특촬영화를 주로 촬영해온 영화감독 아메미야 케이타가 감독을 맡고, 「버추어 파이터」에 참여했던 테라다 카츠야, 특촬영화 캐릭터 디자인도 맡았던 시노하라 타모츠 등이 제작진에 이름을 올린 작품. 기본적으로는 히어로 8명이 싸우는 전형적인 3D 대전격투 게임이지만, 플레이어의 조작 패턴을 AI에 학습시켜 자신의 분신 '마이 로봇'을 제작하는 '로봇 육성 모드'라는 독특한 요소도 수록했다. 물론 육성한 마이 로봇을 오토 배틀시키는 기능도 있다.

▲ 침략자 '졸'이 이끄는 조기라 제국을 물리치러 싸우는 8명의 히어로를 그린 대전격투 게임.

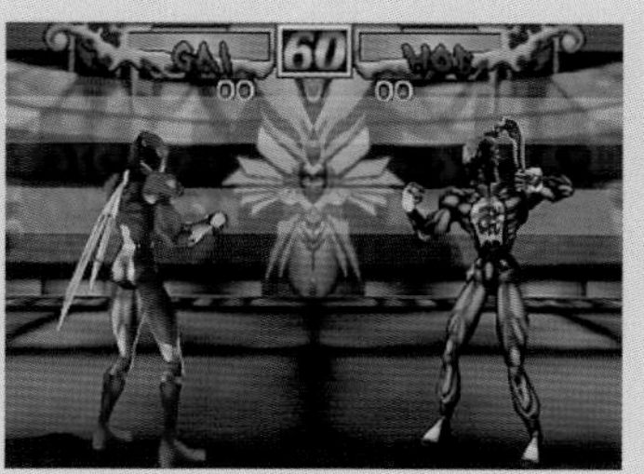

▲ 히어로들의 디자인은 슈퍼전대·가면라이더 시리즈 다수에서 활약한 시노하라 타모츠를 기용했다.

▲ 한락국가 이스팔리우드 최고의 댄서인 '쿠모'. 화려한 무용 기술로 상대를 농락한다.

 컨트롤러 팩 지원 게임
 진동 팩 지원 게임

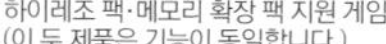 하이레조 팩·메모리 확장 팩 지원 게임 (이 두 제품은 기능이 동일합니다.)
 메모리 확장 팩 전용 게임

탑기어 랠리

레이싱 1~2인용 64M 켐코 1997년 12월 5일 6,980엔

컨트롤러 팩 지원 | 진동 팩 지원 | 메모리 확장 팩 지원

슈퍼 패미컴 때부터 이어져온 「탑기어」 시리즈(일본은 「탑 레이서」라는 제목으로 발매)의 닌텐도 64판. 랠리 카의 거동을 충실하게 재현해, 리얼한 운전감각을 맛볼 수 있다. 게다가 기후와 노면 상황의 변화도 시뮬레이트하여, 랠리 경기 특유의 짜릿한 흥분이 감도는 레이스를 즐길 수 있다. 게임 모드로는 1년에 걸쳐 진행되는 '챔피언십'을 비롯해, '아케이드'·'타임 어택'·'프랙티스' 모드가 있다.

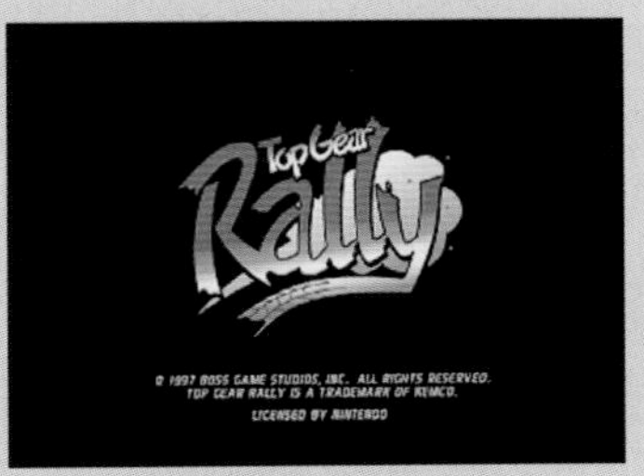
▲ 이 작품에 등장하는 차량은 전부 9종류. 이쪽에 밝은 사람이라면 바로 알 만한 디자인들이다.

▲ 차를 고른 후 핸들과 타이어, 서스펜션을 설정할 수 있다. 코스에 맞춰 조정하자.

▲ '페인트 샵'에서는 차체를 세세하게 페인팅할 수 있다. 자신만의 차량으로 디자인해보자.

카멜레온 트위스트

액션 1~4인용 96M 일본 시스템 서플라이 1997년 12월 12일 6,980엔

컨트롤러 팩 지원 | 진동 팩 지원 | 메모리 확장 팩 지원

신비한 나라가 무대인 액션 게임. 멋쟁이 토끼를 쫓아 항아리 안으로 뛰어들었더니 인간과 같은 몸이 되어버린 카멜레온 '데이비'와 친구들이, 본 모습을 되찾고 원래 세계로 돌아가려 멋쟁이 토끼를 찾는다는 스토리가 전개된다. 데이비 일행은 카멜레온답게 혀를 이용한 액션을 구사해 스테이지를 클리어해야 한다. 혀로 적을 물리치거나, 자기 몸을 지키거나, 말뚝에 휘감고 이동하는 등, 혀를 이용한 액션이 다채롭다. 잘 활용해 클리어에 도전해보자.

▲ 귀여운 카멜레온이 종횡무진 뛰어다니는 액션 게임. 등장하는 적 캐릭터들도 귀엽다.

▲ 말뚝에 혀를 휘감아 이동할 수도 있다. 침착하게 조준해 감아보자.

▲ '배틀'이라는 모드에서는 친구와의 대전 플레이도 즐길 수 있다.

스노보 키즈

스포츠 | 1~4인용 | 64M | 아틀라스 | 1997년 12월 12일 | 6,800엔

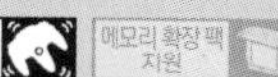
컨트롤러 팩 지원 121 · 진동 팩 지원 · 메모리 확장 팩 지원

스노보드를 사용하는 「마리오 카트」라는 느낌의 레이싱 게임. 성능이 각기 다른 캐릭터 5명 중 하나를 골라 대전한다. 3D 스틱 조작만으로 활주가 가능할 만큼 조작이 심플한 것이 특징. 코스에 떨어진 물건을 줍거나 코스 내의 점프대 등을 이용해 트릭을 구사하면 코인을 얻게 되며, 이 코인으로 공격 아이템을 구입하면 레이스에서 라이벌을 공격할 수도 있다. 최대 4명까지 대전 가능하며, 아이템의 적절한 활용이 승부를 좌우한다.

▲ 아름다운 필드와 훌륭한 BGM이 레이스의 분위기를 상쾌하게 끌어올린다.

▲ 대형 점프대에서 트릭을 성공시키면 화려한 이펙트가 터지는 등 쾌감이 상당하다.

▲ 보드 역시 프리스타일, 올라운드, 알파인, 스페셜 등 다양한 성능의 것이 준비돼 있다.

하이퍼 올림픽 인 나가노 64

스포츠 | 1~4인용 | 96M | 코나미 | 1997년 12월 18일 | 6,800엔

컨트롤러 팩 지원 32 · 진동 팩 지원 · 메모리 확장 팩 지원

1998년 일본 나가노에서 개최했던 동계올림픽이 소재인 스포츠 게임. 실제 나가노 올림픽에서 펼쳐졌던 총 68종목 중에서 12개 종목을 플레이할 수 있다. 게임 모드가 2가지인데, 하나는 원하는 종목을 선택해 플레이하는 '올림픽 모드', 또 하나는 지정된 순서대로 각 종목을 거치며 종목별 득점을 경쟁하는 '챔피언십 모드'다. 게임에서 달성한 기록은 컨트롤러 팩을 사용하면 저장할 수 있다.

▲ 플레이스테이션과의 멀티플랫폼으로, 아케이드판 게임과 같은 시기에 출시된 스포츠 게임이다.

▲ 컨트롤러만 준비해두면 동시에 4명까지 플레이할 수 있다. 친구와 기록을 경쟁해보자.

▲ 스피드스케이트와 봅슬레이는 전략이 중요하다. 상대 뒤에 바짝 붙는 등의 전략을 잘 세워 플레이하자.

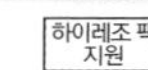
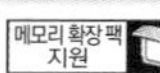
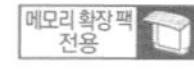

비룡의 권 트윈

액션 | 1~2인용 | 96M | 컬처 브레인 | 1997년 12월 18일 | 6,980엔

컨트롤러 팩 지원 47 | 진동 팩 지원 | 메모리 확장 팩 지원

소프트 하나로 게임 2개를 즐길 수 있는 볼륨 만점의 격투 게임이 바로 이 「비룡의 권 트윈」이다. 'SD 비룡' 모드에선 SD화된 캐릭터를 조작해 대전한다. 대회에 출장해 시합을 이겨 돈과 보물을 입수하고, 구입·입수한 보물을 자신의 캐릭터에 장비해 강화시켜야 한다. 장비품에는 레벨이 있으므로, 성장시키기만 해도 강화할 수 있다. '버추얼 비룡' 모드에선 리얼한 등신의 캐릭터를 조작해 대전한다. 이 모드에서는 단위 인정도 내려준다.

BOX ART & ROM CARTRIDGE

▲ 「SD 비룡의 권」과 「버추얼 비룡의 권」을 합본한 세트로서, 일부 사양을 즐기기 편하게 조정했다.

▲ 이 모드에서 얻는 아이템 중에는 캐릭터를 개방해주는 것, 진 오의를 사용하게 해주는 것 등이 있다.

▲ 플레이스테이션으로 선행 발매되었던 같은 제목의 작품을 개선한 'Ver.1.5'. 조작성이 향상되었다.

헥센

슈팅 | 1~4인용 | 64M | 게임뱅크 | 1997년 12월 18일 | 6,800엔

컨트롤러 팩 지원 90 | 진동 팩 지원 | 메모리 확장 팩 지원

1인칭 슈터 게임의 원조 「DOOM」의 개발진이 제작한 1인칭 시점의 판타지 RPG. 이세계의 마술사 '코랙스'로부터 세계를 구하는 게 목적이다. 던전의 퍼즐을 풀며 전진해야 한다. 4명까지 동시 플레이할 수 있으며, 다른 플레이어와 협력하는 모드와 적대하는 모드가 있다. 대전 시 고를 수 있는 맵이 30가지나 되며, 워프 게이트를 사용해 다음 스테이지로 이동할 수도 있는 등 독특한 장치가 곳곳에 마련되어 있다.

BOX ART & ROM CARTRIDGE

▲ 매우 몰입도가 높은 작품. 친구와의 대전이 상당히 치열하다. 꼭 플레이해봐야 할 게임이다.

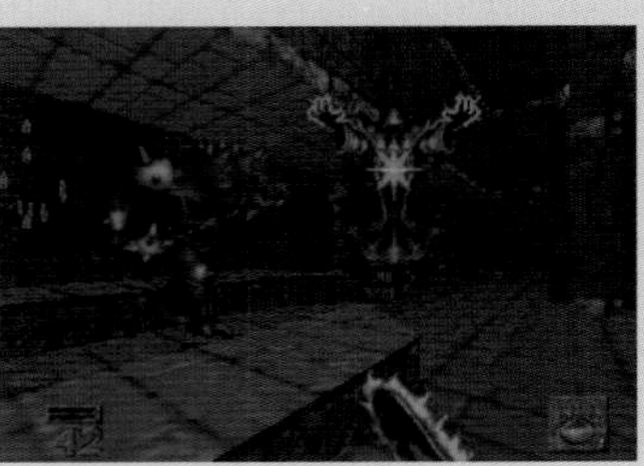
▲ 플레이어 캐릭터는 '전사'·'성직자'·'마술사'의 3종류. 장비할 수 있는 무기도 각자 다르니 주의하자.

▲ 파츠를 조합해 만드는 최종병기와, 미노타우로스를 소환해 적을 쓸어버리는 도구 등, 다채로운 아이템이 있다.

64에서 발견!! 다마고치 : 모두 함께 다마고치 월드

테이블 | 1~4인용 | 96M | 반다이 | 1997년 12월 19일 | 6,800엔

컨트롤러 팩 지원 1 | 진동 팩 지원 | 메모리 확장 팩 지원

휴대용 디지털 애완동물로서 대히트했던 '다마고치'가, 파티 게임 형태로 닌텐도 64에 등장했다. 말판놀이를 즐기며 '변신 파워'를 모으는 게 목적으로, 처음에 고른 알을 '돌보기 파워'를 소비해 돌보며 4단계의 '변신 파워 게이지'를 가장 먼저 꽉 채운 사람이 승리한다. 돌보기 메뉴 중에 '밥 주기'나 '배설물 치우기'가 있는 등, 다마고치다운 코믹한 묘사가 엿보인다. '모두와 게임하는 칸'에 멈추면 미니게임 대결로 테크닉을 겨루게 된다.

▲ 타이틀 화면의 '보너스'에서 '미니게임'을 선택하면 미니게임만을 실컷 즐길 수 있다.

▲ 컨트롤러 하나를 교대로 사용하며 4명까지 플레이할 수도 있다. 참가자가 부족하면 그만큼의 CPU가 참가한다.

▲ 미니게임은 '피트니스 GO! GO!', '분실물 GET다!', '노려서 퐁!' 등 총 10종류다.

웃짱·난짱의 불꽃 튀는 도전자 : 전류 아슬아슬 봉

액션 | 1~2인용 | 64M | 허드슨 | 1997년 12월 19일 | 5,980엔

컨트롤러 팩 지원 | 진동 팩 지원 | 메모리 확장 팩 지원

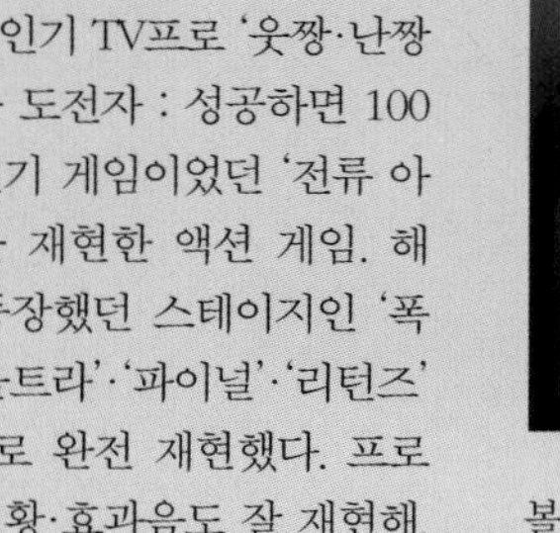

당시 일본의 인기 TV프로 '웃짱·난짱의 불꽃 튀는 도전자 : 성공하면 100만 엔!!'의 인기 게임이었던 '전류 아슬아슬 봉'을 재현한 액션 게임. 해당 프로에 등장했던 스테이지인 '폭렬'·'슈퍼'·'울트라'·'파이널'·'리턴즈'를 폴리곤으로 완전 재현했다. 프로의 긴장감·실황·효과음도 잘 재현해, 프로 참가자가 된 듯한 긴장감을 맛볼 수 있다. 발매 당시, 원작 방송의 상금에 맞춘 총액 100만 엔 가치의 장난감 구입권 증정 캠페인도 진행했다.

▲ 시작 전의 동영상과, 컨티뉴 시 '아니오'를 선택한 경우 등으로 방송에서 사용된 영상이 나온다.

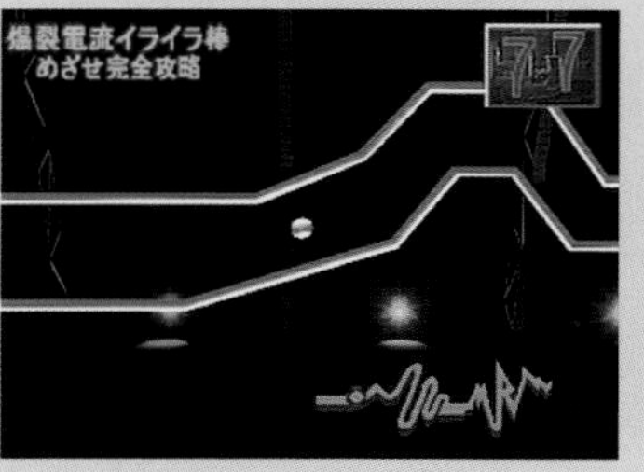
▲ '폭렬' 코스는 초대 프로에서 나왔던 스테이지. 우선 이 코스의 클리어에 도전해보자.

▲ 코스가 상당히 어려운데다, 정확한 이동에만 신경 쓰면 시간이 부족해진다. 침착하게 서둘러라!

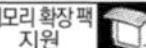
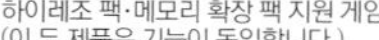

컨트롤러 팩 지원 123 컨트롤러 팩 지원 게임 | 진동 팩 지원 진동 팩 지원 게임 | 하이레조 팩 지원 메모리 확장 팩 지원 하이레조 팩·메모리 확장 팩 지원 게임 (이 두 제품은 기능이 동일합니다.) | 메모리 확장 팩 전용 메모리 확장 팩 전용 게임

에어로 게이지

레이싱 1~2인용 64M 아스키 1997년 12월 19일 7,800엔

컨트롤러 팩 지원 93 · 진동 팩 지원 · 메모리 확장 팩 지원

근미래 세계를 무대로 하여, 자기력으로 공중에 부유하는 에어로 머신을 조작해 입체 서킷 상에서 순위를 다투는 하이스피드 레이싱 게임. 에어로 머신은 제트 엔진을 탑재해, 최고 속도가 1000km/h를 넘어간다. 코스에는 고저차가 존재하며, 코스의 장애물을 피할 때 위쪽 길로 가느냐 아래쪽 길로 가느냐의 기로도 존재한다. 지름길이 숨어있기도 해, 여러 가지로 시도해보는 즐거움도 있다. 공중을 달리기만 해도 상쾌함이 느껴지는 작품.

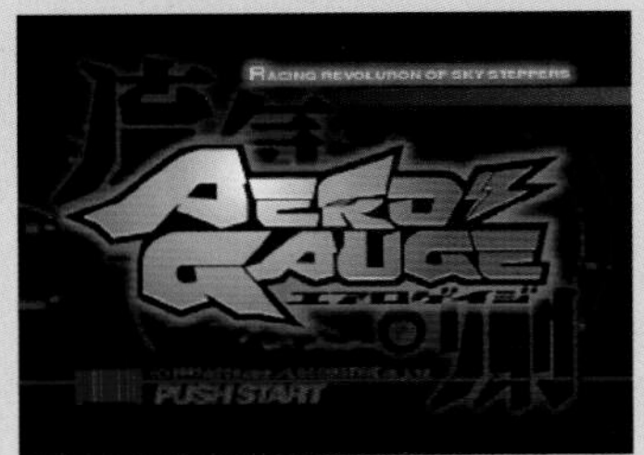

▲ 차종은 기본 5종+히든 5종으로 총 10종. 그중에는 고속으로 달리는 N64 컨트롤러형 차량도 있다?!

▲ 대미지를 계속 받으면 불꽃과 연기가 발생하며, 대미지 미터가 가득 차면 게임 오버되고 만다.

▲ 설정상 아시아가 무대라, 일본 풍이나 중국 풍인 스테이지도 존재한다. 각 스테이지의 BGM도 일품.

버추얼 프로레슬링 64

스포츠 1~4인용 128M 아스믹 1997년 12월 19일 6,800엔

컨트롤러 팩 지원 · 진동 팩 지원 · 메모리 확장 팩 지원

같은 제목의 플레이스테이션용 게임 이식작. 이식하면서 시스템을 크게 개선했다. WCW과 nWo만 선수·단체 모두 실명으로 등장하며, 기타 4개 단체 선수들은 가명으로 나오지만 리네임 기능을 사용해 실명으로 바꿀 수 있다. 이 게임의 가장 큰 특징은 서브미션으로 항복시키기, 타격기를 맞고 비틀거리기, 마스크 벗기기, 타격 콤비네이션의 존재 등으로, 실제 시합의 리얼함을 잘 재현해 프로레슬링 팬들의 호평을 받았다.

▲ 레슬러가 111명이나 등장하는 게임으로, 일본은 물론 북미·유럽에도 발매되어 큰 인기를 얻었다.

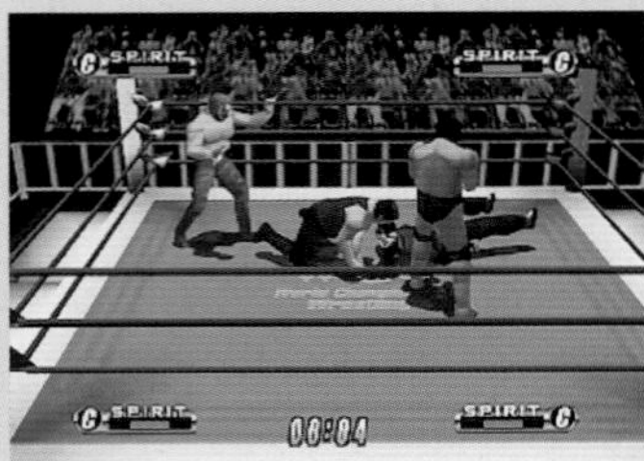

▲ 수많은 기술을 사용할 수 있다. 닉슨의 필살기 '피니시 '97' 등을 작렬시켜 분위기를 달궈보자.

▲ 가상의 레슬러 '타카마 노부히로'. 실제 모델인 '타카다 노부히코'의 특징을 잘 재현했다.

요시 스토리

액션 | 1인용 | 128M | 닌텐도 | 1997년 12월 21일 | 6,800엔

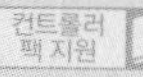

주인공 요시가 살던 섬이, 장난꾸러기인 베이비 쿠파의 마법에 걸려 그림책 세계로 변해버리면서 시작되는 횡스크롤 액션 게임. '처음 1페이지'부터 '마지막 6페이지'까지, 그림책 형태의 총 6스테이지를 클리어하여 세계를 본래대로 되돌리는 것이 목적이다. 그림책이라는 세계관을 잘 표현한 따뜻한 색감의 배경 그래픽과 귀여운 캐릭터, 독특한 연출이 볼거리다. 스테이지를 클리어하면 나오는 요시들의 노랫소리를 듣다보면 마음이 푸근해진다.

▲ 타이틀 화면을 그림책 표지로 표현해, 게임을 시작하면 입체화되어 '처음 1페이지'로 넘어가게 된다.

▲ 이처럼, 도중에 분기되는 길이 있다. 과일이나 아이템이 숨겨진 루트를 확인하며 진행하자.

▲ 달이 아름다운 밤 스테이지의 광경. 무대인 그림책 세계는 페이지를 넘길 때마다 다양한 스테이지가 등장한다.

머나먼 오거스타 : MASTERS '98

스포츠 | 1~4인용 | 128M | T&E 소프트 | 1997년 12월 26일 | 7,980엔

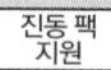
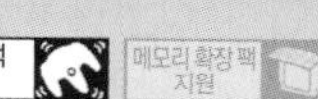

'오거스타 내셔널 골프 클럽'은 마스터즈 토너먼트의 개최지이자 골프 팬들의 성지다. 「머나먼 오거스타」 시리즈 중 하나로서, 해당 골프장에서의 플레이를 3D 시점으로 즐길 수 있는 본격적인 작품이다. 닌텐도 64의 기능을 제대로 활용해 폴리곤과 텍스처로 코스를 재현했고, 플레이 도중에는 실황과 해설 음성이 재생되며, 샷을 날린 공이 공중을 날아 그린에 떨어질 때까지의 영상이 매우 리얼하게 표현된다.

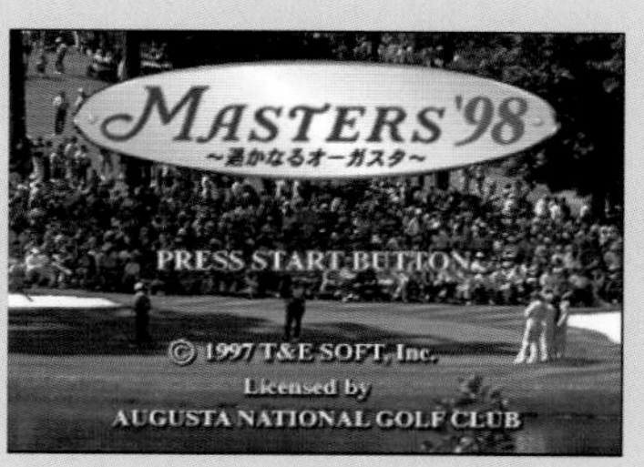

▲ 타이틀 화면이 나올 때까지의 오프닝 연출도 매우 인상적으로, 오거스타로 여행을 온 느낌을 준다.

▲ 시야가 탁 트인 코스나, 악천후로 컵인이 어려운 상황 등의 다양한 시추에이션을 마련했다.

▲ 수많은 갤러리가 지켜보는 가운데 날리는 샷은 긴장감이 일품! 신중하게 클럽을 골라 나이스 샷을 쳐라!

컨트롤러 팩 지원  컨트롤러 팩 지원 게임 | 진동 팩 지원  진동 팩 지원 게임 | 하이레조 팩 지원  메모리 확장 팩 지원 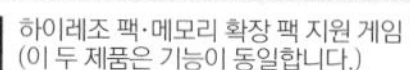 하이레조 팩·메모리 확장 팩 지원 게임 (이 두 제품은 기능이 동일합니다.) | 메모리 확장 팩 전용  메모리 확장 팩 전용 게임

NINTENDO64 SOFTWARE ALL CATALOGUE

1998AD

ALL 198 ROM TITLES FOR JAPAN MARKET

1998년에 발매된 타이틀은 54종으로서, 전년 대비로 늘긴 했으나 플레이스테이션·세가새턴에 비하면 격차가 확연해, 닌텐도 64가 난관을 겪고 있다는 사실은 명백했다.

그와는 별개로, 닌텐도 64만이 가능한 새로운 플레이스타일을 모색해 온 노력이 비로소 결실을 맺기 시작한 시기도 이 해로서, 음성인식으로 게임의 캐릭터와 소통하는 「피카츄 잘지냈츄」, 게임보이와 연동되는 「포켓몬 스타디움」, 유저의 심박수가 게임에 영향을 끼치는 「테트리스 64」 등의 독특한 타이틀들이 발매되었다.

또한, 1998년은 닌텐도 64의 발표 당초부터 기대를 받아왔던 빅 타이틀인 「젤다의 전설 시간의 오카리나」와 「F-ZERO X」가 발매된 해이기도 하다. 두 타이틀 모두 2D에서 3D로 표현기법을 바꾸었고, 특히 「시간의 오카리나」는 지금까지도 이어지는 「젤다의 전설」 시리즈의 3D 표현 및 시스템의 기본을 확립한 작품이 되었다. 양 타이틀 모두 처음엔 64DD용으로 개발 중이던 작품이었으나, 64DD 발매가 지나치게 지연되며 결국 ROM 카트리지로 변경해 발매했고, 후일 조용히 64DD 지원이 추가되기도 했다. 그나마 「F-ZERO X」는 「익스팬션 키트」라도 나왔으나, 「시간의 오카리나」는 과연 어떤 확장을 염두하고 있었던 것인지 궁금하기 이를 데 없다.

신일본 프로레슬링 투혼염도(闘魂炎導) : BRAVE SPIRITS

스포츠 | 1~4인용 | 96M | 허드슨 | 1998년 1월 4일 | 6,980엔

컨트롤러 팩 지원 18

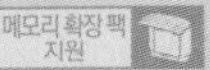

진동 팩 지원

메모리 확장 팩 지원

'신일본 프로레슬링'의 레슬러들이 실명으로 등장하는 프로레슬링 게임. 음성도 레슬러 본인의 녹음을 사용했으며, 각 레슬러의 기술 모션도 재현도가 높다. AI 학습 기능을 이용해, 임의의 레슬러에 플레이어의 조작을 학습시킬 수 있다. 이렇게 육성한 레슬러는 AI 조작 형태로 토너먼트 출장도 가능하다. 게임 모드는 'TWGP 모드'·'엑시비션 모드' 2가지. 'TWGP 모드'에서는 과거 실제로 벌어졌던 시합을 체험할 수 있다.

BOX ART & ROM CARTRIDGE

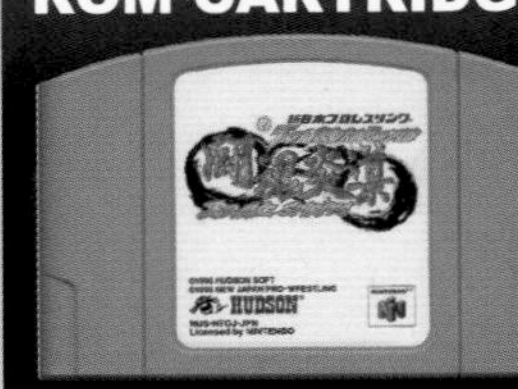

▲ 닌텐도 64용 프로레슬링 게임 중에서는 단연 호평이 많은 작품. 일본뿐만 아니라 서양에서도 인기가 있다.

▲ '엑시비션 모드'에는 4명까지 동시 참가 가능한 배틀로얄 모드도 수록했다.

▲ 레슬러의 겉모습은 물론, 어필과 다이내믹한 대형 기술에 이르기까지 재현도가 매우 높다.

NBA IN THE ZONE '98

스포츠 | 1~4인용 | 96M | 코나미 1998년 1월 29일 6,800엔

컨트롤러 팩 지원 / 진동 팩 지원 / 메모리 확장 팩 지원

일본에 발매된 닌텐도 64용 게임 중 농구가 소재인 유일한 게임 시리즈의 첫 작품. NBA 선수들이 실명으로 등장하며, 3D로 표현된 캐릭터들이 실제 시합을 방불케 하는 움직임을 보여준다. 게임스러운 과장된 연출이 일체 없고, 최대한 리얼리즘에 중점을 두어 제작했다. 덕분에 실제 NBA와 동일한 시합 운영을 체험할 수 있다. 선수 데이터는 당시의 최신판인 '97~'98년도 데이터를 사용했다. 다만 마이클 조던은 등장하지 않는다.

▲ NBA의 최신 정보를 기초로 제작한 리얼 지향의 농구 게임이다.

▲ 최대 4명까지 대전·협력 플레이도 가능하다. 진동팩도 지원해, 덩크슛을 꽂으면 컨트롤러가 진동한다!

▲ 에디트 기능을 이용하면 오리지널 슈퍼스타를 등장시킬 수도 있다.

심시티 2000

시뮬레이션 | 1인용 | 96M | 이매지니어 1998년 1월 30일 6,800엔

컨트롤러 팩 지원 / 진동 팩 지원 / 메모리 확장 팩 지원

일본에 '심' 시리즈를 꾸준히 내온 이매지니어의 도시계획 시뮬레이션 게임 「심시티」 시리즈 신작. 쿼터뷰로 입체적인 그래픽을 구현했으며 표고 개념까지 도입한 타이틀로서, 닌텐도 64판은 고해상도 모드로 전환하면 더욱 고화질 화면으로 플레이할 수 있다. 플레이어는 시장이 되어 도로를 건설하고 중요한 전력도 공급해, 건물이 세워지도록 다양한 수단을 선택해야 한다. 도시 제작에 필요한 자금은, 오락시설을 건설해 그 안에서 미니게임으로 벌 수도 있다.

▲ 쿼터뷰가 된 이번 작품의 특징을 표현하는 듯한 타이틀 화면. 이런 빌딩을 도시에 세워보자!

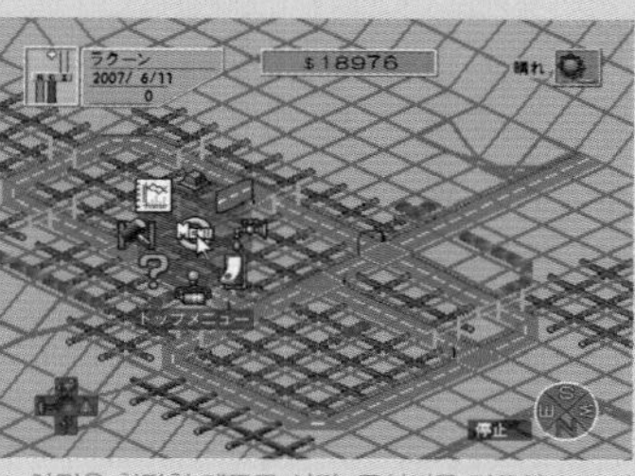
▲ 아직은 황량한 메트로 시티. 중심지를 정돈하고 토지의 특징과 고저차를 잘 활용해 나만의 도시를 만들자!

▲ 호화로운 역사와, 스포츠 관전이 가능한 스타디움도 세워보자! 필요한 자금을 모으려면 세금도 설정해야 한다.

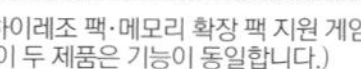

컨트롤러 팩 지원 — 컨트롤러 팩 지원 게임 / 진동 팩 지원 — 진동 팩 지원 게임 / 하이레조 팩 지원 · 메모리 확장 팩 지원 — 하이레조 팩·메모리 확장 팩 지원 게임 (이 두 제품은 기능이 동일합니다.) / 메모리 확장 팩 전용 — 메모리 확장 팩 전용 게임

웨인 그레츠키 3D 하키

스포츠 | 1~4인용 | 64M | 게임뱅크 | 1998년 2월 28일 | 6,800엔

컨트롤러 팩 지원 7 | 진동 팩 지원 | 메모리 확장 팩 지원

그의 등번호 '99'가 NHL의 영구결번이 될 정도로 아이스하키계의 전설인 스타 선수 '웨인 그레츠키'. 이 작품은 그가 메인 플레이어가 되고, 실존 선수들 및 팀들이 등장하는 3D 시점의 아이스하키 게임이다. 상대 팀의 골에 숏을 넣는 심플한 게임이지만, 빙판을 미끄러지는 퍽의 속도감을 잘 재현해 아이스하키 특유의 짜릿함을 맛볼 수 있다. 반칙 유무 등의 룰도 세세하게 설정할 수 있고, 팀당 명수도 변경 가능하다.

▲ 웨인 그레츠키 본인의 멋진 사진이 타이틀 화면을 장식해 플레이어를 고양시킨다!

▲ 빙상 스포츠인지라, 다른 스포츠와 달리 플레이어의 이동에 관성이 붙는다. 4인 동시 플레이 가능.

▲ 게임 중에는 사이드뷰 시점이 기본이지만, 장면에 따라 플레이어 시점으로 다양한 장면이 나온다.

텐 에이티 스노보딩

스포츠 | 1~2인용 | 128M | 닌텐도 | 1998년 2월 28일 | 6,800엔

컨트롤러 팩 지원 | 진동 팩 지원 | 메모리 확장 팩 지원

라이더 5명이 설산이나 하프파이프에서 스피드와 테크닉을 경쟁하는 스노보드 게임. 그랩 트릭, 스핀 트릭 등의 다양한 트릭을 구사할 수 있는 테크니컬한 게임이다. 컴퓨터와 경쟁하는 '매치 레이스', 자신의 고스트와도 겨룰 수 있는 '타임 어택', 트릭으로 고득점을 노리는 '트릭 어택', 종합적으로 승부하는 복합경기 '콘테스트', '2P 대전', '트레이닝'까지 6가지 게임 모드를 수록했다. 진동 팩을 사용하면 설상의 현장감이 손으로 전해진다.

▲ 타이틀명의 '텐 에이티'란 공중 3회전(1080도) 트릭을 말하며, 게임에서도 최고난도 기술이다.

▲ 화려한 배경의 은빛 세계를 활주하는 상쾌함과 속도감, 파우더·압설 등의 필드 질감도 이 작품의 매력.

▲ 게임 중에서 사용하는 보드는, 미국의 인기 제조사 '라마'의 99년도 모델 중 8종류를 고를 수 있다.

소닉 윙스 어설트

슈팅 | 1~2인용 | 64M | 비디오 시스템 1998년 3월 19일 6,980엔

컨트롤러 팩 지원 / 진동 팩 지원 / 메모리 확장 팩 지원

비디오 시스템 사의 「소닉 윙스」 시리즈 최종 작품. 전작까지는 종스크롤 2D 슈팅 게임이었지만, 이번엔 닌텐도 64의 하드웨어 성능을 활용한 시리즈 유일의 3D 슈팅 게임으로 탈바꿈해 등장하였다. 3D화된 덕분에 속도감이 상승했고, 리얼한 그래픽으로 화끈한 도그파이트를 체험할 수 있게 되었다. 참고로, 시리즈 중 유일하게 아케이드판이 출시되지 않은 가정용 게임기 전용 타이틀이기도 하다.

▲ 전작까지는 2D 슈팅 게임이었으나, 이번엔 3D 슈팅 게임. 조종석 시점으로 도그파이트를 즐기자!

▲ 익숙해지기 전까지는 3D 화면이 어지러울지도 모른다. 진동 팩도 장착해 리얼한 전투 신을 체험하자!

▲ 처음엔 제공되는 기체가 적지만, 실은 숨겨진 기체도 있다. 각 기체의 특징을 살려 공략해보자.

G.A.S.P!! : 파이터즈 넥스트림

액션 | 1~2인용 | 128M | 코나미 1998년 3월 26일 6,800엔

컨트롤러 팩 지원 11 / 진동 팩 지원 / 메모리 확장 팩 지원

필드에 설치된 물체를 활용할 수 있는, 드문 스타일의 격투 게임. 타이어처럼 부드러운 물체 위로 낙법을 하면 대미지가 줄며, 반대로 일부러 딱딱한 물체 쪽으로 밀어붙여 공격할 수도 있다. 등장 캐릭터는 처음엔 8명이며, 타이틀 화면에서 코나미 커맨드를 입력하거나, 에디트 캐릭터로 클리어하는 등의 조건을 충족시키면 숨겨진 캐릭터나 중간 보스가 등장한다. 에디트 캐릭터는 싸울수록 필살기나 잡기 기술을 배워간다.

▲ 타이틀 화면에서 ↑↑↓↓←→←→BA를 입력하면 중간 보스 '고리키'를 사용할 수 있다.

▲ 캐릭터가 다들 개성만점이며, 스타일도 중국무술부터 인도무술까지 다양성이 풍부하다.

▲ 복잡한 커맨드를 외울 필요가 없어 간단히 플레이할 수 있다. 전투 속도도 빨라 템포가 쾌적하다.

실황 파워풀 프로야구 5

스포츠 | 1~2인용 | 128M | 코나미 | 1998년 3월 26일 | 7,800엔

컨트롤러 팩 지원 74 | 진동 팩 지원 | 메모리 확장 팩 지원

인기 야구 게임 시리즈의 5번째 작품. 시리즈 최초로 고교야구가 무대인 석세스 모드는, 전작들에 비해 캐릭터 수와 이벤트 볼륨이 크게 증가했고 애인 후보의 개별 대사도 늘어나는 등 스토리가 대폭 강화되어, 이후 시리즈 작품의 석세스 모드의 기초가 되었다. 또한 구단의 고유 응원가와 여성 아나운서의 장내방송도 도입해 시합 연출도 강화시켰다. 참고로 「파워프로 군 포켓」의 석세스 모드는 이 작품의 후일담이므로, 공통 세계관이다.

▲ 명승부를 모티브로 삼은 대결을 체험하는 시나리오 모드를 비롯해, 대전·페넌트·석세스 모드를 수록했다.

▲ 페넌트 모드는 플레이어가 편집한 팀으로 진행할 수도 있다. 이상적인 선수진을 구성해보자.

▲ 석세스 모드는 스토리와 육성효율이 다른 '파워풀 고교'·'고추잠자리 고교', '백조 학원' 중 하나를 고른다.

가자! 대전 퍼즐구슬 : 투혼! 구슬마을

퍼즐 | 1~4인용 | 64M | 코나미 | 1998년 3월 26일 | 6,800엔

컨트롤러 팩 지원 5 | 진동 팩 지원 | 메모리 확장 팩 지원

아케이드용 퍼즐 게임 「가자! 대전 퍼즐구슬」을 기반으로 개변 이식한 작품. 1~2인용인 '대전 퍼즐구슬'과 파생작인 '대전 교환구슬', 1~4인용 볼링 미니게임 '대전 굴링구슬'을 수록했다. '구슬마을'을 무대로, 「가자! 대전 퍼즐다마」와 「대전 교환구슬」의 개성적인 캐릭터들이 배틀을 벌인다. 비기를 입력하면 '요리의 탑'의 캐릭터도 사용 가능하며, '대전 퍼즐구슬' VS '대전 교환구슬' 식의 이종대결도 실현할 수 있다.

▲ 옵션에서 '매우 간단'부터 '관둬라'까지 8단계로 난이도를 설정 가능하며, 특수 구슬을 제한할 수도 있다.

▲ 연쇄 시의 캐릭터별 공격 패턴은 아케이드판에서 일부 변경을 가했다.

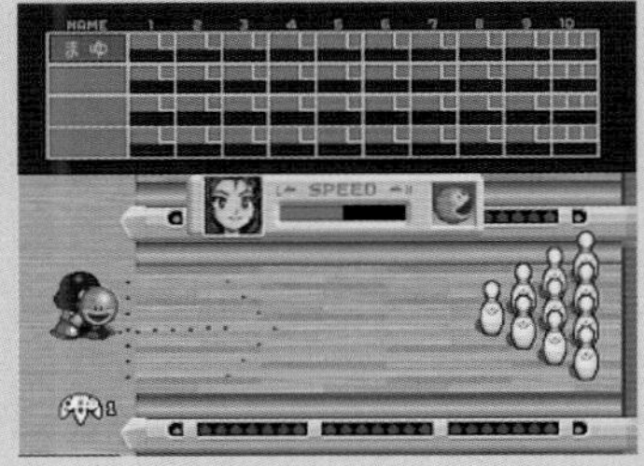
▲ '대전 굴링구슬'에 한해 4인 동시 대전 가능. 특수기가 발동되면 황당무계한 스트라이크(스페어)도 나온다.

에어 보더 64

스포츠 | 1~2인용 | 64M | 휴먼 | 1998년 3월 27일 | 7,980엔

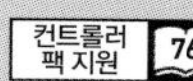
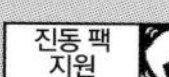

2064년의 세계를 무대로, 하늘에 뜨는 '에어 보드'를 타고 각 스테이지를 제패하는 근미래 스포츠 게임. 보드의 특성을 활용해 높은 자유도로 코스를 주파할 수 있는 것이 특징으로, 도로뿐만 아니라 잔디·모래·수면을 활주하거나, 빌딩 벽을 수직 질주하여 옥상까지 도달할 수도 있다. 플레이 필드는 공원·숲·눈 축제 회장·남국의 섬·거대 저택 내부로 5종류. 타임 어택과 일정 시간 내에 코인을 모으는 모드 등의 5가지 모드는 물론, 대전도 가능하다.

BOX ART & ROM CARTRIDGE

▲ 근미래라는 무대설정 치고는 코스가 그리 SF스럽지 않지만, 행동범위가 자유로워 매우 상쾌하다.

▲ 각 보드는 알파인 타입과 프리스타일 타입의 차이, 가속성능 등으로 차별화되어 있다.

▲ 각 캐릭터마다 레귤러 스탠스 혹은 구피 스탠스 등의 스타일이 설정돼 있다.

스페이스 다이너마이츠

액션 | 1~2인용 | 64M | 빅 토카이 | 1998년 3월 27일 | 6,800엔

강력한 힘을 지닌 성스러운 돌 '프라임 엘리먼트'를 둘러싸고 우주의 전사들이 싸우는 미국산 3D 무기 대전 격투 게임으로, PS·SS로 발매된 「크리티컴 : 더 크리티컬 컴뱃」의 속편이다. 인류, 암흑차원의 여전사, 빛 에너지로 구성된 생명체 등의 개성적인 캐릭터들이 모여, 무기와 발사체 등으로 개성적인 액션을 구사한다. 각 캐릭터의 배경과 스토리를 보여주는 '토너먼트'와 커맨드를 확인하는 '프랙티스', 대전용인 '2 플레이어' 모드를 수록했다.

BOX ART & ROM CARTRIDGE

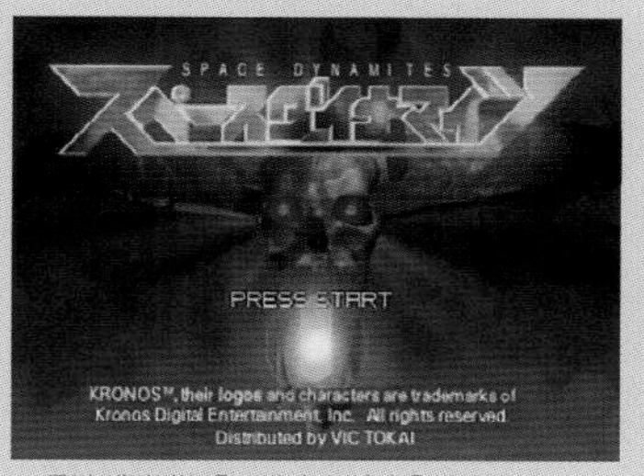

▲ 등장 캐릭터는 총 8명이며, 각자 출신과 개인적인 사정, 목적이 다르다.

▲ 체력 게이지 아래에 있는 게이지가 모이면 필살기를 발동할 수 있다. 필살기는 캐릭터별로 2종류씩 있다.

▲ 프랙티스 모드에서는 커맨드 입력은 물론, 특정 기술을 상정한 방어 연습도 가능하다.

모리타 쇼기 64

테이블 | 1인용 | 64M | 세타 1998년 4월 3일 9,800엔

컨트롤러 팩 지원 102 | 진동 팩 지원 | 메모리 확장팩 지원

원작 출시 당시엔 쇼기 게임의 혁명이었던, 게임 프로그래머 모리타 카즈로가 개발한 컴퓨터 게임「모리타 쇼기」의 의의와 이름을 계승한 작품으로 발매된 닌텐도 64판.「모리타 쇼기」의 핵심이나 다름없는 강력한 CPU 사고루틴은 물론, ROM 카트리지에 직접 전화선을 연결해 타인을 상대로 대국하거나 프로 기사의 지도대국을 받을 수 있는 '통신대국 모드'를 추가했다. 아케이드용 마작 게임으로도 인지도가 높았던 세타 사가 개발을 맡았다.

▲ 일본쇼기연맹·일본쇼기네트워크의 판권표기가 있고, 타이틀 제자(題字)는 오오야마 야스하루 명인이 썼다.

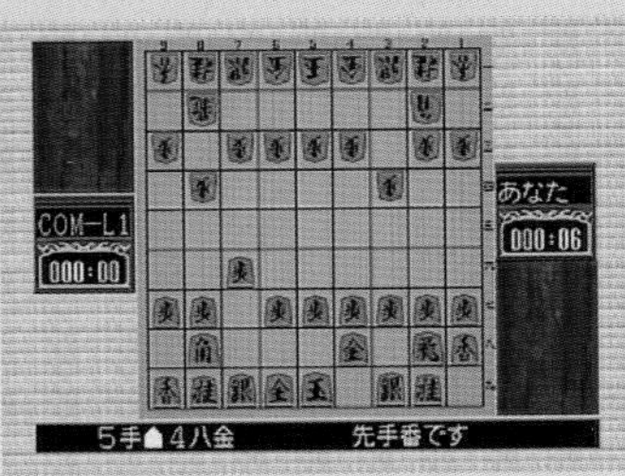

▲ 상대 진지로의 공격은 어느 '보'를 먼저 움직이느냐로 향방이 갈린다 해도 과언이 아니다. 신중히 행보하자!

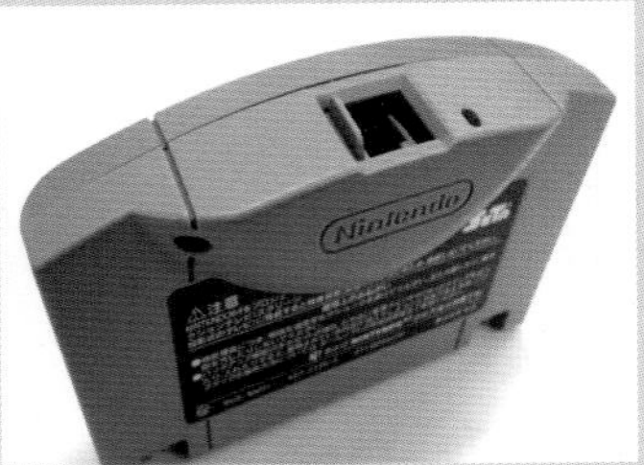

▲ 카트리지 위의 전화선 연결용 모듈러 잭 단자. 전화선을 여기에 연결해 온라인 대국이 가능했다.

FIFA Road to WORLD CUP 98 : 월드컵으로 가는 길

스포츠 | 1~4인용 | 96M | 일렉트로닉 아츠 1998년 4월 24일 6,800엔

컨트롤러 팩 지원 123 | 진동 팩 지원 | 메모리 확장팩 지원

EA 스포츠의 간판인「FIFA 월드컵」시리즈 중 하나. 각 지역별로 차이가 있는 예선방식까지 재현한 본격파 게임으로, 이번엔 프랑스 월드컵을 게임화하여 세계 172개국 중의 정상을 노린다. 이 대회가 첫 본선 출전인 일본대표팀도 실명으로 등장한다. 트레이닝·승부차기 모드 등은 당연히 있으며, 리그 모드에서는 일본 리그는 없으나 잉글랜드·이탈리아 등 11종류의 리그를 선택할 수 있어, 월드컵 외에도 컨텐츠 볼륨이 풍성하다.

▲ 타이틀 화면에서는 Blur의 명곡 'Song 2'의 도입부를 편곡 재생해 분위기를 띄운다.

▲ 축구 해설자 코타니 타이스케와 전 일본대표 카네다 노부토시의 실황 및 해설 음성도 수록했다.

▲ 스타디움에서 '인도'를 선택하면, 벽으로 둘러싸인 특수한 코트에서 풋살처럼 5인 팀제로 시합한다.

봄버맨 히어로 : 밀리안 공주를 구하라!

액션 | 1인용 | 96M | 허드슨 | 1998년 4월 30일 | 6,800엔

컨트롤러 팩 지원 · 진동 팩 지원 · 메모리 확장 팩 지원

추락한 우주선을 조사하던 봄버맨이 와루도스 제국에 납치당한 밀리안 공주를 구하러 싸운다는 스토리의 작품. 이번 작품은 봄버맨이 점프할 수 있는데다, '파워드 기어'를 장착하면 '봄버콥터'·'봄버슬라이더'·'봄버제트'·'봄버마린'으로 변신할 수 있게 되어 스핀 어택이나 수영, 비행까지도 가능해진다. 오히려 시리즈의 최대 특징이었던 대전 모드는 아예 수록하지도 않은 등, 「봄버맨」 시리즈 중에서는 매우 진기한 스타일의 작품이다.

▲ 봄버맨이 주인공인 3D 액션 게임. 추가 요소로서 슬라이더 레이스와 보물상자 찾기 등도 즐길 수 있다.

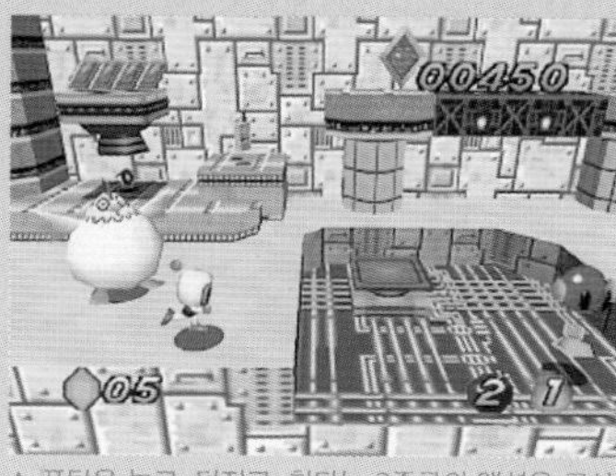
▲ 폭탄을 놓고, 던지고, 찬다는 3종류의 액션을 구사하여, 육·해·공에 걸친 다양한 맵을 모험한다.

▲ 각 스테이지는 목적이 고정돼 있다. 목적지 도착, 특정 사물의 파괴, 특정한 적 격파 등으로 클리어된다.

익스트림-G

레이싱 | 1~4인용 | 64M | 어클레임 재팬 | 1998년 5월 29일 | 6,800엔

컨트롤러 팩 지원 9 · 진동 팩 지원 · 메모리 확장 팩 지원

사막·도시·광산·우주 등의 여러 코스에서 라이벌들과 스피드를 경쟁하는 미래의 하이스피드 바이크 레이싱 게임. 웨폰 공격으로 방해도 가능하며, 이 때문에 플레이어 기체로 고르게 되는 바이크는 액셀·코너링뿐만 아니라 실드·웨폰 성능도 제각기 달리 설정돼 있다. 게임 모드로 '챔피언십'은 물론 1인용인 '타임 어택', 여럿이 즐기는 '대전 모드'도 수록했으며, 1인용 모드에는 조작 연습도 있으므로 조작을 제대로 배우고 시작할 수 있다.

▲ 챔피언십 모드에서 일정 조건을 충족하면 숨겨진 머신이나 코스가 개방되기도 한다.

▲ 웨폰 공격은 옵션에서 ON/OFF 가능하니, 적의 공격을 견디기 어렵다면 설정을 변경해보자.

▲ 속도감이 어마어마하고, 코스 이탈도 잘 나지 않도록 했다. '터보'와 '니트로 미스트'로 더 스피드 업도 가능.

컨트롤러 팩 지원 123 컨트롤러 팩 지원 게임 · 진동 팩 지원 진동 팩 지원 게임 · 하이레조 팩 지원 / 메모리 확장팩 지원 하이레조 팩·메모리 확장 팩 지원 게임 (이 두 제품은 기능이 동일합니다.) · 메모리 확장팩 전용 메모리 확장 팩 전용 게임

슈퍼 스피드 레이스 64

레이싱 | 1~4인용 | 32M | 타이토 | 1998년 5월 29일 | 6,800엔

컨트롤러 팩 지원 7 | 진동 팩 지원 | 메모리 확장 팩 지원

자동차 팬이라면 다들 소유를 꿈꾸는 '람보르기니' 등의 고급 스포츠카들이 잔뜩 등장하는 3D 시점 레이싱 게임. 처음에는 '디아블로'·'쿤타치' 두 종류만 사용 가능하지만, 각 코스를 클리어할 때마다 라이벌로 등장했던 차량이 점차 개방된다. 틈나는 대로 피트인하여 적절히 급유·타이어 교환을 하면 장거리 레이스에서도 라이벌과의 격차를 벌릴 수 있다. 계획적으로 피트 인하면서 모든 코스를 제패하자!

▲ 바람에 휘날리는 체커 플래그! 모든 코스를 독주해 1위가 되도록 꾸준히 연습하자.

▲ 탁 트인 코스에서 라이벌 차량과의 격차를 단숨에 벌리자. 피트인으로 컨디션을 유지하는 것도 중요하다!

▲ 레이스 중 불운하게 최하위가 되어도 포기하지 말고, 시간이 허락하는 한 눈앞의 라이벌을 악착같이 좇아라!

파친코 365일

테이블 | 1인용 | 96M | 세타 | 1998년 5월 29일 | 6,980엔

컨트롤러 팩 지원 121 | 진동 팩 지원 | 메모리 확장 팩 지원

파친코 '바다이야기' 시리즈 등, 일본에서 대히트작을 다수 배출해낸 제조사 '헤이와'의 기종이 수록된 파친코 게임. 파친코를 진득하게 즐길 수 있을 뿐만 아니라, 철저히 승리를 지향하여 점포 플레이를 1년, 즉 '365일'간 진행할 수 있다. 기기 연구와 점포의 경향 파악을 거쳐, 파친코 기기를 공략하며 기록적인 구슬 획득에 도전해보자. 게임 중 등장하는 단골손님 및 파치로봇과의 대화를 통한 정보 수집이 중요한 게임이다.

▲ 마작 게임 등으로도 유명한 세타 사의 게임이다. 등장 캐릭터들과 대화하며, 어느 기기로 즐길지 결정하자!

▲ 점포엔 이른바 대박 기기도 존재한다. 같은 기종이라도 구슬이 잘 벌리도록 못이 조정된 기기를 찾자.

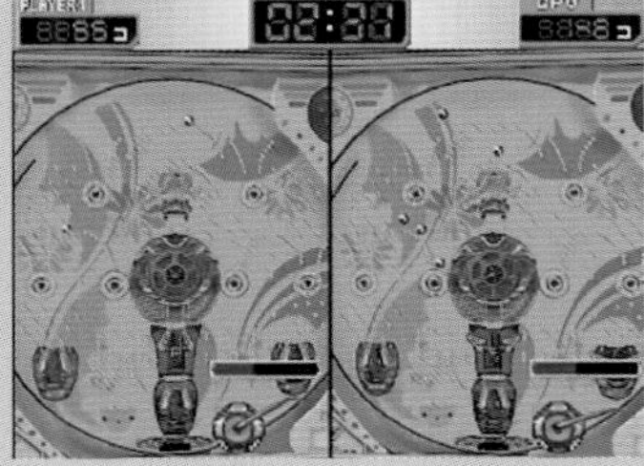
▲ 못으로 승부하는 하네모노 기기는 이리저리 튕기는 구슬을 보기만 해도 즐겁다. 착실하게 구슬을 불리자.

실황 월드 사커 : 월드컵 프랑스 '98

스포츠 1~4인용 128M 코나미 1998년 6월 4일 7,800엔

컨트롤러 팩 지원 118 진동 팩 지원 메모리 확장 팩 지원

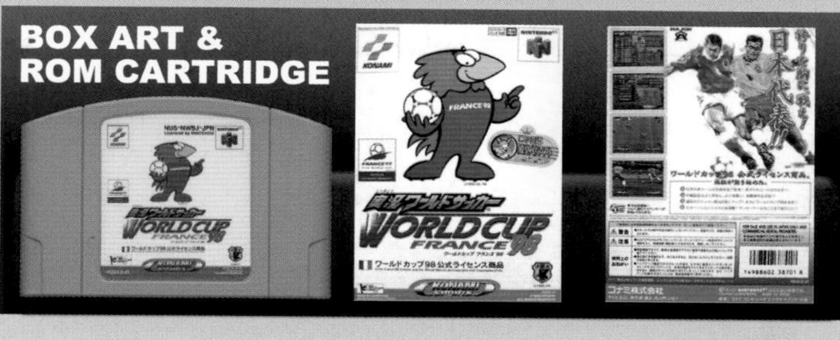

축구로 세계 정상을 노리는 「실황 월드 사커」 시리즈의 닌텐도 64판 2번째 작품. 공식 라이선스를 받아, 일본 대표팀을 전원 실명으로 수록했다. 등장하는 팀은 전작 「실황 월드 사커 3」의 36개 팀에서 참가국 전체인 48개 팀으로 늘었다. 스타디움 수와 선수 에디트 항목 등도 증가했으며, 세로 시점으로도 전환할 수 있는 등 여러모로 업그레이드되었다. 캐릭터의 머리가 큼직해지는 시리즈 전통의 비기도 물론 건재하다.

▲ 실황은 TV 아사히의 아나운서 타바타 유이치가 맡았다. 또한 이제는 실황에서 선수 이름도 호명한다.

▲ 선택 가능한 모드는 월드컵 98, 월드 리그, 승부차기, 시나리오, 트레이닝 등 다채롭다.

▲ 트레이닝에서는 승부차기 연습뿐만 아니라, 골키퍼의 수동 조작도 연습할 수 있다.

데자에몽 3D

교육·기타 1인용 128M 아테나 1998년 6월 26일 7,800엔

컨트롤러 팩 지원 진동 팩 지원 메모리 확장 팩 지원

타 기종으로 발매된 바 있는, 슈팅 게임을 직접 개발해보는 소프트 「데자에몽」이 3D화 되었다. 폴리곤을 조합해 3D 모델을 설계하고, 종스크롤로든 횡스크롤로든 자유롭게 스테이지를 만들 수 있다. 플레이어 기체의 디자인은 물론 적의 피격 판정과 BGM까지 디테일하게 설정해 제작 가능하다. 적을 조준해 발사하는 레이저 등의, 아케이드 게임과 같은 화려한 연출도 넣을 수 있는 게 매력. BGM 작곡을 위한 시퀀서 소프트도 탑재했다.

▲ 3D 공간에 카메라 위치를 설정해, 자유롭게 시점을 잡아 게임을 만들 수 있다. 조작도 간단하다.

▲ 내장된 소재 데이터만으로도 상용 게임 퀄리티의 3D 모델을 만들 수 있는 것이 놀랍다.

▲ 코드와 리듬, 음색을 지정하여 작곡할 수 있는 기능은 「데자에몽」 시리즈의 전통이기도 하다.

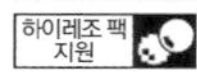
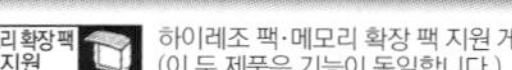
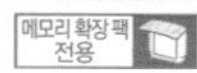

컨트롤러 팩 지원 123 컨트롤러 팩 지원 게임 / 진동 팩 지원 진동 팩 지원 게임 / 하이레조 팩 지원 메모리 확장 팩 지원 하이레조 팩·메모리 확장 팩 지원 게임 (이 두 제품은 기능이 동일합니다.) / 메모리 확장 팩 전용 메모리 확장 팩 전용 게임

스타 솔저 : 배니싱 어스

슈팅 | 1인용 | 96M | 허드슨 | 1998년 7월 10일 | 6,800엔

컨트롤러 팩 지원 | 진동 팩 지원 | 메모리 확장 팩 지원

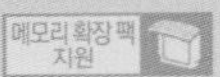

패미컴에서 인기가 많았던 게임 「스타 솔저」의 이름을 이어받은 종스크롤 슈팅 게임. 3D 모델을 사용한 화려한 연출이 도처에 가득하다. 속속 등장하는 적들을 물리치고 지상물을 파괴해 점수를 버는 전통적인 시스템의 슈팅 게임이지만, 롤링으로 적탄을 반사시키는 새로운 시스템도 탑재했다. 스테이지를 클리어하며 진행하는 '노멀 모드'와 함께, 2분 혹은 5분이라는 정해진 시간동안의 득점을 경쟁하는 '캐러밴 모드'도 수록했다.

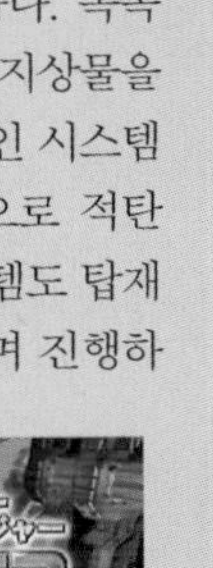

▲ 플레이어는 3종류의 기체 중 사용할 기체를 선택해 시작한다. 각 기체별 특징을 파악하자.

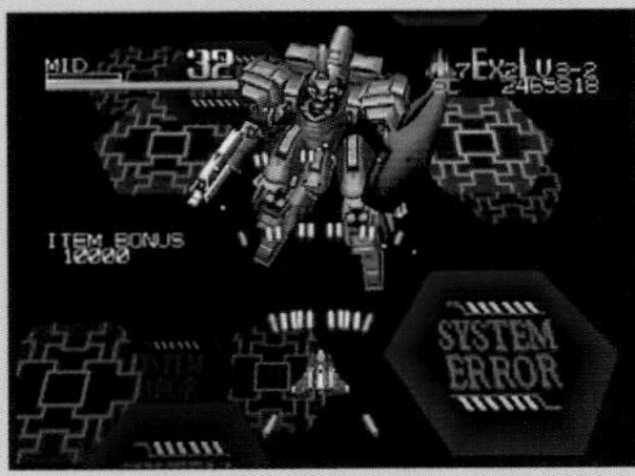

▲ 3D 모델로 제작된 캐릭터들 모두가 박력 넘치는 움직임을 보여준다. 공격의 틈을 노려 반격하자.

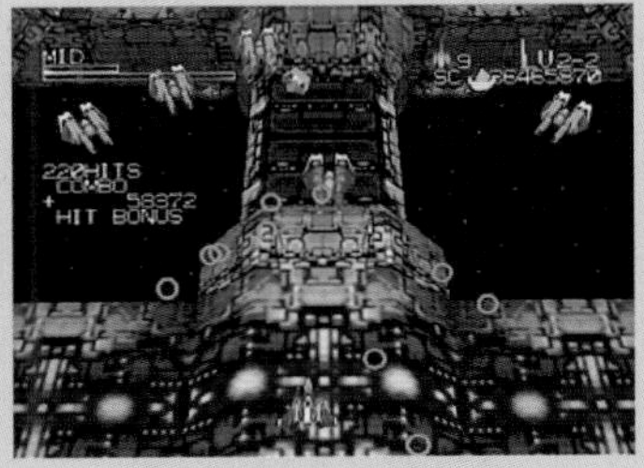

▲ 지구를 습격한 제오그라드 군을 물리친다는 스토리는, 명작 「솔저 블레이드」의 후속편에 해당한다.

F-ZERO X

레이싱 | 1~4인용 | 128M | 닌텐도 | 1998년 7월 14일 | 5,800엔

컨트롤러 팩 지원 | 진동 팩 지원 | 메모리 확장 팩 지원

슈퍼 패미컴의 런칭 타이틀 「F-ZERO」의 속편인, 반중력 레이싱 게임. 코스가 전부 입체화되어, 루프·스크류 등의 기복이 있는 아크로바틱한 코스로 탈바꿈했다. 30대나 준비된 머신에는 각각 개성이 있으며, 각 파일럿의 캐릭터성도 반영하여 게임에 깊이를 더했다. 1인용인 '그랑프리'와 '타임 어택', 상대를 격파하는 '데스 레이스', 최대 4인까지 대전 가능한 'VS 배틀'과 '프랙티스'까지 5가지 모드를 수록했다.

▲ 미국 코믹스 풍의 캐릭터와 하드록 기조의 BGM으로 근미래적인 오리지널 세계관을 그려내고 있다.

▲ 드리프트 턴, 슬라이드 턴, 사이드 어택, 스핀 어택 등의 다채로운 컨트롤이 가능하다.

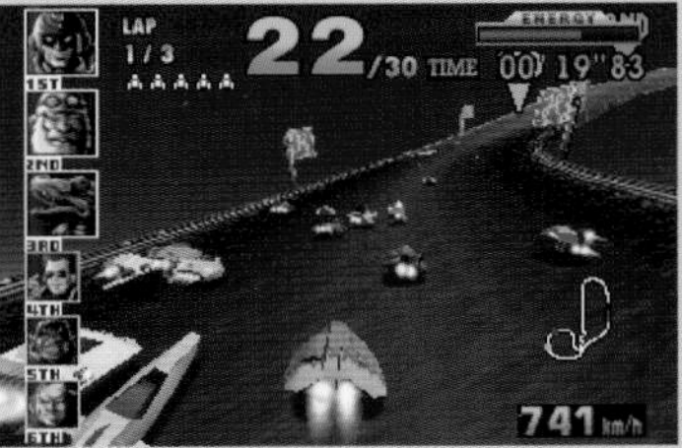

▲ 초당 60프레임의 고속 영상처리로, 부드러운 모션과 박력 넘치는 속도감 표현을 구현해냈다.

올림픽 하키 나가노 98

스포츠 | 1~4인용 | 64M | 코나미 | 1998년 7월 16일 | 6,800엔

컨트롤러 팩 지원 110 | 진동 팩 지원 | 메모리 확장 팩 지원

일본 나가노에서 개최된 1998년도 동계올림픽을 소재로 삼은 3D 시점의 아이스하키 게임. NHL 소속의 프로 선수들이 사상 최초로 올림픽 아이스하키 경기에 출장한 덕에, 레귤러 시즌에서는 서로 적이었던 스타 선수들(카민스키와 야신, 그레츠키와 린드로스 등)이 같은 나라 대표팀의 팀메이트로 활약하는 모습을 볼 수 있는 게임이었기에, 당시의 여타 NHL계 아이스하키 게임에 없는 매력이 숨어있는 귀중한 작품이라 하겠다.

BOX ART & ROM CARTRIDGE

▲ 관객의 환성에 섞여 가끔 들려오는, 일렉톤으로 연주되는 응원 BGM이 분위기를 살린다.

▲ 근접 슛은 키퍼의 가드에 막히기 쉬우니, 허를 찌르는 롱 슛 쪽이 효과적이다.

▲ 상공에서 선수를 보는 시점. 심판이 신호하면 곧바로 퍽(볼)을 가로채 동료 선수에게 패스하자.

슈퍼로봇 스피리츠

액션 | 1~2인용 | 128M | 반프레스토 | 1998년 7월 17일 | 7,800엔

컨트롤러 팩 지원 | 진동 팩 지원 | 메모리 확장 팩 지원

폴리곤으로 재현한 슈퍼로봇과 리얼로봇이 서로 싸우는 대전격투 게임. 같은 회사의 「슈퍼로봇대전」 시리즈와 세계관을 공유하며, '초기대전 SRX'도 참전했다. '에어로게이터'의 인류 말살을 저지하기 위해 히어로들이 맞서 싸우는 '스토리 모드'를 비롯해, 'VS 모드'·'64 모드'·'근성 모드'·'타임어택 모드'·'트레이닝 모드'까지 6가지 배틀 모드를 준비했다. 로봇은 숨겨진 기체를 포함해 총 10대가 수록되어 있다.

BOX ART & ROM CARTRIDGE

▲ 시합 개시와 승패를 알리는 음성은 성우 아키모토 요스케가 맡았다. 딱 G건담 분위기라 후끈 달아오른다!

▲ 기체 크기는 거의 비슷한 비율로 맞췄다. 덕분에 단바인은 하이퍼화 고정이나 다름없는 사이즈가 됐다.

▲ 필드는 공중·지상의 2라인식. 공중이냐 지상이냐로 사용 가능한 기술도 변화한다. 잘 활용해보자!

컨트롤러 팩 지원 123 컨트롤러 팩 지원 게임

진동 팩 지원 진동 팩 지원 게임

하이레조 팩 지원 | 메모리 확장 팩 지원 하이레조 팩·메모리 확장 팩 지원 게임 (이 두 제품은 기능이 동일합니다.)

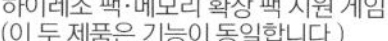

메모리 확장 팩 전용 메모리 확장 팩 전용 게임

쵸로Q 64

레이싱 1~4인용 64M 타카라 1998년 7월 17일 6,800엔

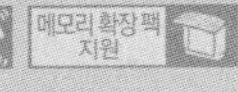

컨트롤러 팩 지원 68 진동 팩 지원 메모리 확장팩 지원

타카라의 닌텐도 64 참가 제 1탄이자, 자사가 판매하는 용수철식 미니카 '쵸로Q'를 소재로 삼은 레이싱 게임. 기존 시리즈의 성능 상승용 파츠 교환은 건재하며, 머신을 장식하는 용도의 장식 파츠와 상대를 공격할 수 있는 공격 파츠도 추가했다. 다만 이번 작품에는 파츠 샵이 없고, 대신 레이스에서 3위 이내로 클리어하면 4위 이하인 쵸로Q의 파츠를 빼앗을 수 있도록 했다. 레이스에서 승리할수록 플레이어의 쵸로Q가 강화되는 셈이다.

▲ 이 시리즈의 게임 중에선 처음으로 닌텐도 플랫폼에 출시된 작품이다.

▲ 등장하는 쵸로Q는 기본 13대 + 숨겨진 쵸로Q 1대. 폭스바겐 비틀 등의 인기 차종들뿐이다

▲ 숨겨진 쵸로Q를 입수하려면, 쵸로Q 11호를 사용해 클래스 A의 모든 코스에서 1위를 해야 한다.

낙서키즈

액션 1~2인용 96M 코나미 1998년 7월 23일 6,800엔

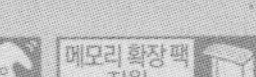

컨트롤러 팩 지원 42 진동 팩 지원 메모리 확장팩 지원

'Twinkle Town'에 살던 아이들이, 마을을 지키기 위해 마법의 크레용으로 낙서를 그려 대전하는 2D 대전격투 게임. 캐릭터가 '낙서'라는 특성을 살려 손발이 쭉 늘어나거나 변형되는 등 인간과는 완전히 동떨어진 움직임으로 격투하므로, 격투 장면을 보고만 있어도 재미있는 작품이다. 게임 시스템 면에서는 「스트리트 파이터 Ⅱ」의 영향이 강해, 격투게임 경험이 있는 플레이어라면 바로 능숙하게 플레이 가능하다. 닌텐도 64의 숨겨진 수작이다.

▲ 이 게임에서 세이브하려면 컨트롤러 팩이 필수이며, 누적 구동시간에 따라 숨겨진 요소가 다량 개방된다.

▲ 마을 여기저기에 낙서하는 '마메조'로부터 마을을 지키려, 아이들이 마법의 크레용으로 영웅을 만들어낸다.

▲ 아이들이 그린 영웅들이 개성만점이라, 등장 캐릭터가 적음에도 지루하지 않게 오래 즐길 수 있다.

슈팅 게임 장르 1인용 플레이 명수 32M ROM 용량

슈퍼 비드맨 : 배틀 피닉스 64

액션 | 1~4인용 | 96M | 허드슨 | 1998년 7월 24일 | 6,800엔 | 64GB 팩 지원

컨트롤러 팩 지원 1 | 진동 팩 지원 | 메모리 확장 팩 지원

잡지 '코로코로 코믹'에서 연재했던 만화(원제는 '폭구 연발!! 슈퍼 비다맨')을 소재로 삼은 액션 게임. 예약특전으로 클리어 컬러의 파이팅 피닉스 완구를 증정했다. 기본적으로는 미니게임 모음집으로, 등장인물 각자가 자신 있는 게임으로 대전한다. 미리 준비된 10종류의 배틀로 싸우는 '비더 모드', 최대 4인까지 동시 플레이 가능한 '배틀 모드', 입수한 아이템을 확인·사용하는 '유리구슬 아이템 모드'까지 3가지 모드를 수록했다.

▲ 주인공 토사카 타마고의 비드맨은, 어떤 조건을 충족하면 최강급 비드맨 '배틀 피닉스'가 된다.

▲ 니시베 감마의 미니게임 '공룡 구슬 먹이기 배틀'. 공룡 입안에 유리구슬을 쏴 집어넣는 게임이다.

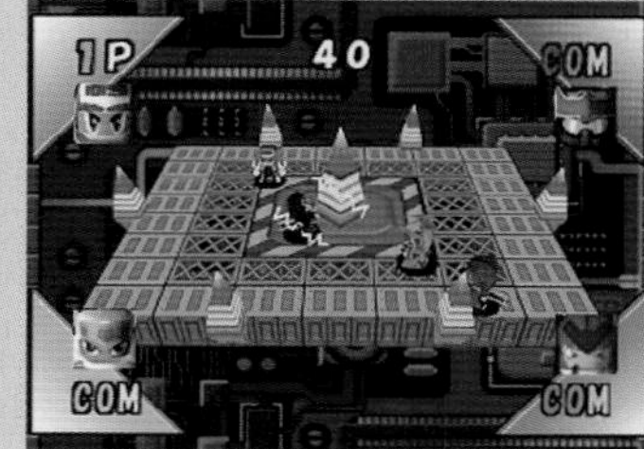

▲ '배틀 모드'는 모든 상대를 스테이지 바깥으로 떨어뜨리면 승리한다. 친구와 치열하게 대결해보자!

64 트럼프 컬렉션 : 앨리스의 두근두근 트럼프 월드

테이블 | 1~4인용 | 96M | 바텀 업 | 1998년 8월 7일 | 6,980엔

컨트롤러 팩 지원 | 진동 팩 지원 | 메모리 확장 팩 지원

'이상한 나라의 앨리스'를 모티브로 삼은 미니게임 모음집. '스토리 모드'에서는 원작 소설에 등장하는 캐릭터들과의 스토리를 즐기며 7가지 트럼프 게임으로 대전한다. '스탠다드 모드'에서는 '신경쇠약'·'도둑잡기'·'도미노'·'스피드'·'다우트'·'페이지 원'·'대부호'·'세븐브리지'·'포커'·'블랙잭'·'클론다이크'·'프리셀'·'도봉'·'성격 판단'·'포춘 셔플'까지 총 15종의 게임을 자유롭게 선택하여 즐길 수 있다.

▲ 캐릭터가 귀엽고 팬시한 트럼프 게임. 앨리스의 목소리는 성우 코모리 마나미가 맡았다.

▲ 포커는 트럼프를 사용하는 드로우 포커가 아니라, 카지노 등에서 볼 수 있는 비디오 포커다.

▲ 게임 내에 규칙을 가르쳐주는 튜토리얼인 '트럼프 교실'도 있어, 초보자도 안심하고 즐길 수 있다.

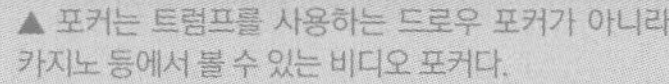

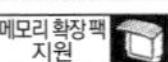
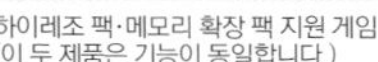

컨트롤러 팩 지원 123 컨트롤러 팩 지원 게임 | 진동 팩 지원 진동 팩 지원 게임 | 하이레조 팩 지원 메모리 확장 팩 지원 하이레조 팩·메모리 확장 팩 지원 게임 (이 두 제품은 기능이 동일합니다.) | 메모리 확장 팩 전용 메모리 확장 팩 전용 게임

포켓몬 스타디움

시뮬레이션 | 1~2인용 | 128M | 닌텐도 | 1998년 8월 1일 | 6,800엔 | 64GB 팩 동봉

컨트롤러 팩 지원 | 진동 팩 지원 | 메모리 확장 팩 지원

▲ 3D로 그려진 포켓몬들의 실감나는 움직임과 다채로운 카메라워크를 세일즈포인트로 삼은 광고도 대대적으로 전개했다.

64GB 팩 세트 패키지

64GB 팩 단품이 이 작품과 동시 발매된지라 아직 보급률이 극히 낮았기에, 게임 소프트 단품은 없으며 동봉판 형태로만 발매되었다.

포켓몬끼리의 배틀에 초점을 맞춘 작품으로, 일본에서 1996년 개시한 TV 방송 '64 마리오 스타디움'을 통해 통신대전 광경을 방영하기도 하여 발매 전부터 시리즈 팬들의 기대를 모았던 타이틀이다. 초대 「포켓몬스터」 중 적·녹·청·피카츄 버전을 지원하여, 64GB 팩을 통해 게임보이에서 육성한 포켓몬을 배틀에서 사용할 수 있다. 64GB 팩의 사용은 어디까지나 권장사항으로서, 포켓몬은 게임 내에서 대여하여 배틀에 내보낼 수도 있다. 1998년 공식대회 룰 기준인 1~30레벨용과 50~55레벨(단, 세 마리의 레벨 합계는 155레벨 이하)용 토너먼트에 참가 가능하다. 도감 기능도 있어 3D CG로 그려진 포켓몬들을 찬찬히 감상하거나, 새롭게 작성된 포켓몬 설명문도 읽어볼 수 있다.

▲ 게임보이판에서는 간략한 효과로 끝났던 기술이나 포켓몬의 움직임을 리얼하게 볼 수 있다.

▲ 조건을 충족시켜 마스터볼 컵에서 우승하면, 피카츄가 원래는 익힐 수 없는 '파도타기'를 습득한다.

▲ 총 151종류 중 40종류만이 배틀에 참가할 수 있다는 문제가 있었는데, 2편에서야 모두 개방되었다.

TV 화면 안에서 자신의 포켓몬이 대전하는 기쁨

포켓몬을 대여 받아 사용할 수도 있지만, 역시 스스로 입수하여 자신의 취향대로 기술을 익히고 공들여 육성한 애정 어린 개체가 활약하는 모습을 볼 수 있는 것이야말로 「포켓몬스터」 시리즈 팬에게 큰 기쁨이었다.

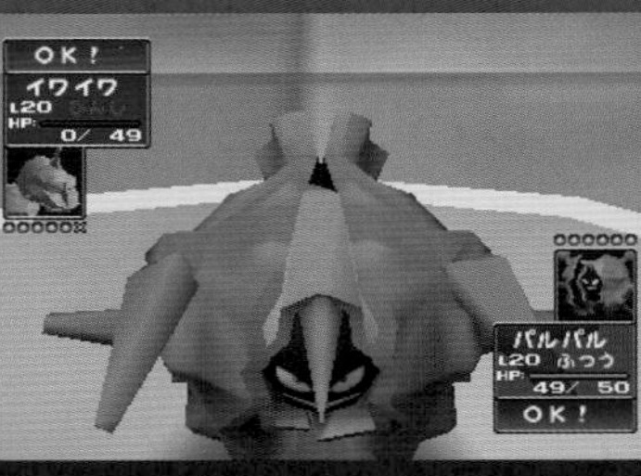

슈팅 게임 장르 | 1인용 플레이 명수 | 32M ROM 용량

이기 군의 어슬렁어슬렁 뽀용

액션 | 1~4인용 | 64M | 어클레임 재팬 1998년 8월 28일 5,800엔

컨트롤러 팩 지원 3 | 진동 팩 지원 | 메모리 확장 팩 지원

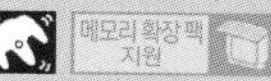

공 모양의 코믹한 캐릭터를 조작하여, 팔을 이용해 상대를 던지거나 아이템을 사용하거나 방해하는 등등으로 어떻게든 라이벌보다 먼저 정상까지 가야 하는 액션 레이싱 게임. 코스 구성이 입체적이라, 팔을 사용해 코스 위쪽으로도 이동할 수 있다. 총 11개 월드에 110개 코스를 준비했다. 코스에는 다양한 장치가 있어 공략이 결코 만만치 않다. 라이벌을 이길 수 있도록 기술을 연마하자.

▲ 원래는 미국 게임인 「Iggy's Reckin' Balls」. 일본판은 원작의 캐릭터를 귀엽게 새로 그렸다.

▲ '대전 모드'는 최대 4명까지 동시 플레이 가능하다. 최단 코스를 찾아내 라이벌을 제쳐라!

▲ '트레이닝'에서는 설명을 보며 연습할 수 있다. 착실히 연습하여 다양한 장치의 활용법을 익히자.

Let's 스매시

스포츠 | 1~4인용 | 96M | 허드슨 1998년 10월 9일 6,800엔

컨트롤러 팩 지원 7 | 진동 팩 지원 | 메모리 확장 팩 지원

스포츠 게임이 많이 발매된 닌텐도 64의 첫 테니스 게임. 조작이 간단해 초보자도 쉽게 즐길 수 있으며, 토너먼트에서 우승하면 숨겨진 캐릭터가 개방된다. 또 하나 재미있는 요소가, 미니게임을 클리어하여 각종 테니스 복을 입수할 수 있다는 점. 플레이어가 조작하는 캐릭터에게 마음에 드는 의상을 입혀 라이벌과의 대전을 즐기자. 입수할 수 있는 숨겨진 의상 중에는, '드레스' 등 테니스와 관계없는 복장도 있다.

▲ 테니스 게임은 조작이 어렵다고 느끼는 사람에게도 추천! 간단한 조작으로 즐기는 3D 테니스 게임이다.

▲ 1인 플레이로 연습하여 실력을 키우고, 별매 컨트롤러를 마련해 뜨거운 복식 4인 대전을 펼쳐보자!

▲ 일반적인 테니스 게임 모드뿐만 아니라, 미니게임도 다수 수록했다. 미니게임만 즐겨도 재미있을 듯.

직감으로 해결! 64 탐정단

파티 | 1~4인용 | 96M | 이매지니어 | 1998년 10월 23일 | 6,800엔

컨트롤러 팩 지원 83 | 진동 팩 지원 | 메모리 확장 팩 지원

아이들만으로 구성된 '64 탐정단'이 의뢰 달성을 위해 건물 내를 분주히 돌아다니는 말판놀이 게임. 증거품과 열쇠를 모아 도난품을 되찾는 '도난품 탈환', 시한폭탄을 찾아 해체하는 '폭탄 제거', 탐문으로 정보를 모아 분실물을 찾아내는 '분실물 찾기'까지 3가지 게임 모드를 수록했다. 목적에 적합한 행동을 취해 가장 '해결 포인트'를 많이 따낸 플레이어가 승리한다. 같은 칸에 멈춘 다른 플레이어에게 배틀을 걸어 방해할 수도 있다.

BOX ART & ROM CARTRIDGE

▲ 게임을 시작하면 맵이 무작위로 생성되므로, 매번 다른 느낌으로 게임을 즐길 수 있다.

▲ 이동할 칸수는 주사위 눈으로 결정되지만, 진행방향은 자유이므로 목적지에 쉽게 도달할 수 있다.

▲ 배틀에서는 상성이 설정된 각 행동을 서로 선택해 싸운다. 승리하면 상대의 카드를 빼앗게 된다.

시티 투어 그랑프리 : 전일본 GT 선수권

레이싱 | 1~2인용 | 128M | 이매지니어 | 1998년 10월 30일 | 6,800엔

컨트롤러 팩 지원 3 | 진동 팩 지원 | 메모리 확장 팩 지원

슈퍼 GT의 전신인 '전일본 GT 선수권'을 소재로 삼은 레이싱 게임. GT 어소시에이션의 공인을 받아 제작했으므로, 소속된 팀·차량·드라이버들이 실명으로 등장한다. 엔진음도 실제 차량에서 샘플링한 리얼한 사운드를 사용한 반면, 주행 코스로는 서킷이 아니라 당시 일본 모터스포츠계에서 생소했던 공공도로를 채택했다. 오키나와나 교토 등의 도로 풍경을 잘 재현해, 일본 전국이 무대인 공도 레이스를 체험할 수 있는 작품이다.

BOX ART & ROM CARTRIDGE

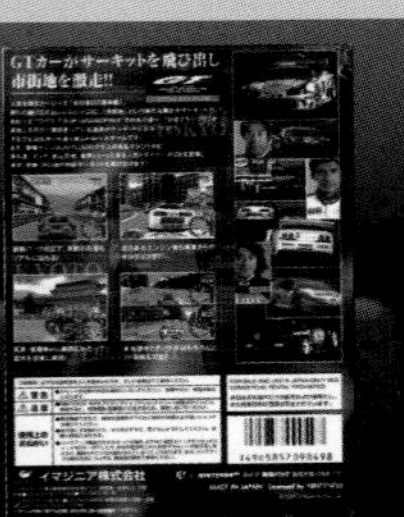

▲ 그랑프리에 도전하는 'CHAMPIONSHIP'을 비롯해 'TIME ATTACK'·'BATTLE' 모드를 수록했다.

▲ 2010년대 초 '아사마 힐 클라임'이 개최되기 전까지, 공공도로 폐쇄 레이스는 일본에서는 환상의 경기였다.

▲ 스즈키 아구리와 카게야마 형제, 곤도 마사히코 등 28명의 레이싱 드라이버와 유명 차량 14대가 등장한다.

테트리스 64

퍼즐 | 1~4인용 | 96M | 세타 1998년 11월 13일 4,980엔 바이오 센서 지원

컨트롤러 팩 지원 | 진동 팩 지원 | 메모리 확장 팩 지원

소련(현 러시아)에서 태어난 유명 퍼즐 게임이 원작이다. 최대의 특징은 '기가 테트리스' 모드로, 일반적인 테트리미노(테트리스 블록)뿐만 아니라 그 4배 면적에 달하는 '기가 테트리미노'가 내려온다. 최대 4인 대전도 지원하며, 대전 모드에서 나오는 기가 테트리미노는 등장 시의 임팩트도 필드 방해의 난이도도 화끈해 상당히 치열해진다. 바이오 센서로 측정되는 심박수에 따라 내려오는 테트리미노가 변화하는 '바이오 테트리스' 모드도 있다.

▲ 최대 4인 대전을 지원한다. C 버튼으로 공격할 상대를 즉시 지정할 수 있으니 잘 활용해보자.

▲ 바이오 센서를 지원하는 모드에서는, 플레이어의 맥박에 맞춰 특수한 테트리미노가 내려온다.

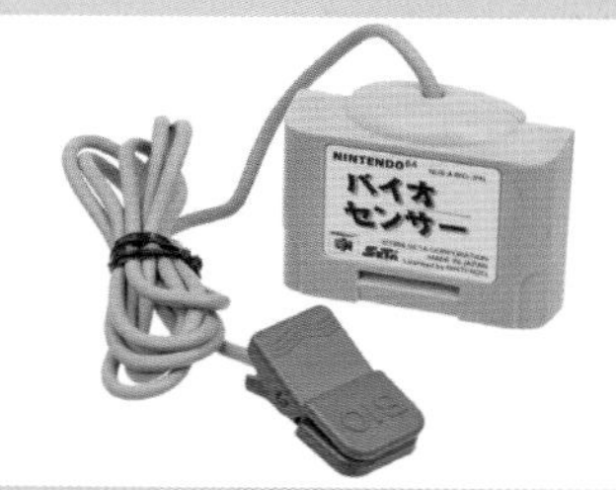

▲ 바이오 센서는 클립 부분을 귓불에 장착해 심박수를 측정하는 주변기기. 지원 게임은 이 작품이 유일하다.

매지컬 테트리스 챌린지 featuring 미키

퍼즐 | 1~2인용 | 128M | 캡콤 1998년 11월 20일 6,800엔

컨트롤러 팩 지원 | 진동 팩 지원 | 메모리 확장 팩 지원

디즈니의 인기 캐릭터들과 대전할 수 있는, 「테트리스」의 파생작. 방해 블록을 상대에게 보내는 '매지컬 테트리스' 모드는, 상대도 적절한 타이밍에 지우면 카운터를 발동해 반격할 수 있다. 이 카운터를 주고받을수록 방해 블록이 커져 대전이 치열해진다. 그밖에도 바닥에서 솟아오르는 블록으로 공격하는 '업다운 테트리스', 스토리 진행 없이 '스탠다드 테트리스'·'매지컬 테트리스'를 진득하게 즐기는 '엔들리스 테트리스'까지 3가지 모드가 있다.

▲ 얼핏 귀여운 게임 같지만, CPU 대전은 테트리스 초보자라면 EASY조차 막막할 만큼 고난이도다.

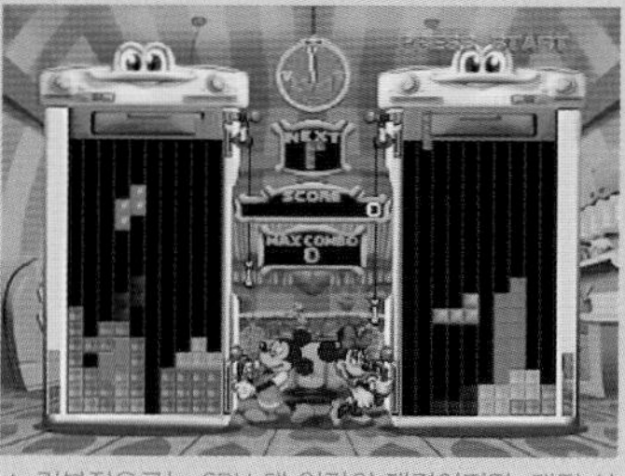
▲ 기본적으로는 CPU 대 인간의 대결이지만, 대전 상대가 없는 평범한 테트리스도 즐길 수 있다.

▲ 프랙티스 모드에서는 이 게임의 오리지널 시스템은 물론, 테트리스의 기본 룰도 가르쳐준다.

컨트롤러 팩 지원: 컨트롤러 팩 지원 게임 | 진동 팩 지원: 진동 팩 지원 게임 | 하이레조 팩 지원 · 메모리 확장 팩 지원: 하이레조 팩·메모리 확장 팩 지원 게임 (이 두 제품은 기능이 동일합니다.) | 메모리 확장 팩 전용: 메모리 확장 팩 전용 게임

NINTENDO64

젤다의 전설 시간의 오카리나

어드벤처 | 1인용 | 256M | 닌텐도 | 1998년 11월 21일 | 6,800엔

컨트롤러 팩 지원 | 진동 팩 지원 | 메모리 확장 팩 지원

▲ 일본 내에서만 140만 장 이상, 전 세계적으로는 760만 장의 판매량을 자랑하는 시리즈 굴지의 인기 타이틀.

BOX ART & ROM CARTRIDGE

닌텐도의 간판 타이틀 중 하나인 「젤다의 전설」 시리즈의 5번째 작품. 이전까지의 2D 탑뷰 맵 시점을 탈피하고, 시리즈 최초로 3D 시점을 채택해 획기적으로 진화시켰다. 퍼즐 풀이와 액션이라는 기본 시스템은 유지하면서도, 게임이 풀 3D화되어 적과의 전투도 퍼즐도 전작들에서 완전히 탈바꿈했으며, 적 캐릭터 쪽으로 시점을 고정하는 'Z주목 시스템'과 A 버튼으로 발동하는 특수 액션의 자동화 등, 이후 시리즈에도 계승되는 혁신적인 시스템들이 이 작품부터 채용되었다. 「슈퍼 마리오 64」와 함께, 현재까지 이어지는 3D 액션 장르의 시스템적 근간을 완성시킨 게임으로 인정받는다. 설정 면에서는 시리즈의 숙적인 '가논'이 인간이었던 시기를 그려, 겔드의 대도적 '가논돌프'로 등장한다. 시리즈 전체의 시계열로는 「스카이워드 소드」·「이상한 모자」·「4개의 검」 이후의 스토리로, 그 후에는 '시간의 용사' 링크가 가논돌프를 물리친 후와 패배한 후, 링크가 어린 시절로 되돌아간 후의 이야기로 각각 분기된다.

실은, 개발 당시엔 64DD와 연동시켜 고난이도의 '마스터 퀘스트'를 즐길 수 있도록 설계했었고 '마스터 퀘스트' 자체도 완성했었으나, 디스크 발매가 취소되어 무산되었다. 참고로 '마스터 퀘스트'는, 이후 게임큐브판 「바람의 지휘봉」에 예약특전으로 동봉된 이식판에 포함되었다.

▲ 오카리나로 특정 멜로디를 연주하면 발생하는 다양한 효과를 활용해, 하이랄의 평화를 되찾기 위한 모험을 진행한다.

▲ 코키리족의 소년 링크와 함께 여행하는 요정 '나비'는, 모르는 것이 나올 때 여러 힌트를 준다.

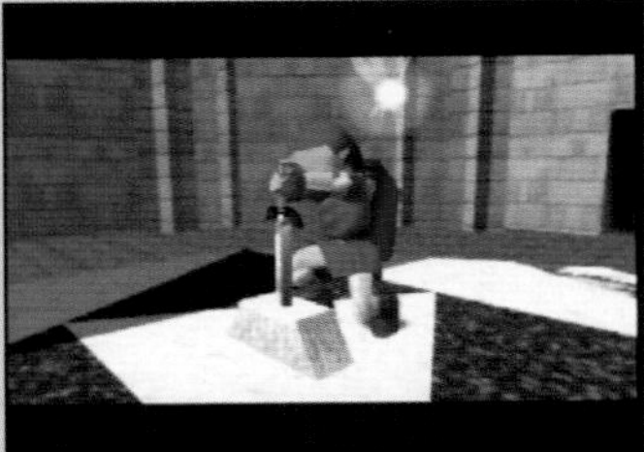
▲ 링크의 '청년 시절'과 '소년 시절' 두 시대를 오고가며 수수께끼를 풀어, 가논돌프로부터 하이랄을 되찾자.

▲ 가논돌프·시커족·임파·카카리코 마을 등등 이후 시리즈에도 이어지는 고유명사가 다수 등장한다.

닌텐도 64 컨트롤러로의 조작을 전제로 디자인한 'Z주목 시스템'

이 작품은 컨트롤러의 3D 스틱 뒤에 배치된 'Z 버튼'을 사용한 시점 고정 기능을 탑재했다. 대상을 '주목'하면 카메라 시점이 반자동으로 보정되어, 대상을 향해 확실하게 이동하거나 도구를 던져 맞출 수 있어 액션이 수월해진다.

웨트리스

퍼즐 | 1~2인용 | 64M | 이매지니어 | 1998년 11월 21일 | 5,800엔

컨트롤러 팩 지원 | 진동 팩 지원 | 메모리 확장 팩 지원

드물게도 쿼터뷰 시점을 채택한 퍼즐 게임. 테트리스의 블록과 닮은 물체가 상공에서 내려오지만, 규칙이 달라서 블록을 지우는 식이 아니라 '지면의 물웅덩이에 고인 물이 넘치지 않도록' 땅을 최대한 다듬는 용도로 써야 한다. 물은 꾸준히 차오르는 데다, 가끔 폭탄이 떨어져 벽을 부수기도 하므로, 블록으로 만든 담이 무너지지 않도록 조심하며 어떻게 물을 보존할지 잘 판단해야 한다. 모아둔 물을 단숨에 증발시키면 고득점을 얻는다.

▲ 물이 떨어지는 것이 아니라, 블록으로 물을 막아 모은다는 아이디어로 탄생한 유니크한 퍼즐 게임이다.

▲ 처음엔 블록을 어디에 떨어뜨려야 할지 당황하지만, 체크무늬 필드가 힌트이니 다양한 블록에 익숙해지자.

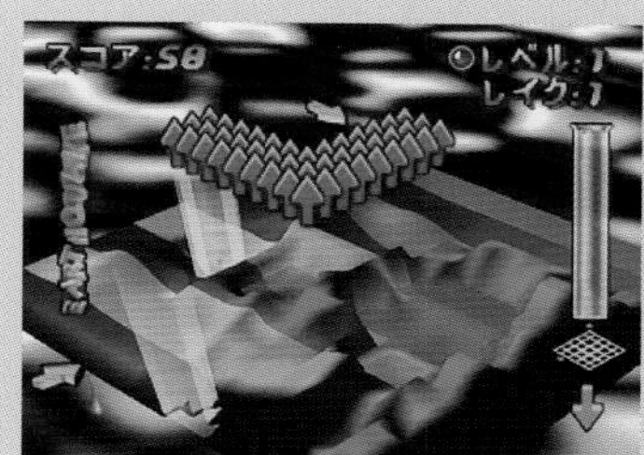

▲ 블록이 떨어질 지점에는 그림자가 생기므로, 포인트를 잘 맞추어 블록을 쌓아올리자.

나이프 엣지 : 노즈 거너

슈팅 | 1~4인용 | 64M | 켐코 | 1998년 11월 27일 | 6,980엔

컨트롤러 팩 지원 | 진동 팩 지원 | 메모리 확장 팩 지원

우주 진출이 한창인 서기 21XX년의 화성이 무대인 3D 슈팅 게임. 화성의 고대유적 발견을 계기로 발생한 인류 멸망의 위기를 막기 위해, UN이 보낸 신형 실험기의 테스트 부대가 적과 싸우게 된다. 다인 협력 플레이 및 대전 플레이도 지원하며, 협력 플레이는 전투기 한 대에 여러 명이 탑승했다는 설정이라서 에너지를 전원이 공유한다. 조종석 시점이다 보니 시야 바깥에서도 마구 공격이 날아오는 고난이도 작품이다.

▲ 위장 도색된 소형 전천후 전투기를 조종해, 화성에서 적들을 찾아내 섬멸하는 게 목적인 게임.

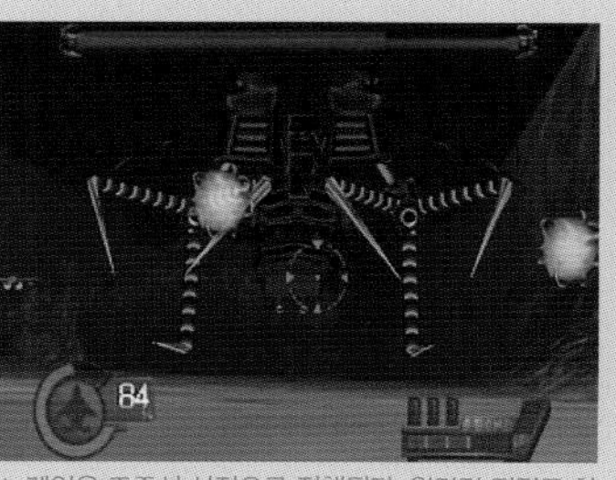

▲ 게임은 조종석 시점으로 진행된다. 원거리 저격도 하면서, 적 내부로도 파고들어 약점을 집중적으로 노리자.

▲ 화성에 인류가 이주한 지 이미 반세기. 활성화된 이 행성에 대체 무슨 일이 벌어졌나? 최후의 적은 과연!?

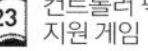 컨트롤러 팩 지원 게임

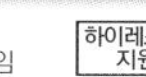 진동 팩 지원 게임
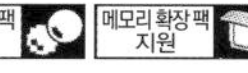
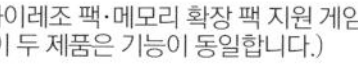 하이레조 팩·메모리 확장 팩 지원 게임 (이 두 제품은 기능이 동일합니다.)
 메모리 확장 팩 전용 게임

누시 낚시 64

롤플레잉 | 1인용 | 64M

빅터 인터랙티브 소프트웨어 1998년 11월 27일 6,800엔
64GB 팩 지원, 낚시컨 64 지원

컨트롤러 팩 지원 1 | 진동 팩 지원 | 메모리 확장 팩 지원

닌텐도 64로 발매된 첫 「누시 낚시」 시리즈. 주인공 일가족 6명에 각자 스토리가 있으며, 호수나 늪뿐만 아니라 논에서까지 낚시가 가능한 높은 자유도, 신규 요소인 곤충채집과 꽃따기 등의 파고들기 요소까지, 볼륨이 매우 충실한 작품이다. 바다낚시는 하구와 방파제에서만 가능하나, 64GB 팩으로 게임보이판 「바다의 누시 낚시 2」와 데이터를 연동하면 원양어인 다랑어 등도 낚을 수 있다. 입수한 물고기와 벌레는 사육·관찰이 가능하다.

▲ 가족 전체가 플레이할 것을 상정해, 각 주인공마다 별도로 '누시'를 설정했고 난이도도 차이를 뒀다.

▲ 게임 내에 사계절을 구현하여, 필드 화면도 변화하고 물고기·곤충·동식물 출현률도 영향을 받는다.

▲ 시리즈 최초로 물고기 묘사에 3D 폴리곤을 사용해, 움직임을 다이내믹하게 재현하였다.

마리오의 포토피

교육·기타 | 1인용 | 96M

도쿄 일렉트론 디바이스 1998년 12월 2일 9,800엔

컨트롤러 팩 지원 | 진동 팩 지원 | 메모리 확장 팩 지원

다트 재팬 사가 개발한 스마트미디어 카드 전용 사진 편집 소프트. 롬 카트리지에 스마트미디어 카드 슬롯이 2개 탑재된 특수 사양이므로, 당시의 디지털카메라로 촬영해 카드 내에 저장한 사진을 불러올 수 있다. 사진에 프레임을 추가하거나 '그림그리기' 기능으로 편집해 현상소에 맡기는 식으로 오리지널 달력 등을 만들 수 있다. 별매품인 일러스트집·캐릭터집 스마트미디어 카드도 지원해, 이를 삽입하면 그림 종류도 추가로 늘릴 수 있었다.

▲ 스마트미디어 카드 전용 소프트라, 슬롯에 아무것도 끼우지 않고 구동하면 진행되지 않는다.

▲ 편집 화면에서는 사진에 프레임이나 글자를 자유롭게 추가해 오리지널 사진을 만들 수 있다.

▲ 사진 편집 기능뿐만 아니라 미니게임도 수록해, 간단한 퍼즐 게임을 즐길 수도 있다.

게터 러브!! : 초 연애 파티 게임

파티 | 1~4인용 | 64M | 허드슨 | 1998년 12월 4일 | 6,800엔

컨트롤러 팩 지원 18 | 진동 팩 지원 | 메모리 확장 팩 지원

판다 시에 사는 독신남들이 애인 만들기로 경쟁하는 연애 파티 게임. '동시'를 컨셉으로 삼은 SAMS(Simultaneous Activity Map System)를 채용하여, 플레이어 전원이 동시에 행동을 결정하면 남녀가 일제히 자동으로 이동해, 목적지에 도착한 순서대로 이벤트가 발생한다. 패러미터에 따라 이벤트가 변화하며, 동일 턴에 다른 플레이어가 있는 곳으로 가면 배틀로 돈·카드를 빼앗기도 하고, 날라리 캐릭터를 상대에 붙여 방해할 수도 있다.

▲ 게임 내용에 맞춰, 동봉 매뉴얼까지 당시의 10~20대용 패션잡지 풍으로 디자인한 것도 개성적이다.

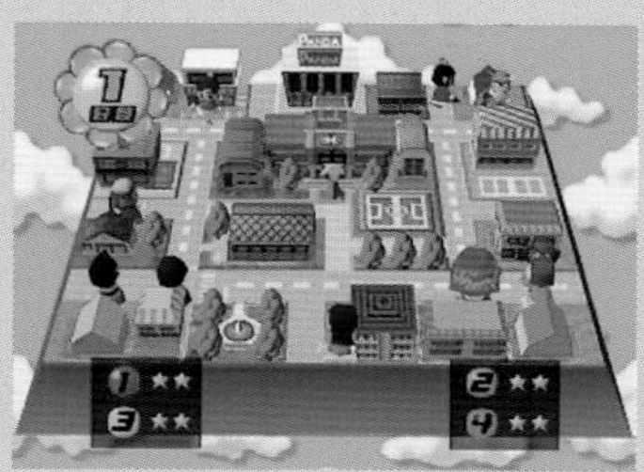

▲ '가장 먼저 애인 만들기', '한 여자를 두고 경쟁하기', '가장 여자에게 인기 있는 남자가 되기'로 3가지 룰이 있다.

▲ 여자와 데이트해 러브러브 포인트를 올려 고백을 받자. 아무나 들쑤시다가는 막장 시추에이션이 벌어지니 주의.

반조와 카주이의 대모험

액션 | 1인용 | 64M | 닌텐도 | 1998년 12월 6일 | 6,800엔

컨트롤러 팩 지원 | 진동 팩 지원 | 메모리 확장 팩 지원

「디디 콩 레이싱」에도 등장했던 수컷 곰 '반조'와, 암컷 새 '카주이'가 주인공인 3D 액션 게임. 마녀 그런틸다에게 납치당한 반조의 여동생 '투티'를 구하러 가는 반조와 카주이의 시끌벅적 모험극이 펼쳐진다. 반조의 진행 방향으로 카주이가 부리 찌르기를 날리거나, 반조가 점프하는 도중에 카주이가 날개를 퍼덕여 활공하기도 하는 등, 두 동물 주인공의 개성적이고도 코믹한 협력 액션으로 앞길을 개척하는 과정이 즐거운 작품이다.

▲ 오프닝에서는 캐릭터 이름의 유래인 악기 '밴조'와 '카주'를 연주하는 데모가 나온다.

▲ 게임을 개시하면 친절한 두더지가 나타나, 두 동물의 협력 액션 조작법을 튜토리얼로 하나씩 알려준다.

▲ 오픈 월드형 스테이지 내에 흩어진 '음표'와 '퍼즐 조각'을 일정량 모으면 다음 스테이지로의 길이 열린다.

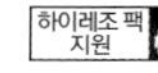

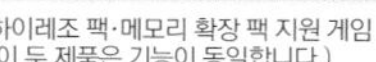

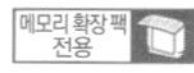

컨트롤러 팩 지원 123 컨트롤러 팩 지원 게임 | 진동 팩 지원 진동 팩 지원 게임 | 하이레조 팩 지원 · 메모리 확장 팩 지원 하이레조 팩·메모리 확장 팩 지원 게임 (이 두 제품은 기능이 동일합니다.) | 메모리 확장 팩 전용 메모리 확장 팩 전용 게임

도라에몽 2 : 진구와 빛의 신전

액션 1인용 96M 에포크 사 1998년 12월 11일 6,800엔

컨트롤러 팩 지원 / 진동 팩 지원 / 메모리 확장 팩 지원

닌텐도 64용 「도라에몽」 시리즈 제2탄. 태고의 세계를 시간여행한 후 돌아가던 도중, 진구가 몰래 가져온 수정 때문에 처음 보는 세계로 뿔뿔이 흩어진 도라에몽 일행이 빛의 세계 '크리스테카'를 방황하는 액션 게임이다. 시간·요일 개념과, 받는 대미지 양에도 영향을 주는 캐릭터의 '상태' 수치 등, 이 시리즈 작품 중에선 특이한 요소가 여럿 도입되었다. 음성 수록량도 닌텐도 64용 게임 치고는 꽤나 많은 등, 여러 특징이 있는 작품이다.

▲ 시나리오를 진행하다 보면 등장하는 각 보스의 BGM으로, 팬에겐 익숙한 명곡들이 나온다.

▲ 캐릭터간 성능 차이는 없으니, 캐릭터 선택이 가능할 때는 원하는 캐릭터로 플레이하자.

▲ 액션보다 어드벤처 요소가 강하다. 원작 만화에 나왔던 도구 사용법을 떠올리며 여러 장소에서 사용해보자.

파이팅 컵

액션 1~2인용 96M 이매지니어 1998년 12월 11일 6,800엔

컨트롤러 팩 지원 2 / 진동 팩 지원 / 메모리 확장 팩 지원

닌텐도 64로 다수의 게임을 발매한 이매지니어 사의 3D 격투 게임. 서로의 체력을 깎는 일반적인 대전격투 게임의 KO제 대신, 레슬링처럼 상대에 먹인 기술에 따라 포인트를 얻는 포인트제를 채용한 것이 최대 특징이다. 동일한 기술이라도 카운터·잡기 풀기·링 아웃 등등의 상황별로 획득 포인트가 크게 오르내리기 때문에, 궁지에 몰려도 언제든지 대역전할 가능성이 있다. 독자적인 전략성과 공방을 요구하는 작품.

▲ 히트작에 편승한 게임이 많은 격투 게임계에서 특이하게 독자 노선을 추구했던 작품. 후일 속편도 발매되었다.

▲ 파이팅 포즈를 취하고 상대의 행동을 예측하자. 승리 포즈로 브레이크 댄스를 추는 캐릭터도 있다!

▲ 필살기·연속기 연습도 가능! 상대를 공중에 띄워 링 구석까지 몰아넣을 수 있도록 콤보 기술을 연습하자!

피카츄 잘지냈츄

교육·기타 | 1인용 | 128M | 닌텐도 | 1998년 12월 12일 | 9,800엔 | VRS(음성인식 시스템) 지원

컨트롤러 팩 지원 | 진동 팩 지원 | 메모리 확장 팩 지원

▲ 인기 캐릭터인 피카츄와 음성으로 소통하는 즐거운 게임. 피카츄의 움직임도 귀엽다.

BOX ART & ROM CARTRIDGE

VRS 세트 패키지

소프트 단품 없이, VRS 세트 동봉판만 발매했다. 참고로 마이크는 표준규격이라, 꼭 정품이 아니라도 쓸 수는 있다.

'닌텐도 64 VRS'라고 명명한 음성인식 시스템을 사용해, 화면 안에 있는 피카츄와 친해지는 커뮤니케이션 게임. 발매 전부터 '세계 최초의 음성인식 게임'으로서 대대적으로 선전했으며, 배우 와타비키 카츠히코를 기용한 TV 광고로도 큰 화제가 되었다. 소프트에 음성입력용 헤드셋을 동봉하여, 이것을 장착해 게임을 플레이한다. 피카츄는 간단한 일본어 단어만 이해할 수 있으며, 적절한 타이밍에 말을 걸면 밖에 있던 피카츄가 자신의 방에 눌러 살게 된다. 피카츄에게 말을 걸어 희노애락의 리액션과 댄스 등을 관찰하기도 하고, 다른 포켓몬과 피카츄의 커뮤니케이션을 보고 그들의 목적을 추측해 도와주는 등, 피카츄의 친구가 되어 다양한 행동을 취할 수 있다.

▲ '음성 커뮤니케이션'이라는 독특한 게임 내용 탓인지, 튜토리얼이 상당히 자세하게 진행된다.

▲ 플레이어의 목소리에 반응해줄 때의 피카츄의 움직임이 귀여워, 보고 있기만 해도 즐겁다.

▲ 피카츄 이외의 포켓몬도 등장해, 피카츄와 다양하게 소통한다. 피카츄가 활발히 교류하도록 유도하자.

피카츄와 함께, 유유자적한 생활을

은행 알을 주우려다 전격으로 시커멓게 태우기도 하고, 조심성 없는 말로 화나게 하기도 하고, 아예 피카츄가 가출해버려 찾으러 가기도 하고……. 예상치 못한 일들조차도 즐거운 포켓몬의 세계에서 느긋한 슬로우 라이프를 체험해보는 것은 어떨까?

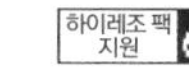

AI 쇼기 3

테이블 | 1인용 | 64M | 아스키 섬싱 굿 | 1998년 12월 18일 | 7,800엔

컨트롤러 팩 지원 | 진동 팩 지원 | 메모리 확장 팩 지원

당시 기준으로는 최첨단이었던 고속 사고 AI와 대국하는 쇼기 게임. 각종 기능이 충실해, 말을 자유롭게 배치하거나 뺀 상태로 대국할 수 있는 쇼기판 편집 기능과, 수를 물려 직전 수부터 다시 두는 물리기 기능, 임의의 국면까지 되돌려 다시 두는 재생 기능, 옵션을 조정해 말을 움직일 수 있는 위치가 보이도록 설정하는 가이드 기능도 탑재했다. 기보를 읽어주는 음성은, 당시 현역이었으며 TV에도 자주 출연해 인기였던 여류기사 타카하시 야마토가 맡았다.

▲ AI의 사고 속도가 빨라 대국이 스피디한 것이 작품의 매력. 사고 레벨을 올리면 20수 앞까지도 내다본다.

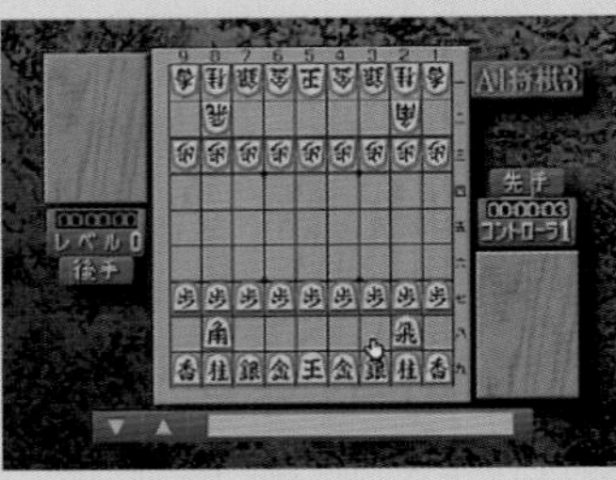

▲ 사고 레벨은 최강인 '프로' 외에는 자유롭게 설정 가능해, 초보자부터 상급자까지 충분히 즐길 수 있다.

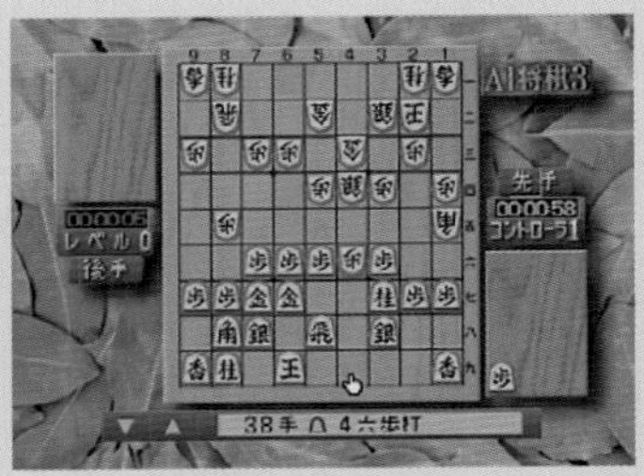

▲ 대국 결과에 따라 타카하시 야마토의 코멘트가 변화한다. 대국이 훌륭하면 프로의 칭찬도 받을 수 있다.

F1 월드 그랑프리

레이싱 | 1~2인용 | 96M | 닌텐도 | 1998년 12월 18일 | 5,800엔

컨트롤러 팩 지원 | 진동 팩 지원 | 메모리 확장 팩 지원

닌텐도 64용으로는 최초의 본격 F1 레이싱 게임. 비디오 시스템 사가 FOA(당시 F1의 상업적 권리를 보유하던 조직)와 라이선스 계약을 체결해, 미국 패러다임 사와 기술 제휴하여 기획·개발한 작품이다. 11개 팀의 드라이버 22명이 실명으로 등장하며, 당시의 머신과 97년도 F1 레이스에서 사용된 17개 코스, 각 코스의 명소까지 충실하게 재현했다. 당시와 동일 조건의 97년도 FIA 포뮬러 원 월드 챔피언십에 도전할 수 있다. 수록 모드는 5가지.

▲ 닌텐도 64로 많은 레이싱 게임이 나왔으나, 본격적인 F1 소재 작품으론 유일하기에 귀중한 게임.

▲ 그래픽뿐만 아니라 게임 내용 역시 리얼함을 고집하여, 기후 변화와 피치 무선까지 재현했다.

▲ 파고들기 요소로서, 일정 조건이 만족되면 드라이버나 스탭 롤이 점차 개방되기도 한다.

킹 힐 64 : 익스트림 스노보딩

스포츠 | 1~2인용 | 96M | 켐코 | 1998년 12월 18일 | 6,980엔

컨트롤러 팩 지원 85 | 진동 팩 지원 | 메모리 확장 팩 지원

세계 최강의 보더들과 기술·스피드를 겨룬다는 설정의 스노보드 게임. 라이벌 3명과 함께 활주하는 'COMPETITION', 스턴트 챌린지로 슬로 코스에 도전하는 'STUNT CHALLENGE', 가로 2분할 화면으로 대전하는 'VS RACE'의 3가지 모드를 수록했다. 스노보더 후방 시점으로 게임이 스피디하게 진행된다. 모드 클리어, 전 코스 레이스 1위 획득 등의 조건을 충족시키면 숨겨진 캐릭터나 보드가 추가되는 파고들기 요소도 있다.

▲ 파이프형 눈더미 터널 통과, 헬리콥터에서의 스타트 등 스릴 만점의 활주를 체험할 수 있다.

▲ 공중에서 기술이 성공하면 포인트를 획득한다. 스피드뿐만 아니라 고득점 위주로도 플레이해보자.

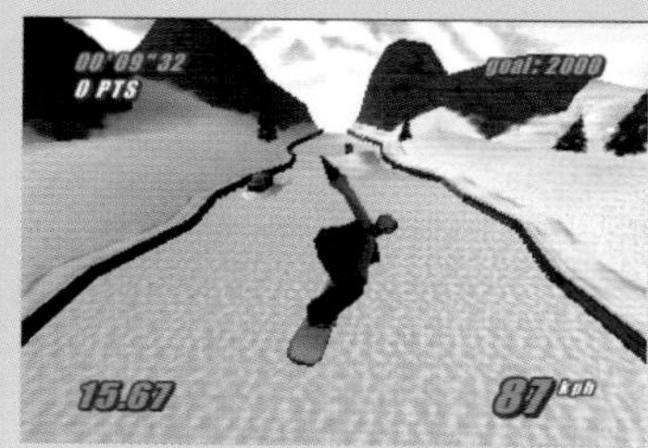

▲ 눈의 질에 따라 바뀌는 효과음, 아이스반에 반사되는 경치 등의 디테일한 표현도 볼거리 중 하나다.

벅 범블

슈팅 | 1~2인용 | 96M | UbiSoft | 1998년 12월 18일 | 6,880엔

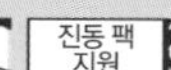

컨트롤러 팩 지원 3 | 진동 팩 지원 | 메모리 확장 팩 지원

'곤충'×'메카닉'이라는 독특한 세계관으로 구성된 3D 슈팅 게임. 「스타폭스」 제작에 참여했던 영국의 아르고노트 소프트웨어 사가 개발하여, 돌연변이로 지성과 과학력을 얻은 곤충들의 싸움을 그렸다. 주인공부터 '사이보그화된 벌'이라는 특이한 설정이며, 미사일과 캐논 포로 메카닉 곤충들과 싸우는 와중에 꽃의 꿀로 회복하는 장면도 있는 등의 갭이 있어 독특한 작품이다. 총 20종 이상의 미션을 수록했고, 2인 대전도 가능하다.

▲ 2인 대전 모드로는 도그파이트로 싸우는 'Buck Battle'과, 득점을 겨루는 축구 게임 'Buzz Ball'이 있다.

▲ 라이프제를 채용하여, 적의 공격뿐만 아니라 장애물 충돌로도 라이프가 감소한다.

▲ 무기 종류가 다양해, 맵 상에 배치된 무기는 물론 아예 적에게서 빼앗아 사용할 수도 있다.

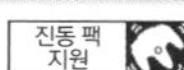

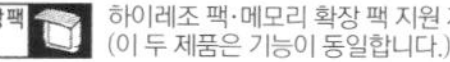

컨트롤러 팩 지원 123: 컨트롤러 팩 지원 게임 | 진동 팩 지원: 진동 팩 지원 게임 | 하이레조 팩 지원 · 메모리 확장 팩 지원: 하이레조 팩·메모리 확장 팩 지원 게임 (이 두 제품은 기능이 동일합니다.) | 메모리 확장 팩 전용: 메모리 확장 팩 전용 게임

마리오 파티

파티 1~4인용 256M 닌텐도 1998년 12월 18일 5,800엔

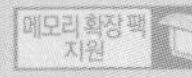

컨트롤러 팩 지원 진동 팩 지원 메모리 확장 팩 지원

마리오 시리즈의 캐릭터들을 활용한 파티 게임 「마리오 파티」 시리즈의 첫 번째 작품. 참가 멤버 전원이 말판 맵 위를 이동해, 멈춘 칸에 따라 결정되는 미니게임으로 성적을 경쟁한다. 도중에 코인을 모아 스타로 교환하여, 일정 턴수가 지나 종료되었을 때 스타 수가 가장 많은 플레이어가 승리한다(스타 수가 같으면 코인 수로 판정). 맵 위에서 쿠파와 조우하는 이벤트와, 통과하면 코인을 주는 엉금엉금은 이 작품에만 존재하는 요소다.

BOX ART & ROM CARTRIDGE

▲ 스타는 코인을 모아 키노피오에게 교환받거나, 부끄부끄를 사용해 다른 플레이어에게서 빼앗을 수도 있다.

▲ 주사위 블록을 쳐서 진행해, 전원이 멈춘 칸의 색깔에 따라 해당 턴의 미니게임이 결정된다.

▲ 말판놀이형 보드 게임과 50종 이상의 미니게임이 융합된, 최대 4명까지 함께 즐기는 파티 게임.

힘내라 고에몽 : 어물어물 여행길에 귀신이 잔뜩

액션 1~2인용 128M 코나미 1998년 12월 23일 7,800엔

컨트롤러 팩 지원 진동 팩 지원 메모리 확장 팩 지원

닌텐도 64용 「힘내라 고에몽」 시리즈 제 2탄. 박식한 영감이 만든 '과거의 인물을 부활시키는' 기계를 비스마루가 빼앗아가, 큰 문제가 벌어지기 전에 머신을 되찾기 위해 고에몽이 서둘러 움직인다. 3D 액션 어드벤처 게임이었던 전작과는 달리, 횡스크롤 액션 게임으로 장르를 변경했다. 그래픽은 폴리곤으로 제작했으며, 필드에 깊이 개념이 존재하여 화면 안쪽이나 바깥쪽에서 공격하는 적이 등장하는 등의 연출을 구사했다.

BOX ART & ROM CARTRIDGE

▲ 느닷없이 등장한 '비스마루'의 야망을 저지하려는 고에몽과 에비스마루의 모험이 시작된다.

▲ 여행길 스테이지는 시간 개념이 있어 밤낮이 변화한다. 밤에는 강한 귀신이 등장한다.

▲ 마을 스테이지에는 체력회복과 세이브 등의 기본 시설은 물론, 미션을 받을 수 있는 장소도 존재한다.

폭소 인생 64 : 노려라! 리조트 왕

파티 | 1~4인용 | 96M | 타이토 | 1998년 12월 24일 | 6,800엔

컨트롤러 팩 지원 77 | 진동 팩 지원 | 메모리 확장 팩 지원

일본에선 대중적인 보드 게임인 타카라의 '인생게임'과 유사한 타이토의 말판놀이 게임 「폭소!! 인생극장」 시리즈 작품. 각 플레이어는 리조트 개발회사 소유주가 되어, 가게나 호텔을 경영해 최고의 부호를 목표로 한다. 개축하거나 가맹점을 내면 다른 플레이어에게 착취하는 금액이 늘어나고 플레이어 자신에 설정된 주가도 상승하므로, 개발하면 할수록 이익이 늘어나는 시스템이다. 1인용 게임 모드도 있고, 인원수가 적어도 즐길 수 있다.

BOX ART & ROM CARTRIDGE

▲ 게임 진행 도중 다양한 이벤트가 발생하며, 요란한 중계 덕에 파티 게임으로는 매우 훌륭하다.

▲ 호텔 경영을 시작하려면 일단 민가를 매입해 토지를 확보하자! 대전 상대와 교섭해 건물을 살 수도 있다.

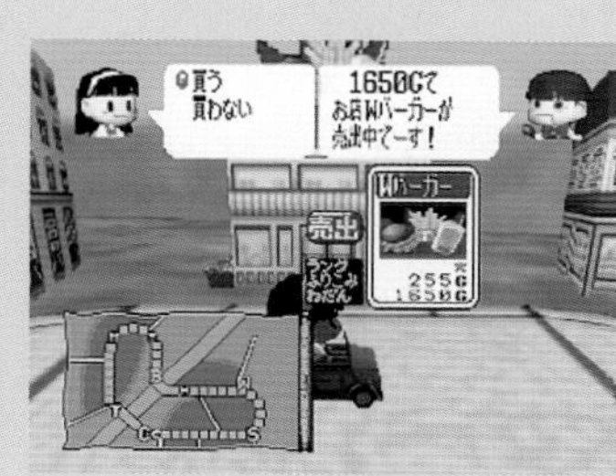

▲ 우선 여러 건물을 사들여 토지를 확보하고, 토지 가격을 고려해 거대한 호텔을 건설해보자!

카멜레온 트위스트 2

액션 | 1인용 | 96M | 일본 시스템 서플라이 | 1998년 12월 25일 | 6,300엔

컨트롤러 팩 지원 5 | 진동 팩 지원 | 메모리 확장 팩 지원

사람 모습으로 변해버린 카멜레온 '데이비' 일행이 다시 등장했다. 늘어나는 혀를 자유자재로 조작해, 수많은 장애물을 뚫고 보스에게로 향하자. 전작에 있었던 액션들은 여전하며, 추가로 벽에 혀로 붙기, 백팩에서 파라솔을 꺼내 공중에 뜨기, 옆으로 삐져나온 봉에 혀를 감아 대회전하기 등의 새로운 기술도 사용 가능하다. 스테이지 내에 있는 코인을 모으면 새로운 코스튬을 입수해 갈아입을 수도 있도록 했다.

BOX ART & ROM CARTRIDGE

▲ 카멜레온 '데이비' 일행의 캐릭터 디자인도 변경해, 더욱 인간스러운 체형이 되었다.

▲ 늘어나는 혀와 파라솔을 이용해 코스 디자인을 무시하고 진행할 수도 있는 등, 자유도가 높은 게임이다.

▲ 적을 한꺼번에 삼킬 수도 있다. 삼킨 적은 뱉어내 다른 적을 공격하는 데 사용 가능하다.

신일본 프로레슬링 투혼염도 2 : the next generation

스포츠 | 1~4인용 | 256M | 허드슨 | 1998년 12월 26일 | 6,800엔

컨트롤러 팩 지원 103 | 진동 팩 지원 | 메모리 확장 팩 지원

'투혼염도'라 쓰고 '투혼 로드'라고 읽는 프로레슬링 게임. 전작에 이어, '신일본 프로레슬링'소속 레슬러 등 20명 이상이 링 위에서 불처럼 뜨거운 대결을 펼친다. 하시모토 신야·오가와 나오야·쵸슈 리키 등의 인기 레슬러도 플레이어블 캐릭터로 등장하며, 오리지널 레슬러도 제작 가능하다. 게임 조작 등의 기본적인 부분은 전작을 답습했으나, 이번엔 레슬러 입장 연출에 공을 들여 실제 시합처럼 잘 재현해냈다.

BOX ART & ROM CARTRIDGE

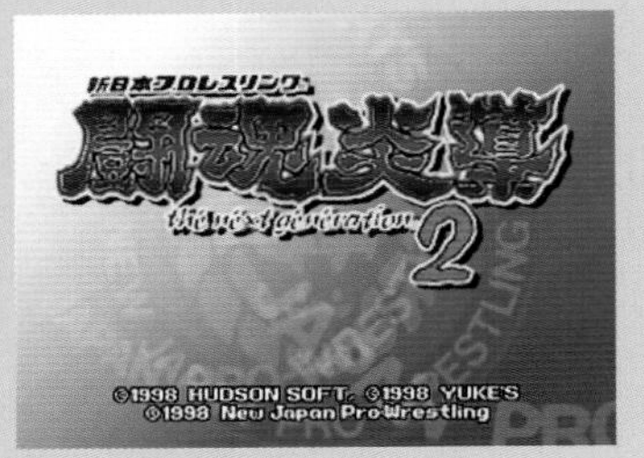

▲ 타이틀명에, 신일본 프로레슬링과 안토니오 이노키의 팬이라면 친숙할 단어 '투혼'을 내세웠다.

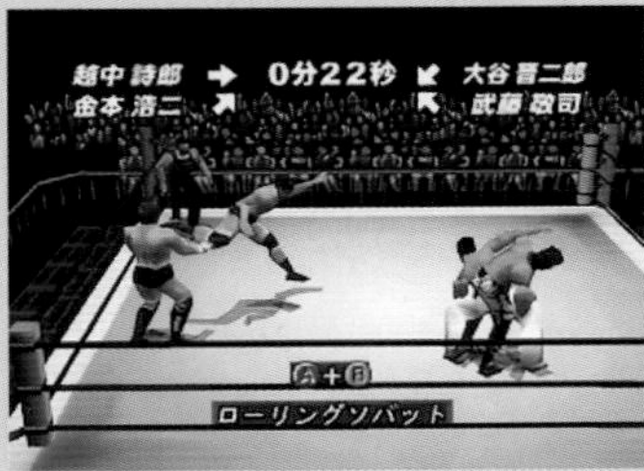

▲ 좋아하는 선수로 화려한 기술을 구사하자. 컨트롤러만 있으면 4명까지 가능한 태그 매치도 즐겨볼 것.

▲ 악역이 잘 어울리는 선수였던 쵸노 마사히로의 링 입장 신. 화려한 입장 연출도 이 작품의 매력이다.

스노우 스피더

스포츠 | 1~2인용 | 96M | 이매지니어 | 1998년 12월 26일 | 6,800엔

컨트롤러 팩 지원 87 | 진동 팩 지원 | 메모리 확장 팩 지원

겨울을 대표하는 경기인 '스키'·'스노보드'를 마음껏 즐길 수 있는 3D 시점의 스포츠 게임. 플레이할 때마다 사용 캐릭터의 기술이 강화되는, 마치 롤플레잉 게임과도 비슷한 요소를 도입했다. 처음에는 대수롭지 않은 커브로도 넘어지기 십상이므로, 반복적으로 활주하여 캐릭터를 성장시킬 필요가 있다. 실존 스키·스노보드 제조사와 협업하여, 당시 실제로 판매되던 스포츠웨어와 부츠·보드를 캐릭터에게 장비시킬 수 있다.

BOX ART & ROM CARTRIDGE

▲ 은빛 세계를 형상화한 듯한 타이틀 화면. 스키·스노보드 경기를 모두 수록해 컨텐츠가 풍성하다.

▲ 과속으로 산림에 충돌하지 않도록 주의하면서, 코스 정상부터 골까지의 활주를 마음껏 즐기자.

▲ 스키뿐만 아니라, 스노보드 쪽도 재미있다. 도중에 설치된 점프대로 '에어 트릭'을 노려라!

슈팅 게임 장르 | 1인용 플레이 명수 | 32M ROM 용량

NINTENDO64 SOFTWARE ALL CATALOGUE 1999AD

ALL 198 ROM TITLES FOR JAPAN MARKET

1999년에 발매된 타이틀은 총 58종이다. 닌텐도 64용 소프트의 발매 종수가 가장 많았던 해이자, 각 서드파티 개발사도 닌텐도 64라는 하드웨어에 능숙해진 해이기도 하다.

이번 해의 최대 화제는 일찍부터 발매를 예고해 왔던 외장형 디스크 드라이브 '64DD'(22p)의 서비스 개시와, 메모리 확장 팩(하이레조 팩)의 발매다. 둘 다 닌텐도 64 본체의 성능을 끌어올리는 주변기기로서, 기본적인 성능 자체는 뛰어났음에도 이를 제대로 살리지 못했던 닌텐도 64를 '기록 영역'과 '기억 영역'이라는 두 가지 방향성에서 보강한다는 구상이었다.

특히 메모리 확장 팩은 그래픽 면에서 약점이 있었던 닌텐도 64의 퀄리티를 크게 상승시키는데 성공해, 이후 발매되는 다인용 대전형 액션 게임과 FPS 게임의 필수 아이템이 되었다. 이 해에 발매된 「동키 콩 64」는 아예 '메모리 확장 팩 필수'라는 대담한 결단을 내렸고, 메모리 확장 팩 동봉 패키지까지 내놓았다.

또한 이 해는 통칭 '대난투' 시리즈의 기념비적인 첫 작품 「닌텐도 올스타! 대난투 스매시브라더스」가 발매된 해이기도 하다. 이 시리즈가 닌텐도 64에서 처음 시작되었다는 점만큼은 꼭 기억했으면 한다.

J리그 택틱스 사커

스포츠 | 1인용 | 96M | 아스키 | 1999년 1월 15일 | 7,800엔

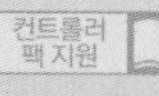

J리그 공인을 받아, 1998년도 J리그 소속 축구선수 데이터를 수록한 축구 시뮬레이션 게임. 플레이어는 당시의 실존 J리그 18개 팀 중 한 팀의 감독이 되어, 시합 상황을 보며 정확한 판단을 내려 팀을 승리로 이끌어야 한다. 전술판단은 물론, 연습 스케줄을 설정하거나 선수에게 새로운 능력을 습득시키는 등으로 팀을 육성하는 것도 중요한 요소다. 감독으로서의 성적이 좋으면 시설이 충실해지고 더 효율적인 육성이 가능한 선순환도 발생한다.

▲ 감독으로서 선수에 지시를 내리자. 시합 외에도 선수를 육성하며 일본 대표팀을 이끌어야 한다.

▲ 일간 스케줄 관리도 감독의 역할이다. 선수를 육성하고 감독 경험도 쌓아 공식전에서 좋은 결과를 내자!

▲ 감독과 선수의 신뢰도 중요하다. 감독의 판단·지시를 선수가 제대로 따르지는 플레이어의 실력에 달렸다!

닌텐도 올스타! 대난투 스매시브라더스

액션 | 1~4인용 | 128M | 닌텐도 | 1999년 1월 21일 | 5,800엔

컨트롤러 팩 지원 | 진동 팩 지원 | 메모리 확장 팩 지원

▲ 3D 스틱을 튕기는 '스매시' 공격을 비롯해, 이후 시리즈에도 계승되는 기본 시스템이 이 작품에서 이미 거의 완성되었다.

BOX ART & ROM CARTRIDGE

「대난투 스매시브라더스」 시리즈의 기념비적인 첫 작품이기도 한 대전격투 액션 게임. 상대를 공격해 대미지를 축적시켜, 멀리 날려 스테이지 밖으로 떨어지도록 하면 승리한다. '마리오'·'동키 콩'·'링크'·'사무스'·'요시'·'커비'·'폭스'·'피카츄' 등 닌텐도의 인기 캐릭터들이 총집합해, 각자의 고유 기술을 펼치며 싸운다. 조건이 충족되면 추가로 4명의 히든 캐릭터가 등장하며, 적으로만 등장하는 오리지널 캐릭터도 4명이나 나온다.

이 작품이 발매된 1999년 당시의 격투 게임 장르는 기술을 발동하려면 복잡한 커맨드를 입력해야 하는 작품이 주류였으나, 이 작품은 기술 입력 자체는 극히 간단하며, 승리조건도 체력제가 아니라 '대미지 축적률에 따라 튕겨나가는 거리가 달라져, 최종적으로는 상대를 장외로 링 아웃시킨다'는 룰을 도입했다. 덕분에 깊이 있는 전략성과 낮은 조작 난이도의 양립에 성공하여, 폭넓은 유저층에게 어필함으로써 큰 인기를 획득하기에 이르렀다. 대전 모드에서는 최대 4인 동시 대전이 가능하며, '타임전'·'스톡전'·'팀 타임전'·'팀 스톡전'의 4가지 룰로 싸울 수 있다.

▲ 각 스테이지마다 기복이나 다양한 장치가 있어, 이를 이용하는 전략도 이 작품만의 매력 중 하나다.

▲ 1인용 모드는 CPU와 대전하여 승리하며 진행한다. 무거워 날리기가 매우 힘든 메탈마리오도 출현한다.

▲ 스테이지로는 '섹터 Z' 등의 8종류와, 숨겨진 스테이지 '고대의 왕국'에, 추가로 1인용 전용 스테이지도 있다.

▲ 최종 보스는 이 세계를 만들어낸 창조주 '마스터 핸드'로서, 전용 스테이지 '종점'에서 기다리고 있다.

첫 작품은 그야말로 '닌텐도 올스타!'

이후 시리즈를 거듭하며 서드파티의 인기 게임에서 영입된 게스트 캐릭터도 많아져 시리즈의 재미 중 하나가 되었지만, 이 작품만큼은 '마리오'·'커비'·'피카츄' 등 닌텐도를 대표하는 인기 캐릭터만으로 구성했기에 말 그대로 순수한 '닌텐도 올스타'였다.

Parlor! PRO 64 : 파친코 실기 시뮬레이션 게임

테이블 | 1인용 | 96M | 니혼 텔레네트 | 1999년 1월 29일 | 6,980엔

컨트롤러 팩 지원 24

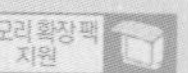

대형 파친코 제조사 '산요'의 인기 실기를 수록한 파친코 게임. 파친코를 진득하게 즐길 수도 있고, 스토리 모드로 각 점포를 공략할 수도 있다. 이 작품에 수록된 머신은 '목수 겐씨'·'CR 반짝반짝 파라다이스'·'CR 밀리언 슬롯 6'로 세 종류. '실기 시뮬레이션 게임'을 자칭하는 만큼, 못을 조정해 구슬이 어떻게 들어가는지를 연구하거나 머신 정보를 분석해 파친코 프로를 체험해보는 등, 본격적으로 파친코의 세계에 빠져들 수 있다.

▲ 산요 물산의 인기 기종을 수록한 파친코 게임은 의외로 드물어서 나름 귀중한 타이틀이다.

▲ 개발사 이름을 붙인 홀 '텔레네트 회관'. 환금률도 고려하며 다양한 점포를 방문해보자!!

▲ 후일 인기작 '바다이야기'로 이어지는 'CR 반짝반짝 파라다이스'. 당시 수많은 홀에 설치된 게임이었다.

SD 비룡의 권 전설

액션 | 1~2인용 | 96M | 컬처 브레인 | 1999년 1월 29일 | 6,480엔 | 64GB 팩 지원

컨트롤러 팩 지원 47

진동 팩 지원

「비룡의 권 트윈」에 수록했던 「SD 비룡의 권」을 따로 떼어내 업그레이드 시킨 대전격투 게임. 등장 캐릭터는 무려 54명이다. 전작의 '서킷'에 해당하는 '토너먼트' 모드에서는 시합 승리 시마다 보물을 입수해 파워 업할 수 있다. 스토리에 따라 싸우게 되는 '스토리' 모드에서는 숨겨진 대전 전용 캐릭터를 개방할 수 있다. 스토리는 시리즈 첫 번째 작품을 기반으로 구성해, 「비룡의 권」의 대략적인 스토리를 알 수 있도록 했다.

▲ 「비룡의 권」 시리즈로는 두 번째 닌텐도 64용 게임. 전작보다 아이템이 늘어나 대폭 파워 업했다.

▲ 비오의를 연속으로 사용하는 '연속 비오의'도, 정령의 힘으로 화려한 '초필살기'도 구사할 수 있다.

▲ '스토리' 등에서 사용 가능한 캐릭터는 숨겨진 캐릭터 포함 총 17명. 보물을 모아 최강의 캐릭터를 만들자!

컨트롤러 팩 지원 123 컨트롤러 팩 지원 게임 | 진동 팩 지원 진동 팩 지원 게임 | 하이레조 팩 지원

메모리 확장 팩 지원 하이레조 팩·메모리 확장 팩 지원 게임 (이 두 제품은 기능이 동일합니다.) | 메모리 확장 팩 전용

메모리 확장 팩 전용 게임

목장이야기 2

시뮬레이션 1인용 128M 빅터 인터랙티브 소프트웨어 1999년 2월 5일 6,800엔

컨트롤러 팩 지원 32 | 진동 팩 지원 | 메모리 확장 팩 지원

돌아가신 할아버지의 목장을 물려받아 개척하는 목장 경영 시뮬레이션 게임. 꽃싹 마을에서 1년째 봄부터 3년 후의 여름까지 목장과 밭을 경영해, 플레이 결과가 반영된 엔딩을 보는 것이 목적이다(일정 조건이 충족되면 엔딩 후에도 계속 플레이 가능). '양'과 '배낭'이 시리즈 최초로 도입되어 매우 편리해졌다. 「목장이야기 GB」에서는 삭제되었던 연애·결혼 요소가 부활했으며 이벤트 수도 늘어난 등, 기존 작품의 시스템을 여러모로 개량했다.

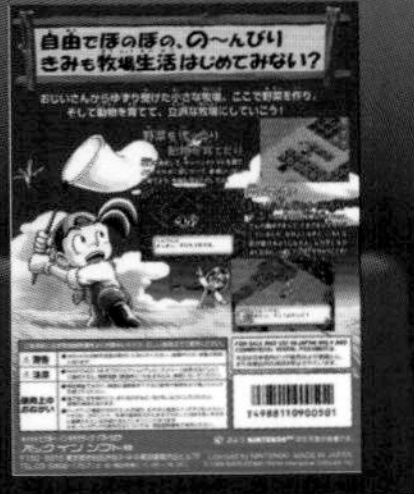

▲ 시리즈 첫 작품인 「목장이야기」의 수십 년 후가 무대로, 첫 작품 주인공의 손자도 등장한다.

▲ 30일 단위로 계절이 바뀌고 재배 가능 작물도 바뀐다. 계절을 넘기면 재배하던 작물이 말라죽으니 주의.

▲ 목장 옆의 마을에선 씨앗·가축·작업용 농기구를 살 수 있다. 가까우니 주민들과도 교류하기 쉽다.

초 스노보 키즈

스포츠 1~4인용 128M 아틀라스 1999년 2월 19일 6,800엔

컨트롤러 팩 지원 | 진동 팩 지원 | 메모리 확장 팩 지원

샷 탄과 아이템으로 라이벌을 방해할 수 있는 스노보드 레이싱 게임 제 2탄. 신 캐릭터와 신 모드도 등장하며, 스토리 모드를 추가해 스토리성도 강화했고 세이브 기능도 지원한다. 처음 고를 수 있는 보드는 프리스타일·올라운드·알파인 각각 레벨 1뿐이지만, 레이스하다 보면 레벨 2 이상의 보드도 구입 가능하며(스페셜 보드는 숨겨진 요소), 입수한 보드를 페인팅하는 기능도 있다. 레이스 도중에 샷이나 아이템도 구입 가능하다.

BOX ART &
ROM CARTRIDGE

▲ 키즈들은 각자 스피드·코너링·트릭 성능이 다르므로, 자신에게 맞는 캐릭터를 선택할 수 있다.

▲ 트릭에 성공하거나 코인을 먹으면 돈을 얻게 된다. 더욱 빠른 보드를 입수하려면 테크닉도 필요하다.

▲ 이번 작품에서는 코스 위를 맹렬한 기세로 달리는 거대 보스와의 레이싱 배틀도 새로 추가했다.

퍼즐 보블 64

퍼즐 | 1~4인용 | 64M | 타이토 1999년 3월 5일 4,800엔

컨트롤러 팩 지원 | 진동 팩 지원 | 메모리 확장 팩 지원

「버블 보블」에서 파생된 액션 퍼즐 게임. 이름은 「퍼즐 보블」이지만, 사실 퍼즐이라기엔 마치 당구처럼 노리는 지점에 정확히 버블을 쏴 맞추는 기술도 필요하다. 화면 아래의 포대 각도를 조절해 버블을 발사, 같은 색 버블이 3개 이상 연결되면 터진다. 버블을 전부 터뜨리거나 떨어뜨리면 스테이지 클리어이다. 시간이 지날수록 버블 전체가 내려와, 포대 앞까지 붙으면 게임 오버. 버블은 벽으로 쏘면 반사되어 나가니 잘 활용해보자.

▲ 액션 게임 「버블 보블」을 바탕으로 한 오리지널 게임. 히트하여 수많은 기종에 이식 및 시리즈화되었다.

▲ 대전 모드는 버블이 먼저 포대 라인에 접촉한 쪽이 패배한다. 최대 4명까지 동시 대전 가능하다.

▲ 「퍼즐 보블 3」 기반의 이식작으로서, 챌린지·컬렉션·에디트 등의 모드를 수록했다.

악마성 드라큘라 묵시록

액션 | 1인용 | 128M | 코나미 1999년 3월 11일 7,800엔

컨트롤러 팩 지원 | 진동 팩 지원 | 메모리 확장 팩 지원

패밀리 컴퓨터판에서부터 이어져온 「악마성 드라큘라」 시리즈가 처음으로 3D화된 작품. 채찍을 사용하는 '라인하르트'와 마법 공격이 특기인 '캐리' 중에서 플레이어 캐릭터를 선택해 악마성에 잠입한다. 3D로 구축된 스테이지는 곳곳에 위험한 함정들이 있으며, 연이어 등장하는 적들을 쓰러뜨리며 함정을 해제하고 열쇠를 찾아내 성 안 깊숙이 들어간다. 시간 경과에 따라 밤낮이 변화하며, 이에 따라 입수 아이템과 적의 난이도도 변화한다.

▲ 3D 필드에서 자유롭게 채찍을 휘두르는 모습은, 이전의 악마성 시리즈와 완전히 인상이 다르다.

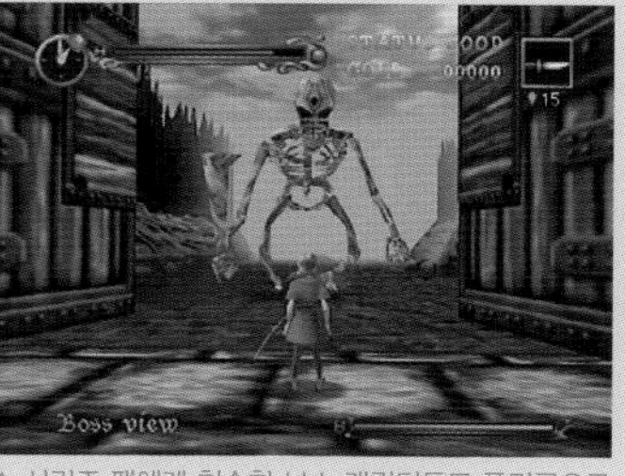
▲ 시리즈 팬에게 친숙한 보스 캐릭터들도 폴리곤으로 표현했다. 약점을 찾아내 물리치자.

▲ 스테이지를 입체적으로 묘사한 만큼, 함정과 특수 장치도 많다. 캐릭터 조작법을 숙지해 돌파하자.

컨트롤러 팩 지원: 컨트롤러 팩 지원 게임 | 진동 팩 지원: 진동 팩 지원 게임 | 하이레조 팩 지원 / 메모리 확장 팩 지원: 하이레조 팩·메모리 확장 팩 지원 게임 (이 두 제품은 기능이 동일합니다.) | 메모리 확장 팩 전용: 메모리 확장 팩 전용 게임

64 오오즈모 2

시뮬레이션 | 1~4인용 | 128M | 바텀 업 | 1999년 3월 19일 | 6,980엔

컨트롤러 팩 지원 46 | 진동 팩 지원 | 메모리 확장 팩 지원

스모 액션 게임에 연애 시스템을 혼합시킨 이색작으로 이름 높은 「64 오오즈모」의 속편. 전작에서는 150종 정도였던 이벤트 수가 400종 이상으로 대폭 강화되었다. 게다가 전작에서는 타입별로 고정된 외모였던 리키시(스모 선수)도, 이번엔 파츠를 조합해 자기 취향의 리키시로 디자인할 수 있게 되었다. 사용 가능한 기술도 77종류, 결정타 역시 50종류로 대폭 추가되었다. 실황 중계는 당연히 스모 전문 아나운서를 기용해 수록했다.

▲ 이번엔 5년 내로 요코즈나를 노린다는 스토리다. 시합 외에는 연습도 데이트도 자유롭게 할 수 있다.

▲ 오리지널 리키시의 능력치는 슬롯을 돌려 결정한다. 대박을 잘 노려 멈춰보자!

▲ '시합 모드'는 '스토리 모드'에서 육성한 리키시도 사용 가능. 직접 만든 리키시로 승부해보자!

인생게임 64

파티 | 1~4인용 | 128M | 타카라 | 1999년 3월 19일 | 6,800엔

컨트롤러 팩 지원 | 진동 팩 지원 | 메모리 확장 팩 지원

파티 게임의 정석이라 할 만한 '인생게임'이 닌텐도 64로 등장했다. 보드의 레이아웃이 플레이할 때마다 무작위로 변화하므로, 매번 신선한 보드로 즐길 수 있다. 게임 모드는 4인 대전이 가능한 '시끌벅적 모드', 짝이 지어진 플레이어끼리 결혼할 수 있는 '페어 모드', 2 vs 2로 경쟁하는 '태그 모드'로 3종류다. 맵에 미니게임도 있어, 8종류의 미니게임으로 대전할 수 있다. 평범한 '인생게임'을 뛰어넘은, 새로운 스타일의 '인생게임'이다.

▲ 플레이어 말의 얼굴은 몽타주 기능으로 만든다. 파츠가 풍부해 자신과 닮은 분신을 만들 수 있다.

▲ 선택 가능한 직업은 61종류. 랭크 업하기 쉬운 직업, 급여가 높은 직업 등을 다양하게 준비했다.

▲ 즐거운 이벤트가 한가득. 마지막까지 방심할 수 없는 두근두근 아슬아슬한 인생게임이다.

초공간 나이터 : 프로야구 킹 2

스포츠 | 1~4인용 | 128M | 이매지니어 1999년 3월 19일 6,800엔

컨트롤러 팩 지원 120 | 진동 팩 지원 | 메모리 확장 팩 지원

닌텐도 64 최초의 야구게임이자 최고가 소프트였던 전작과는 달리, 이번 작품은 부담 없는 가격으로 등장했다. 선수는 구단 당 40명으로 합계 480명이나 등장하며, 야구 통계 데이터에 기반하여 선수 고유의 특기·약점 코스 데이터까지 반영했다. 물론 등장하는 선수·구장은 전부 실명이다. 다양한 기믹을 포함한 오리지널 구장이 5곳, 오리지널 구단도 2개나 추가로 등장한다. 진지한 야구게임이면서도, 게임다운 장난기 역시 잊지 않은 작품이다.

▲ 전작에 비해 구종도 늘리고 실황 대사도 추가하는 등, 대폭적으로 업그레이드했다.

▲ 전작에도 있던 '스탠딩 삼진 시 석화' 등을 포함해 코믹한 모션이 가득하여, 보기만 해도 즐겁다.

▲ 팀을 일본 최강으로 만드는 '시나리오 모드'. 불리한 상황에서 시작하는 시합이 있는 등 제법 어렵다.

탑기어 오버드라이브

레이싱 | 1~4인용 | 96M | 켐코 1999년 3월 19일 6,980엔

컨트롤러 팩 지원 | 진동 팩 지원 | 하이레조 팩 지원

스트레스가 싹 날아갈 만큼 속도감이 넘치는 폭주계 레이싱 게임. 벽에 부딪히면 바로 폭발하고 즉시 코스로 복귀하므로 스트레스가 전혀 없다. 기복이 심한 코스를 달리며 마구 점프하는 등, 화끈한 드라이브가 즐거운 작품이다. 니트로 아이템을 쓰면 경험해볼 수 있는 폭발적인 속도감도 레이싱의 쾌감을 한 차원 위로 끌어올린다. 레이스에서 벌어들인 돈을 지불해, 핸들링·액셀러레이션·톱 스피드를 강화하거나 새로운 머신을 구매할 수 있다.

▲ 2인 대전부터 4인 대전까지 지원한다. BGM도 신나는 락 뮤직으로 대전 분위기를 띄운다.

▲ 코스도 다채롭게 준비했다. 같은 코스도 날씨 조건에 따라 크게 변화한다. 전부 제패할 수 있을까?

▲ 차량 커스터마이즈는 본문에 서술한 3개 항목 외에, 차체 컬러도 변경할 수 있다.

포켓몬 스냅

액션 | 1인용 | 128M | 닌텐도 | 1999년 3월 21일 | 6,800엔

컨트롤러 팩 지원  진동 팩 지원  메모리 확장 팩 지원 

포켓몬을 잡는 게임이 아니라, 야생 포켓몬의 보기 드문 표정이나 행동을 사진으로 기록하는 카메라 액션 게임이다. '제로원 호'에 탑승하여 선로 위를 자동으로 이동하며 해변·화산·강 등의 7개 코스에서 포켓몬을 촬영하고, 귀환한 뒤 오박사에게 사진을 제출하면 채점해준다. 사진의 점수는 찍힌 포켓몬의 크기, 포즈, 동일 종류의 포켓몬 친구 등장 여부 등으로 변화한다. 도구를 사용해 포켓몬의 반응을 유발시키면 점수를 더 많이 벌 수도 있다.

▲ 세세한 차이로 점수가 달라져, 무려 2018년말에도 스코어나 타임 어택을 경쟁하는 플레이어가 있었다고.

▲ 처음엔 장애물을 피하며 자유롭게 필드를 탐색하는 게임이 될 예정이었으나, 도중에 컨셉이 변경되었다.

▲ 카트리지를 로손 편의점에 가져가면, 찍은 사진을 스티커로 만들어주는 서비스도 있었다(현재는 종료).

슈퍼 볼링

스포츠 | 1~4인용 | 64M | 아테나 | 1999년 3월 26일 | 6,800엔

컨트롤러 팩 지원 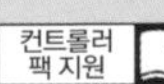  진동 팩 지원  메모리 확장 팩 지원 

최대 4명까지 플레이할 수 있는 3D 볼링 게임. 다채로운 룰로 볼링을 플레이할 수 있는 것이 특징으로, 동시에 2명까지 볼링 가능한 일반적인 '대전(VS) 모드'를 비롯해, 특정 위치에 놓인 핀을 1구로 전부 쓰러뜨리는 '골프 모드', 캐릭터 8명과 함께 레인을 무너뜨리는 '스테이지 모드', 스플릿을 무너뜨려야 하는 '챌린지 모드', 연습이 가능한 '프랙티스 모드'를 수록했다. 스테이지 모드를 공략하면 새로운 캐릭터와 레인이 개방된다.

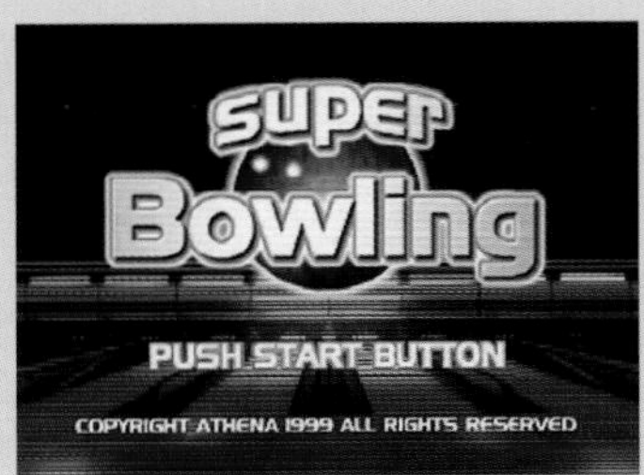

▲ 1992년 발매했던 동일 제목의 슈퍼 패미컴판과 같은 개발사가 제작해, 내용에 공통점이 여럿 있다.

▲ 중국 풍 장식이 있는 레인 등, 다른 볼링 게임에서는 보기 힘든 요소도 도입하였다.

▲ 다인 플레이 때는 가로 2화면 분할로 2명까지 동시 플레이 가능. 1인 플레이 때는 다른 앵글로만 보여준다.

실황 파워풀 프로야구 6

스포츠 | 1~2인용 | 128M | 코나미 | 1999년 3월 25일 | 7,800엔 | 64GB 팩 지원

컨트롤러 팩 지원 123 | 진동 팩 지원 | 메모리 확장 팩 지원

▲ 단독으로도 즐길 수 있으나, 64GB 팩을 통한 「파워프로 군 포켓」의 선수 데이터 공유도 지원한다.

닌텐도 64로는 3번째 작품인 인기 야구게임. 당초엔 5편에 수록될 예정이었던 '드라마틱 페넌트'가 이 작품부터 도입되어, 2월부터 시작하여 시즌 전 캠프로 선수의 연습 메뉴를 설정해 팀을 육성할 수 있도록 했다. 캠프에서는 석세스 모드로 육성한 선수나 실존하는 투수를 타격 투수로 설정할 수 있게 하여, 선수의 활약 폭이 넓어졌다. 석세스 모드에서는 부상에 대비해 보험에 가입할 수 있는 등, 이벤트의 볼륨이 증가했을 뿐만 아니라 독자적인 요소도 추가했다.

▲ 서드파티가 발매한 닌텐도 64용 소프트 중에서는 최고 판매량을 기록한 인기 작품이기도 하다.

▲ 발매 1년 전에 요코하마가 38년 만에 리그 및 일본 시리즈를 우승해, 이 작품도 요코하마가 특히 강하다.

▲ 애인 후보는 7명(이벤트 한정 히로인도 1명). 주인공이 소속된 대학교에 따라 등장 히로인이 변화한다.

입학한 대학교에 따라 스토리가 달라진다!?

대학야구가 무대인 이번 작품의 석세스 모드는, 6개 대학교 중에서 소속 대학교를 선택해 2학년 4월부터 시작되는 개별 스토리를 즐길 수 있다. 이후 시리즈로 정착된, 여러 학교 중 하나를 고르는 시스템의 원점이 사실 이 작품이다.

파워풀 대학교

열혈 대학교

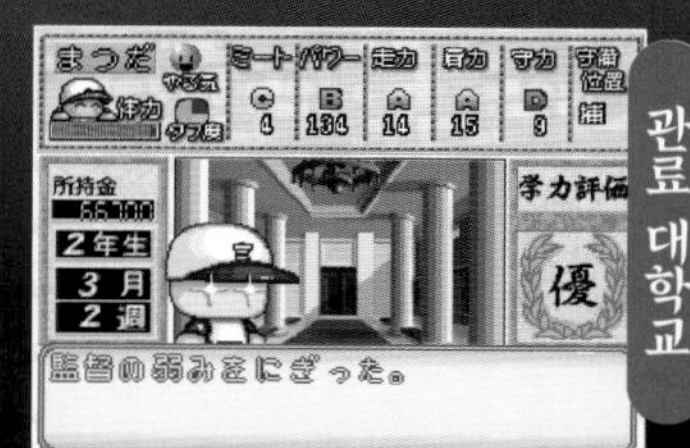

관료 대학교

붓치기리 대학교

아카츠키 대학교

스루메 대학교

컨트롤러 팩 지원 123 컨트롤러 팩 지원 게임 | 진동 팩 지원 진동 팩 지원 게임 | 하이레조 팩 지원 · 메모리 확장 팩 지원 하이레조 팩·메모리 확장 팩 지원 게임 (이 두 제품은 기능이 동일합니다.) | 메모리 확장 팩 전용 메모리 확장 팩 전용 게임

부탁해요 몬스터

시뮬레이션 1~2인용 128M 바텀 업 1999년 4월 9일 6,980엔

컨트롤러 팩 지원 40 진동 팩 지원 메모리 확장 팩 지원

무려 몬스터가 500종류나 등장하는, 닌텐도 64 최초의 몬스터 육성 게임. 플레이어는 약관 10세에 몬스터 브리더가 된 소년 혹은 소녀가 되어, 몬스터를 육성하고 협력하여 보물을 찾는 것이 목적이다. 몬스터는 어떤 먹이와 엘리멘탈을 줬느냐에 따라 천차만별로 진화한다. 진화하는 것은 새끼일 때뿐이며, 먹이를 같은 것으로만 계속 주면 진화하지 않는다. 다양한 먹이를 주어 강한 몬스터로 육성하는, 유유자적하면서도 깊이가 있는 게임이다.

▲「포켓몬스터 금·은」보다도 먼저 발매되었고, 몬스터 수도 포켓몬보다 많은 대작이다.

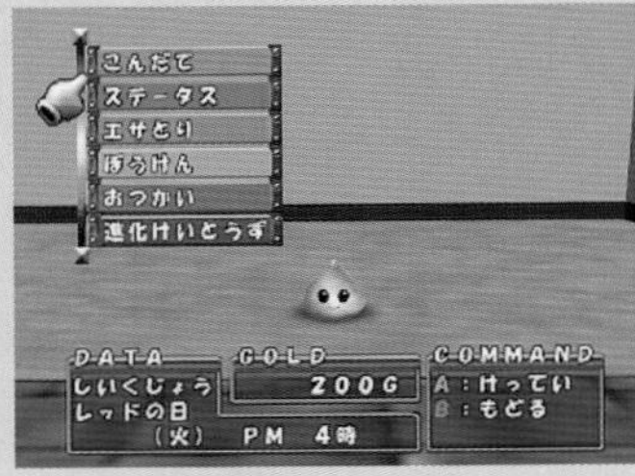

▲ 알에서 막 태어난 아기 몬스터 '프루링'. 다양한 경험을 시켜 키워나가자.

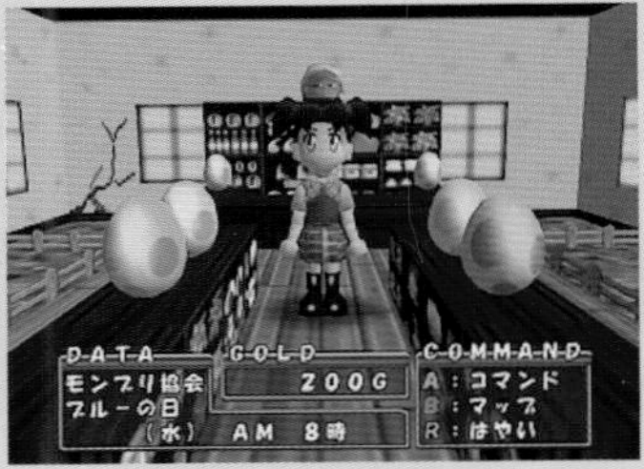

▲ 상점에서는 먹이를 살 수 있다. 처음엔 돈이 없어 이용이 힘들지만, 이후에 자주 오게 될 시설이다.

실황 GI 스테이블

시뮬레이션 1인용 128M 코나미 1999년 4월 28일 7,800엔

컨트롤러 팩 지원 115 진동 팩 지원 메모리 확장 팩 지원

플레이어가 조련사로서 마주가 맡긴 경주마를 조련하여 레이스에 출주시키는 경마 육성 시뮬레이션 게임. 슈퍼 패미컴으로 나와 호평받았던 「스테이블 스타 : 훈련소 이야기」의 속편으로, '와다 카오리' 등 전작에 나왔던 캐릭터도 여럿 등장한다. 신마전·오픈전을 비롯해 일본 더비 등의 큰 레이스에 출주시켜, 최종적으로는 해외 G1의 제패까지도 노려보자. 훈련소 경영, 경주마 생산·구입 등의 작업을 수행하면서 최고의 결과를 이끌어내도록!

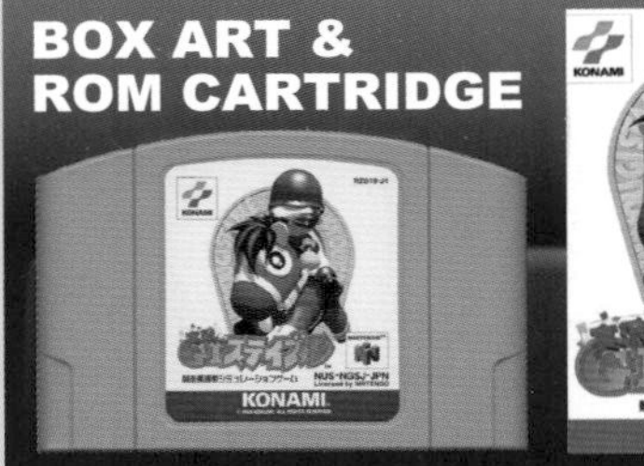

▲ 슈퍼 패미컴판에 신 요소를 다수 추가해 크게 진화시킨 작품. 그만큼 난이도도 올라 만만치 않다.

▲ 훈련소 경영은 마주와의 신뢰가 중요하다. 좋은 결과를 달성해 착실하게 신뢰를 쌓아가자.

▲ 기수와 경주마는 서로 상성이 있어, 상성이 나쁘면 레이스에 나가지 못하기도 한다.

포켓몬 스타디움 2

시뮬레이션 1~4인용 256M 닌텐도 1999년 4월 30일 5,800엔 64GB 팩 지원

컨트롤러 팩 지원 / 진동 팩 지원 / 메모리 확장 팩 지원

대인기 시리즈 「포켓몬스터」에 등장하는 포켓몬들이 대박력 배틀을 펼치는 게임. 게임보이로 육성한 포켓몬을 전송시켜 대전할 수 있다. GB판 「포켓몬스터」의 적·녹·청·피카츄 버전을 지원하며, 등장하는 포켓몬 151종 모두를 사용 가능해진 것을 비롯해 전작에서 유저의 불만이 많았던 부분들을 모두 고쳤다. '스타디움'에는 룰이 다른 6가지 컵을 준비했고, '체육관 관장의 성'에서는 체육관 관장 및 사천왕들과의 배틀이 가능하다.

BOX ART & ROM CARTRIDGE

▲ 게임보이로 모은 포켓몬을 3D 그래픽으로 즐길 수 있다. 대전과 도감에 특화시킨 소프트다.

▲ '스타디움'의 6가지 컵을 전부 클리어하면, '뮤츠를 이겨라'가 개방되어 뮤츠와 싸울 수 있다.

▲ '꼬마 클럽'엔 9종의 미니게임이 있다. 사진은 '내루미의 빙글빙글 초밥'으로, 합계금액이 많은 쪽이 승리.

라스트레지온 UX

액션 1~2인용 96M 허드슨 1999년 5월 28일 6,800엔

컨트롤러 팩 지원 / 진동 팩 지원 / 메모리 확장 팩 지원

'레지온'이라 불리는 로봇을 조작해, 3인칭 시점으로 싸우는 대전 액션 게임. 대전은 1 : 1로 진행되며, 고속이동·락온·각종 무기 사용 및 로봇 조작을 즐길 수 있다. 이 작품의 로봇은 불·물·땅·바람 속성을 지닌 '파워 스톤'이라 불리는 광석의 에너지를 이용하여 기동한다. 그런 이유로, 상대의 파워 스톤을 빼앗으면 무조건 승리하게 된다는 점이 이 게임 최대의 특징이다. 스토리 외에, 2인 대전 모드도 준비했다.

BOX ART & ROM CARTRIDGE

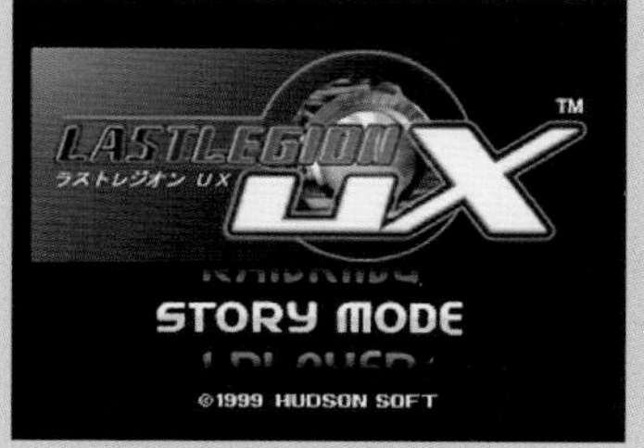

▲ 레지온의 힘으로 세계정복을 노리는 '라이드 레이드'의 야망을 저지하는 것이 주인공의 목적이다.

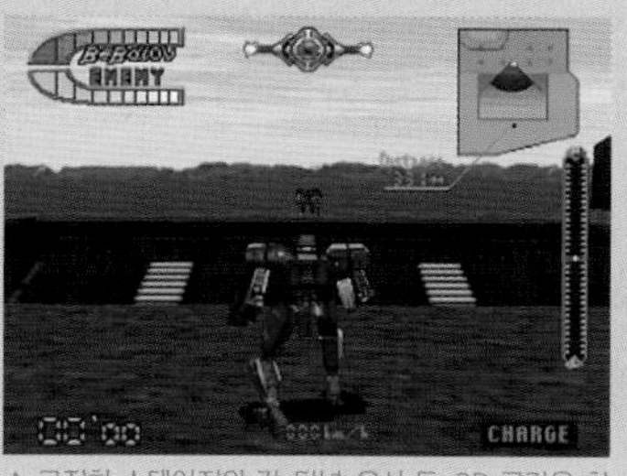

▲ 고저차 스테이지와 강·터널·유사 등, 3D 공간을 최대한 활용한 스테이지가 플레이어를 기다린다.

▲ 등장 기체는 숨겨진 기체를 포함해 12대. 숨겨진 기체 2대는 봄버맨이 모티브인 동글동글한 기체다.

컨트롤러 팩 지원: 컨트롤러 팩 지원 게임 / 진동 팩 지원: 진동 팩 지원 게임 / 하이레조 팩 지원·메모리 확장 팩 지원: 하이레조 팩·메모리 확장 팩 지원 게임 (이 두 제품은 기능이 동일합니다.) / 메모리 확장 팩 전용: 메모리 확장 팩 전용 게임

NBA IN THE ZONE 2

스포츠 | 1~4인용 | 96M | 코나미 | 1999년 6월 3일 | 7,800엔

컨트롤러 팩 지원 123 | 진동 팩 지원 | 메모리 확장 팩 지원

실존 NBA 선수(1999년 2월 5일 시점. 게임에 사용된 사진은 NBA 1997-1998 시즌의 자료)들이 등장하는 3D 농구 게임. 선수들의 움직임을 모션 데이터로 재현하고, 퍼스트 유니폼은 물론 어웨이 경기용 세컨드 유니폼까지 구현하는 리얼리티를 추구했다. 시합 도중에도 전술을 변경할 수 있는 '포메이션 셀렉트', '아이콘 모드'를 비롯해 신규 게임 모드인 3점슛 아웃 모드 등의 새로운 요소도 수록했다.

▲ 5가지 게임 모드는 물론, NBA 선수의 기록과 시합 스케줄을 확인하는 기능도 수록했다.

▲ 3D 폴리곤 그래픽의 장점을 살려, 회전하는 앵글로 선수의 리얼한 모션을 관찰할 수 있다.

▲ 득점하면 나오는 리플레이 영상. 선수가 가장 빛나는 순간을 TV 중계와 유사한 앵글로 감상한다.

줄 : 마수사 전설

롤플레잉 | 1인용 | 96M | 이매지니어 | 1999년 6월 11일 | 6,800엔

컨트롤러 팩 지원 65 | 진동 팩 지원 | 메모리 확장 팩 지원

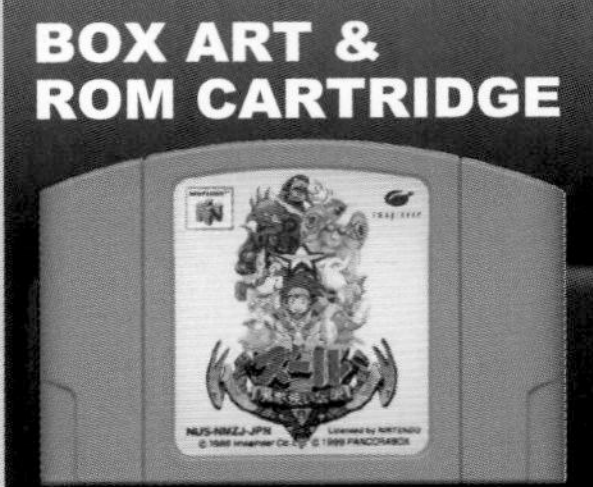

사람과 마수가 공존하는 세계에서, 마수사가 된 소년 '레오'가 마수 '바니'와 함께 여행하는 훈훈한 스토리를 그린, 닌텐도 64 최초의 서드파티 발매 RPG. 같은 종족이면서 색깔만 다른 녀석을 포함해, 160종류 이상의 마수를 동료로 삼을 수 있는 육성+수집 요소가 있다. RPG인데도 카트리지에 세이브 기능이 없어, 사실상 컨트롤러 팩이 필수. 참고로, 개발은 「학교에서 있었던 무서운 이야기」 등 시나리오로 호평받은 게임을 다수 제작했던 판도라 박스 사다.

▲ 인간과 마수는 공존 가능할까!? 순진한 소년 레오가 만난 마수들도, 실은 마찬가지로 상냥한 마음의 소유자다.

▲ 레오가 마수사로서 성장할 때는, 많은 사람들과의 만남이 그를 지탱해준다.

▲ 전투는 동료 마수에게 대략적인 지시를 내리는 오토 배틀식. 육성한 마수들의 전투를 지켜보자.

마리오 골프 64

스포츠 1~4인용 192M 닌텐도 1999년 6월 11일 6,800엔 64GB 팩 지원

컨트롤러 팩 지원  진동 팩 지원 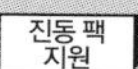 메모리 확장 팩 지원 

BOX ART & ROM CARTRIDGE

「마리오 골프」 시리즈 통산 3번째 작품. 기존엔 마리오·루이지만 조작 가능했으나, 이 작품부터는 마리오 시리즈 및 오리지널 캐릭터도 등장하기 시작했다. 초기 상태에서는 캐릭터와 코스가 전부 열려있지 않으며, 캐릭터 겟 모드에서 승리하거나 플레이 후에 포인트를 받으면 캐릭터나 코스가 점차 추가된다. 대전, 링샷, 스피드 골프, 퍼터 골프 등 모드가 다채로워져 게임의 폭이 넓어졌으며, 혼자서 해도 여럿이 해도 재미있다.

▲ 초대 「모두의 골프」를 제작했던 카멜롯 사가 개발해, 3D화되어 기복이 있는 코스가 펼쳐진다.

▲ 64GB 팩을 활용하면 「마리오 골프 GB」에서 육성했던 캐릭터도 사용 가능해진다.

▲ 전작까지의 파워 게이지는 찰 때보다 돌아올 때가 훨씬 빨랐지만, 이번엔 「모두의 골프」처럼 동일 속도다.

바이올런스 킬러 : TUROK NEW GENERATION

슈팅 1~4인용 256M 미디어 팩토리 1999년 6월 18일 7,800엔

컨트롤러 팩 지원 91 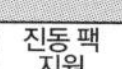 진동 팩 지원  하이레조 팩 지원 

BOX ART & ROM CARTRIDGE

유저들의 호평을 받았던 닌텐도 64용 FPS(1인칭 슈터) 게임, 「시공전사 튜록」의 속편. 전작에서 파괴신 캠페이너를 물리친 탓에 새로이 깨어나버린 적을 쓰러뜨리는 것이 목적이다. 전작과 마찬가지로 심플한 시스템의 FPS로서 다양한 무기로 6곳의 월드를 공략하게 되며, 군데군데 무비를 삽입하여 스토리성을 강조했다. 적의 움직임과 공격방법도 다채로워져, 모든 캐릭터들이 정교한 모션으로 움직인다.

▲ 심플한 조작과 게임 화면은 전작의 전통을 계승했다. 계속 등장하는 적들을 어떻게든 물리쳐야만 한다.

▲ 스테이지의 그래픽은 전작을 뛰어넘을 만큼 아름다워, 제각기 특징이 있는 월드를 리얼하게 묘사했다.

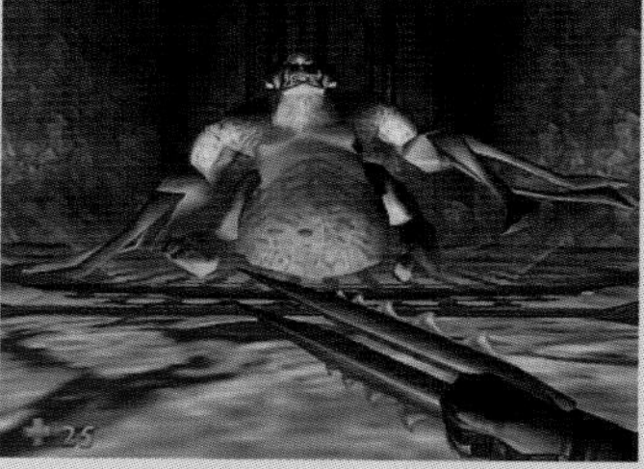

▲ 곳곳에 배치된 대형 캐릭터와의 전투도 즐거움 중 하나다. 유효한 무기를 사용해 효율적으로 격파하자.

컨트롤러 팩 지원 123  컨트롤러 팩 지원 게임 | 진동 팩 지원 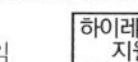 진동 팩 지원 게임 | 하이레조 팩 지원 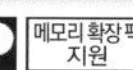 메모리 확장 팩 지원 하이레조 팩·메모리 확장 팩 지원 게임 (이 두 제품은 기능이 동일합니다.) | 메모리 확장 팩 전용  메모리 확장 팩 전용 게임

신세기 에반게리온

액션 | 1인용 | 256M | 반다이 | 1999년 6월 25일 | 8,800엔

컨트롤러 팩 지원 | 진동 팩 지원 | 메모리 확장 팩 지원

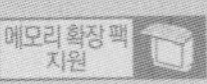

같은 제목 애니메이션의 TV 시리즈와 구 극장판에 기반해, 원작의 에피소드를 재현하는 형태로 에반게리온과 사도의 사투를 그린 액션 게임이다. 각 미션별로 게임 시스템이 달라지며, 공격·가드·AT 필드를 구분 사용하는 격투 게임 풍의 미션, 조준하여 타이밍을 맞춰 공격하는 미션, 음악에 맞춰 표시되는 버튼을 누르는 미션 등 총 14개 미션을 수록하여, 다채로운 조작으로 플레이어가 지루하지 않도록 구성했다.

NEON
GENESIS
EVANGELION
START

▲ 3D 모델로 제작한 에반게리온의 조형과 작품 특유의 명조체 폰트 등, 원작의 특징을 잘 살렸다.

▲ 격투 게임 풍 스테이지에서는 작은 윈도우로 캐릭터의 얼굴을 표시하고, 음성과 함께 대화가 진행된다.

▲ 난이도에 따라 엔딩이 변화한다. 진정한 엔딩을 보려면 하드로 클리어해야만 한다.

엘테일 몬스터즈

롤플레잉 | 1인용 | 128M | 이매지니어 | 1999년 7월 9일 | 6,800엔

컨트롤러 팩 지원 2 | 진동 팩 지원 | 메모리 확장 팩 지원

닌텐도 64에서는 몇 안 되는 롤플레잉 게임 중 하나. 플레이어는 주인공 장자크가 되어, 도난당한 '에텔의 책'과 이를 좇다 행방불명된 아버지를 찾기 위해 여행을 떠난다. RPG이지만 레벨 개념이 없고, 그 대신 플레이어의 행동에 따라 능력치가 성장하는 것이 특징이다. 게다가 장비 개념도 없고 아이템 매매 자체가 불가능해 돈거래 역시 존재하지 않기 때문에, 장비를 갖추려고 고생하는 등의 번거로움이 전혀 없이 플레이할 수 있다.

BOX ART &
ROM CARTRIDGE

▲ 중세적인 판타지 세계를 따뜻함이 느껴지는 그래픽으로 표현해 귀여운 인상을 주는 게임이다.

▲ 필드가 매우 넓으며, 평원 외에도 동굴·사막·갱도·화산 등 지형이 다채로워 탐색이 즐겁다.

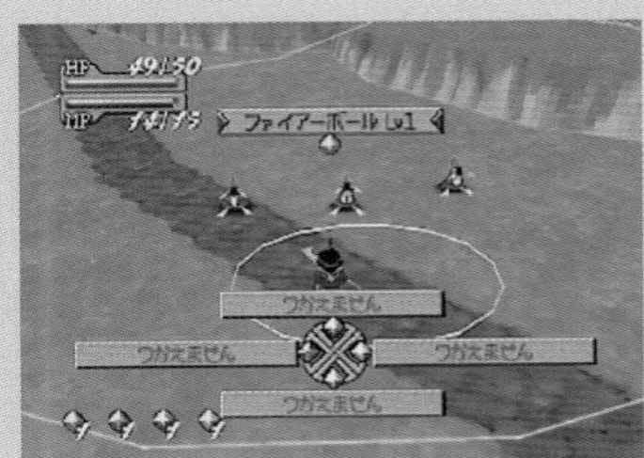

▲ 전투는, 주인공 주위에 표시된 원 안을 자유 이동해, 적에 접근해 마법을 쓰거나 지팡이로 때리는 식이다.

오우거 배틀 64 : Person of Lordly Caliber

시뮬레이션 1인용 320M 닌텐도 1999년 7월 14일 7,800엔

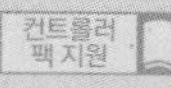

컨트롤러 팩 지원 / 진동 팩 지원 / 메모리 확장 팩 지원

슈퍼 패미컴에서 인기가 많았던 「전설의 오우거 배틀」·「택틱스 오우거」에 이은 시뮬레이션 RPG 시리즈의 3번째 작품. 실시간으로 전황이 변화하는 맵 위에서 다수의 유닛으로 구성된 팀의 목적지를 지정하여 이동시켜, 도착한 마을에서 스토리 진행에 따라 만나는 적 유닛과 전투하는 식으로 전개하는 실시간 전략 시스템을 채용했다. 지형·방향에 따른 공격력 변화, 다수의 유닛으로 구성된 '레기온' 등, 전략적 요소가 풍부하다.

▲ 시리즈 전통의 중후한 스토리는 이번에도 여전하며, 설정 상으로는 '오우거 배틀 사가' 제 6장에 해당한다.

▲ 유닛 캐릭터는 SD 풍이지만, 얼굴 그래픽은 리얼한 분위기인 것도 시리즈의 전통.

▲ 전투에서는 유닛의 상성·능력을 고려해 팀 내 어디에 배치할지를 고심하는 전략성이 필요하다.

PD 울트라맨 배틀 컬렉션 64

시뮬레이션 1~2인용 256M 반다이 1999년 7월 16일 6,800엔 64GB 팩 지원

컨트롤러 팩 지원 30 / 진동 팩 지원 / 메모리 확장 팩 지원

'울트라맨' 시리즈 캐릭터가 101종이나 등장하는 육성 시뮬레이션 게임. 가샤퐁 타워에서 뽑거나, 64GB 팩으로 아무 게임보이 소프트나 연동시키면 울트라맨이나 괴수를 입수할 수 있다. 이렇게 얻은 캐릭터를 꾸준히 훈련시키거나 장비를 강화시키는 등으로 육성해, 스타디움에서 개최되는 울트라 대무투회 우승을 노린다. 다른 플레이어가 육성한 울트라 전사와 대전할 수도 있으며, 승리하면 그 캐릭터의 카드다스를 획득하게 된다.

▲ 닌텐도 64로 발매된 유일한 울트라맨 게임이자, 반다이 최후의 닌텐도 64용 소프트다.

▲ 울트라 전사나 괴수는 '가샤퐁'을 돌려 뽑아낸다. 입수한 캐릭터를 육성시켜 강화하자.

▲ 무대인 행성 '번'으로, 침략자의 UFO가 날아와 기지를 만들어 거점으로 삼기도 한다.

컨트롤러 팩 지원 123 컨트롤러 팩 지원 게임
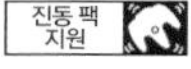
진동 팩 지원 진동 팩 지원 게임
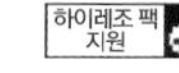
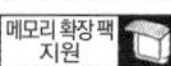
하이레조 팩 지원 / 메모리 확장 팩 지원 하이레조 팩·메모리 확장 팩 지원 게임 (이 두 제품은 기능이 동일합니다.)
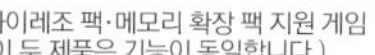

메모리 확장 팩 전용 메모리 확장 팩 전용 게임

스타워즈 에피소드 1 : 레이서

레이싱 | 1~2인용 | 256M | 닌텐도 | 1999년 7월 21일 | 6,800엔

컨트롤러 팩 지원 | 진동 팩 지원 | 하이레조 팩 지원

영화 '스타워즈 에피소드 1'의 극중에서 벌어지는 '포드레이스'를 재현한 3D 레이싱 게임. 2개의 강력한 엔진이 부유 상태인 조종석을 마차처럼 끌어 달리는 '포드레이서'를 몰며 펼치는 레이스로서, 원작인 영화에서도 노예 상태인 주인공 아나킨의 해방이 걸린 최대 볼거리였다. 영화와 마찬가지로 파츠의 내구도는 주행 중 서서히 소모되지만 레이스 도중 응급처치할 수도 있으며, 상금을 벌어 개조하면 머신의 성능도 강화된다.

▲ 서킷은 20종류 이상이며, 포드레이서도 최종적으로 20종류 이상이 되고, 파일럿들도 다양하게 준비했다.

▲ 각 기체에는 내구도가 있고, 벽이나 적 포드에 부딪히면 대미지가 누적되어 결국에는 파괴돼 버린다.

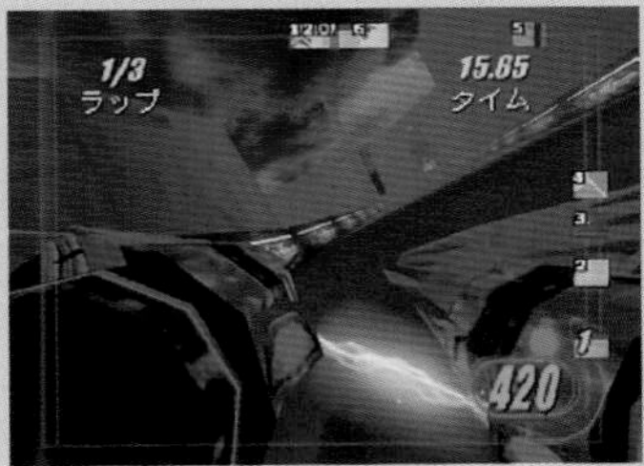

▲ 별매품인 메모리 확장 팩을 사용하면 더욱 게임의 영상이 깔끔해진다. 진동 팩도 지원한다.

실황 J리그 1999 퍼펙트 스트라이커 2

스포츠 | 1~4인용 | 128M | 코나미 | 1999년 7월 29일 | 7,900엔

컨트롤러 팩 지원 85 | 진동 팩 지원 | 메모리 확장 팩 지원

닌텐도 64로는 2번째 「실황 J리그」 시리즈 작품. 「실황 파워풀 프로야구」에서 인기였던 선수 육성 모드인 '석세스 모드'를 도입했고, 헤딩 트랩 등의 신규 테크닉 추가로 게임의 폭이 넓어졌으며, 세로 시점 화면이 추가되고 서포터들의 응원 합성도 강화되는 등, 편리성과 현장감도 늘었다. J2 클럽까지 사용할 수 있게 된 것도 팬들에게는 좋은 변화다. 진동 팩도 지원하여 골을 넣으면 격렬하게 진동하는 등, 여러 면에서 업그레이드되었다.

▲ 전통의 큰머리 비기는 이번 작품도 먹힌다(단, C 버튼의 코나미 커맨드는 상하와 좌우를 반대로 넣어야 한다).

▲ 컨트롤러 팩을 지원하긴 하나, 세이브 데이터는 카트리지 내의 배터리 백업으로 저장한다.

▲ 전작의 TBS 시미즈 아나운서 실황에 더해, 이번엔 전직 J리거인 츠나미 사토시의 해설도 추가했다.

전차로 GO! 64

시뮬레이션 | 1인용 | 256M | 타이토 | 1999년 7월 30일 | 6,800엔 | VRS(음성인식 시스템) 지원

컨트롤러 팩 지원 · 진동 팩 지원 · 메모리 확장 팩 지원

아케이드로 출시되었던 인기 철도운전 시뮬레이션 게임 「전차로 GO!」 시리즈 작품으로서, 아케이드판 「전차로 GO! 2 고속편」에 차량·노선을 추가한 개량판인 「3000번대」를 기준으로 닌텐도 64에 맞춰 이식한 작품. VRS 유닛을 사용하면 원작인 아케이드판에도 없었던 차장 복창을 직접 할 수 있어, 실제로 열차를 운전하는 듯한 현장감을 준다.

BOX ART & ROM CARTRIDGE

▲ 시간표에 맞춰 제한속도·신호를 지키며 운행하고, 각 역의 지정 위치에 정확하게 정차하는지를 체크한다.

▲ 입문 모드에는 지시대로 운행하는 '학습 코스'와 제한시간 999초의 '연습 코스'가 있어, 초보자도 안심이다.

동시발매 운전사 팩

9,800엔

▲ VRS를 연결하고 플레이하면 차장(플레이어)이 복창하는 '진행'·'정차' 등의 지적환호 음성도 게임에 반영된다.

로드 러너 3-D

액션 | 1인용 | 64M | 반프레스토 | 1999년 7월 30일 | 6,800엔

컨트롤러 팩 지원 · 진동 팩 지원 · 메모리 확장 팩 지원

명작 「로드 러너」가 닌텐도 64로 리메이크되었다! 다섯 행성에 걸쳐 펼쳐지는 SF 풍 세계관으로 재구성했고, 스테이지도 상하좌우뿐만 아니라 깊이 개념까지 추가해 대폭 확장시켰다. 기본 룰은 기존 작품과 동일해, 시간 경과로 재생되는 블록이나 폭탄으로만 파괴 가능한 블록을 부수며 스테이지 내의 금괴를 전부 획득하고 골로 향해야 한다. 스테이지 전체를 한 눈에 볼 수 있었던 과거작들과 달리, 이 작품은 시점이 주인공 주변으로 제한된다.

BOX ART & ROM CARTRIDGE

▲ 무대는 다섯 행성. 처음에는 하나만 선택할 수 있으니, 일단 최초의 스테이지에서 게임을 익히자.

▲ 눈앞에 있는 블록은 폭탄을 사용해야만 파괴된다. 화염에 휘말리지 않도록 신중하게 파괴하자.

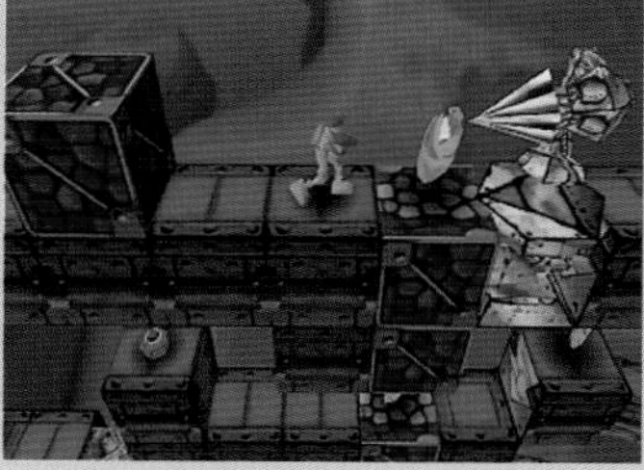
▲ 3D 게임이 되었어도 퍼즐 요소는 여전하다. 세로로 쌓인 블록들을 파괴하고 전진하려면 머리를 써야 한다.

하이브리드 헤븐

롤플레잉 | 1~2인용 | 128M | 코나미 | 1999년 8월 5일 | 7,800엔

컨트롤러 팩 지원 53 | 진동 팩 지원 | 하이레조 팩 지원

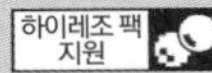

'3D 액션 슈팅'과 '프로레슬링' 요소를 겸비한 액션 롤플레잉 게임. 기본적으로는 3D 액션 슈팅 게임이지만, 크리처만큼은 총이 통하지 않으니 육탄전만이 답이라면서 프로레슬링으로 싸워야 한다. 그런 이유로 프로레슬러인 알렉산더 오오츠카가 전투 신의 모션 감수를 맡았다는, 이색적인 작품이다. 전투가 커맨드 선택식이라, 액션 게임에 약한 사람이라도 안심하고 즐길 수 있다. 그래픽도 멋져, 마치 영화를 보는 듯한 느낌의 작품이다.

▲ 이 작품은 영어판과 일본어판이 같은 달 발매되었다. 실은 일본보다 오히려 서양에서 인기가 많다.

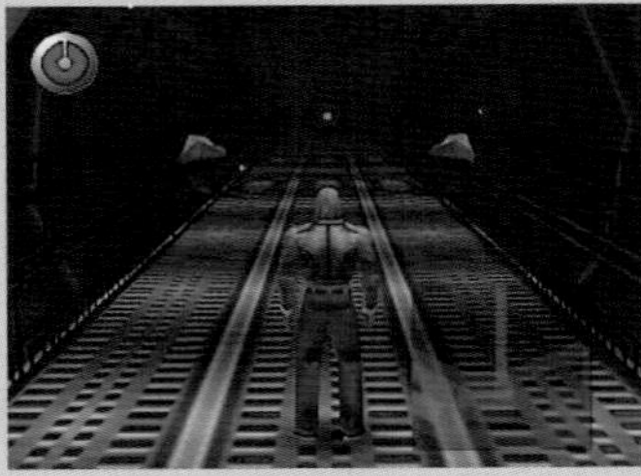
▲ 하이레조 팩을 지원하여, 하이레조 팩을 장착하면 와이드 화면 표시가 가능해진다.

▲ 시작하자마자 주인공처럼 보이던 인물이 죽어버리는 쇼킹한 도입부가 플레이어를 놀라게 한다.

랠리 '99

레이싱 | 1~4인용 | 64M | 이매지니어 | 1999년 8월 6일 | 6,800엔

컨트롤러 팩 지원 2 | 진동 팩 지원 | 메모리 확장 팩 지원

실제로 세계에서 활약하는 랠리 카 9 차종이 등장하는 레이싱 게임. 등장 차량은 알메라·랜서 에볼루션 V·코롤라 WRC·임프레자 WRC·위라·쿠페 EVO Ⅱ·골프 GTI MkⅣ·코르도바 WRC·옥타비아까지 총 9개 차종이다. 코스는 'USA'·'AUSTRALIA'·'BRAZIL'·'CANADA'·'GREAT BRITAIN'·'FRANCE'·'GERMANY'·'ITALY'·'SPAIN'까지 총 9종류로 준비했다.

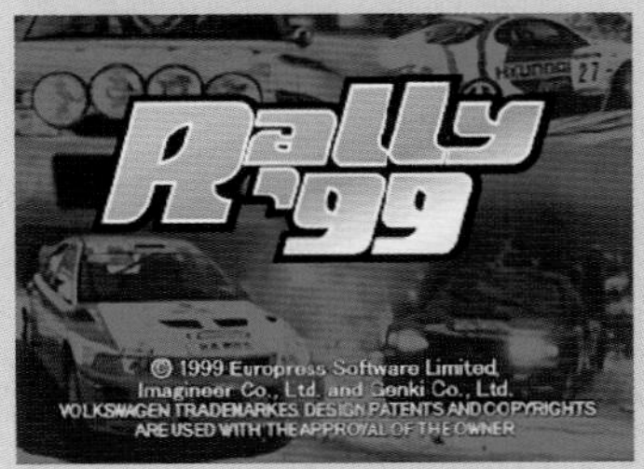

▲ 순수하게 랠리 레이스에 집중한 레이싱 게임. 코스의 풍경을 충실히 옮긴 그래픽은 일견의 가치가 있다.

▲ '챔피언십'에서는 타이어·스티어링·서스펜션·기어비 조정이 가능하다.

▲ 아케이드 모드에 있는 3가지 난이도를 전부 클리어하면 미러 코스가 개방된다.

섀도우게이트 64 : TRIALS OF THE FOUR TOWERS

어드벤처 1인용 128M 켐코 1999년 8월 13일 6,980엔

컨트롤러 팩 지원 30 / 진동 팩 지원 / 메모리 확장 팩 지원

패밀리 컴퓨터용으로 발매되었던 「섀도우게이트」의 속편. 전작에서 진정한 용사 '제이르'가 마왕 워록을 봉인한 후 수백 년의 시간이 흐른 섀도우게이트 성을 무대로 이야기가 진행된다. 도적단의 습격을 당해 섀도우게이트 성으로 끌려온 '딜'은 워록 부활의 조짐을 알게 되어, 이를 저지하러 유적 상태의 섀도우게이트 성을 탐색한다. 전작의 난점이었던 불의의 즉사 요소를 없애버려, 주의하면서 탐색하면 문제없이 진행할 수 있도록 했다.

BOX ART & ROM CARTRIDGE

▲ 도적을 피해 도망치기 바빴던 주인공이 성장해, 제이르와 라크미르의 뜻을 이어 영웅이 된다는 스토리다.

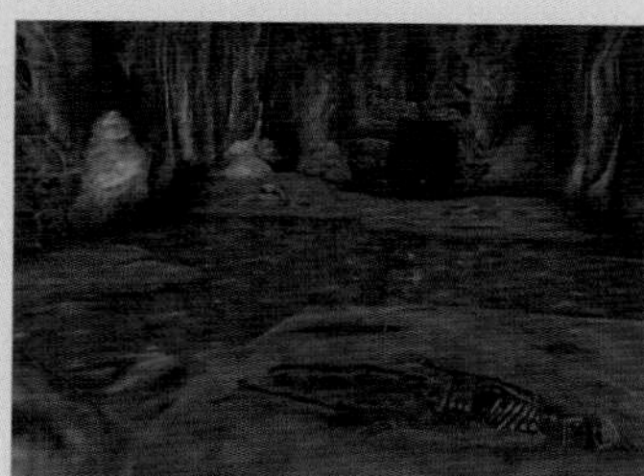
▲ 방심해 불필요한 행동을 하면 곧바로 사망해버린다. 주변을 잘 확인하면서 행동하자.

▲ 전작에서 워록을 영웅 제이르과 함께 봉인한 라크미르. 이 작품에서도 주인공을 인도하는 중요 인물이다.

격투전승 : F-Cup Maniax

액션 1~2인용 128M 이매지니어 1999년 8월 27일 6,800엔

컨트롤러 팩 지원 2 / 진동 팩 지원 / 메모리 확장 팩 지원

개성 넘치는 캐릭터 11명이 등장하는 3D 대전격투 게임. 상대의 체력 게이지를 깎아 결판을 내는 기존의 시스템이 아니라, 기술이 먹히면 해당하는 만큼 포인트를 획득하여 먼저 7포인트를 획득한 쪽이 승리하게 된다. 링아웃 등의 간단한 것은 1포인트, 잡기 등은 2포인트로 점수가 낮은 편이고, 반대로 잘 걸리지 않는 스페셜 기술은 4포인트로 점수가 높게 잡혀있다. 일발역전도 가능하니, 마지막까지 방심하지 말고 싸우자.

BOX ART & ROM CARTRIDGE

▲ 이 작품은 「파이팅 컵」의 속편으로서, 타이틀명의 'F-Cup'은 '파이팅 컵'을 축약한 것이다.

▲ 게임 내의 숨겨진 캐릭터는 5명. 출현조건은 각기 다르다. 연습 모드에 등장하는 'SAMURAI'도 사용 가능.

▲ 이번 작품에 추가된 '말판놀이 모드'. 자신의 캐릭터에게 새로운 기술을 습득시킬 수 있다.

스타워즈 : 로그 스쿼드론

슈팅 1인용 128M 닌텐도 1999년 8월 27일 6,800엔

컨트롤러 팩 지원 · 진동 팩 지원 · 하이레조 팩 지원

영화 '스타워즈'를 소재로 삼아, 원작의 기체도 등장하는 3D 슈팅 게임. 스토리는 '에피소드 4 : 새로운 희망'과 '에피소드 5 : 제국의 역습' 사이에 해당하며, 주인공 루크 스카이워커가 반란군 연합의 정에 비행부대 '로그 스쿼드론'을 이끌며 제국군과의 공중전을 펼친다. 작전 종료 후 명중률·격추 수·격추된 아군 수 등에 따라 메달을 획득하게 되며, 일정 수의 메달이 모이면 숨겨진 스테이지와 숨겨진 기체가 개방된다.

▲ 팩터 5 사와 루카스아츠 사가 개발하고, 닌텐도가 일본어화했다. 영어 음성에 일본어 자막을 붙였다.

▲ 제국군 시설 파괴와 연합군 호위 등의 미션에 맞춰, 개성이 다른 6종류의 기체를 바꿔가며 싸운다.

▲ 메모리 확장 팩을 장착하면 더욱 멋진 그래픽으로 즐길 수 있다. 진동 팩도 지원한다.

폭렬무적 반가이오

슈팅 1인용 96M ESP 1999년 9월 3일 5,800엔

컨트롤러 팩 지원 · 진동 팩 지원 · 메모리 확장 팩 지원

훗날 「이카루가」를 내놓는 트레저 사의 2D 슈팅 게임. 로봇 애니메이션 풍의 독특한 세계관으로 구성한 코믹하면서도 시니컬한 스타일의 작품으로, 로봇 '반가이오'에 탄 민간 경찰 파일럿 2명의 모험활극을 그렸다. 반가이오는 두 파일럿을 수시로 전환 가능해, 파일럿에 따라 탄이 반사되는 '바운드'와, 곡선 궤도로 적을 추격하는 '호밍'으로 샷 속성이 변화한다. 적이나 미사일을 동시 폭파시키면 플레이어 기체가 레벨 업하는 시스템을 채용했다.

▲ 마치 로봇 애니메이션처럼 구성한 타이틀 화면. 등장하는 캐릭터도 애니메이션 풍이라 재미있다.

▲ 호밍 미사일을 대량으로 발사할 수 있는 반가이오. 보고만 있어도 통쾌해지는 궤적과 물량이다.

▲ 호밍 미사일과 반사되는 샷은 궤도와 위력이 서로 다르다. 상황에 맞춰 전환해 쓰는 것이 공략 포인트다.

슈팅 게임 장르 · 1인용 플레이 명수 · 32M ROM 용량

익스트림-G 2

레이싱 | 1~4인용 | 96M | 어클레임 재팬 1999년 9월 10일 5,800엔

컨트롤러 팩 지원 36 | 진동 팩 지원 | 메모리 확장 팩 지원

BOX ART & ROM CARTRIDGE

닌텐도 64의 3D 그래픽 기능을 활용해 '사상 최고속'을 세일즈포인트로 잡았던 전작을 한층 개량해, 한층 더 사상 최고속 레이스를 추구한 레이싱 게임. 새로운 머신과 새로운 라이더도 추가했고, 코스 역시 새로운 지역과 세밀한 디테일을 부가했다. 'GX 콘테스트 모드'·'싱글 플레이 모드'·'멀티 플레이 모드'로 3가지 게임 모드를 준비했으며, 싱글 모드 내에도 '타임 어택'과 '슈팅', 멀티로는 '탱크 배틀' 등 다채로운 모드가 있다.

▲ 미래의 바이크로 달리는 초고속 레이스. 전작에 비해 다양한 아이템을 추가해, 슈팅 느낌이 강해졌다.

▲ 전작보다 한층 스피드를 올려, 약간만 조작이 삐끗해도 순식간에 벽에 부딪혀 감속돼버린다.

▲ 입체적이면서 기발한 디자인의 코스가 많다. 1회전 루프나 스파이럴 루프 등은 대흥분의 도가니다!

윈백

슈팅 | 1~4인용 | 128M | 코에이 1999년 9월 23일 7,800엔

컨트롤러 팩 지원 9 | 진동 팩 지원 | 메모리 확장 팩 지원

BOX ART & ROM CARTRIDGE

특수부대 'S.C.A.T.'의 멤버가 되어, 테러리스트 집단에게 빼앗긴 전략 위성을 탈환하러 잠입하는 액션 슈팅 게임. 사각지대에 등을 붙이고 숨는 등, 지형을 잘 활용해 적에게 들키지 않도록 진행하는 것이 기본이다. 적은 총성·폭발음·발소리 등, 소리나 시야로 플레이어를 감지해 공격해온다. 핸드건·샷건·머신건·C4 폭탄 등 디테일을 잘 살린 다채로운 무기가 등장하는 것도 작품의 특징 중 하나. 스토리 모드는 물론, 최대 4인까지 대전도 가능하다.

▲ 해킹돼 제어권을 빼앗긴 공격용 군사위성 'GULF'를 되찾기 위해, 테러조직의 기지로 잠입한다.

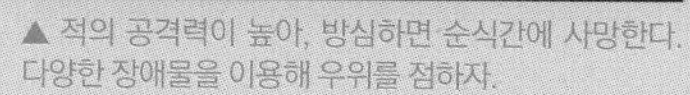

▲ 적의 공격력이 높아, 방심하면 순식간에 사망한다. 다양한 장애물을 이용해 우위를 점하자.

▲ 대전 모드로는 '데스매치'·'리설 태그'·'큐브 헌트'·'퀵 드로우'·'팀 배틀' 모드가 있다.

컨트롤러 팩 지원 123 컨트롤러 팩 지원 게임 | 진동 팩 지원 진동 팩 지원 게임 | 하이레조 팩 지원  메모리 확장 팩 지원 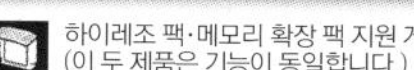 하이레조 팩·메모리 확장 팩 지원 게임 (이 두 제품은 기능이 동일합니다.) | 메모리 확장 팩 전용  메모리 확장 팩 전용 게임

트랜스포머 : 비스트 워즈 메탈스 64

액션 1~2인용 128M 타카라 1999년 10월 1일 7,800엔 64GB 팩 지원

컨트롤러 팩 지원 | 진동 팩 지원 | 메모리 확장 팩 지원

TV 애니메이션 '비스트 워즈 메탈스'가 소재인 대전 게임. 로봇 모드·비클 모드·비스트 모드의 3가지 형태로 변신하며 싸운다. 체력 게이지 아래에 있는 게이지는 '에너건 가드 게이지'로, 로봇 모드 상태일 땐 감소하며 비클 모드에선 보존되고 비스트 모드일 때 회복된다. 이 게이지가 바닥나면 공격·가드 등의 행동이 불가능해진다. 게임 내에선 애니메이션과 마찬가지로 세계관을 무시한 개그가 작렬하는데, 팬이라면 한 번 볼 가치가 있다!

▲ 게임을 켜자마자 래트랩의 입방정부터 시작한다. 실로 '비스트 워즈'다운 도입부랄까.

▲ 64GB 팩에 게임보이용 카트리지(무엇이든 OK)를 삽입하면 능력치가 변화한다.

▲ GB용 소프트 「결투 비스트 워즈」를 64GB 팩에 삽입하면 숨겨진 보스 '메가트론 X'의 사용이 가능해진다.

V-RALLY : EDITION 99

레이싱 1~2인용 64M 스파이크 1999년 10월 14일 7,800엔

컨트롤러 팩 지원 | 진동 팩 지원 | 메모리 확장 팩 지원

98년도 WRC에서 활약한 11차종에 엑스트라 카 4차종을 더해 총 15차종이 등장하는 레이싱 게임. WRC의 현장감을 재현하여, 세계 8개국의 총 50코스를 주파한다. 등장하는 차량은 전부 실존 차량이다. 게임 내에서도 실제 랠리 경기처럼 서스펜션·기어·스티어링을 세세하게 세팅할 수 있다. 코스 역시, 날씨 등이 변화하며 다양한 모습을 보여준다. 도로의 영향을 받아 마구 요동치는 차량을 어떻게 잘 제어하느냐가 중요한 게임이다.

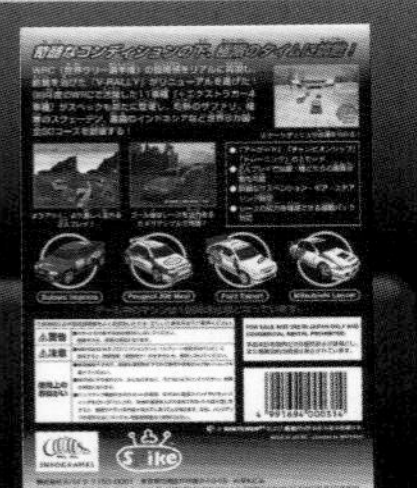

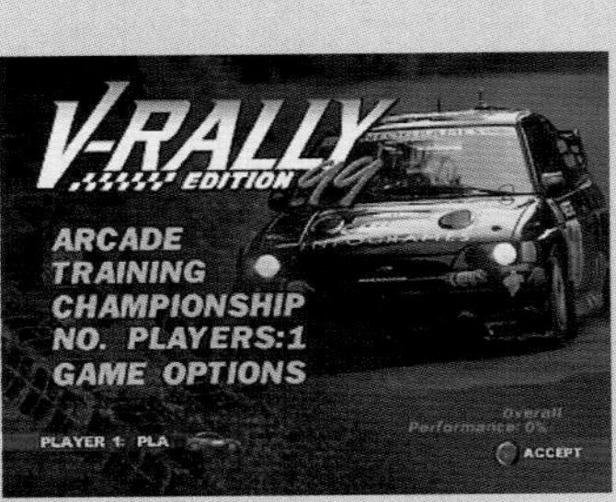

▲ 총 50종의 풍부한 코스를 수록한 본격 레이싱 게임. 대전 시에는 세로 2화면으로 분할된다.

▲ '아케이드' 모드는 난이도를 낮게 설정했고, 플레이어 차량의 속도도 약간 더 빠르다.

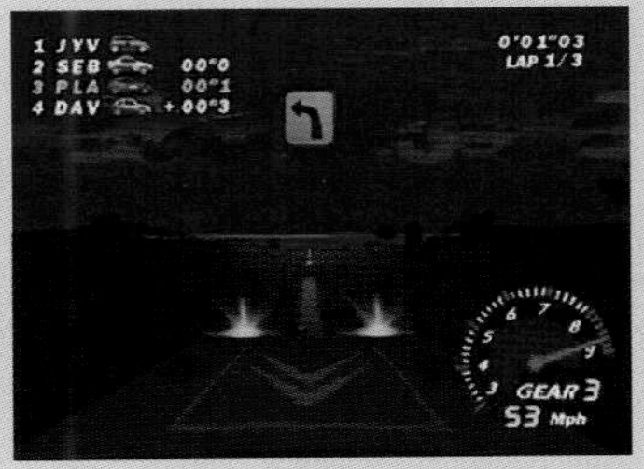

▲ '챔피언십' 모드는 '아케이드'보다 정확한 물리연산이 적용된다. 덕분에 난이도도 다소 높아진다.

슈팅 게임 장르 | 1인용 플레이 명수 | 32M ROM 용량

야광충 II : 살인항로

어드벤처 | 1인용 | 256M | 아테나 | 1999년 10월 22일 | 6,800엔

컨트롤러 팩 지원 | 진동 팩 지원 | 메모리 확장 팩 지원

슈퍼 패미컴으로 나와 인기를 얻었던 어드벤처 게임의 제 2탄이자, 닌텐도64의 유일한 사운드 노벨 게임. 전작과 같은 세계이기는 하나, 스토리는 완전히 별개다. '살인사건 편'의 베스트 엔딩을 보면 새로운 선택지와 보너스 시나리오가 해금된다. 보너스 시나리오는 3가지가 있는데, 각각 호화여객선 다이너스티 호가 폭탄 테러범의 협박을 받는 '폭탄 편', '무인도 편', 판도라 호의 선장이 살인극을 벌이는 '살인귀 편'이다.

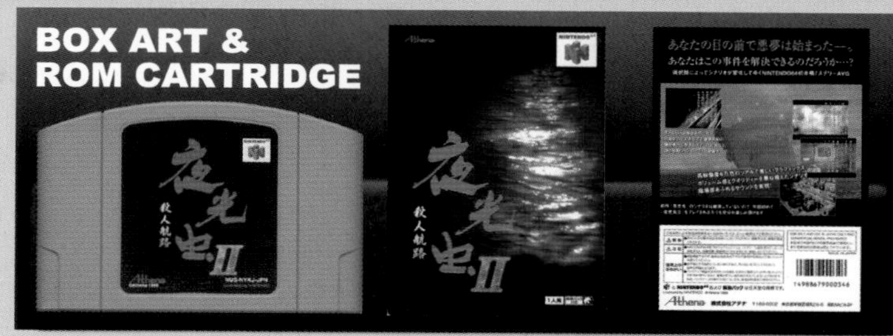

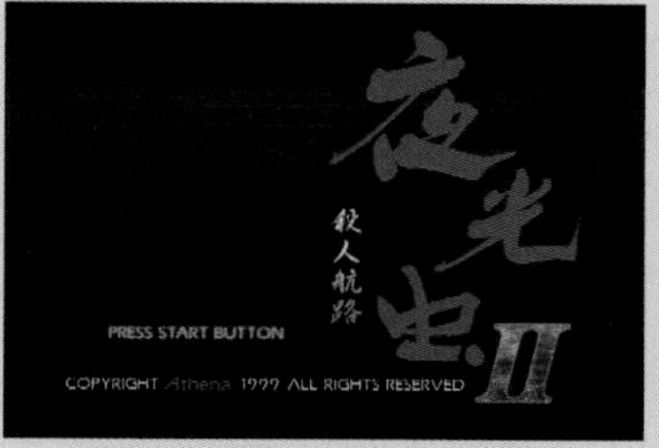

▲ 시나리오는 전작에 이어 시라이시 마미가 맡았다. 여러 사건에 말려드는 고교생 '후와 타카시'의 이야기.

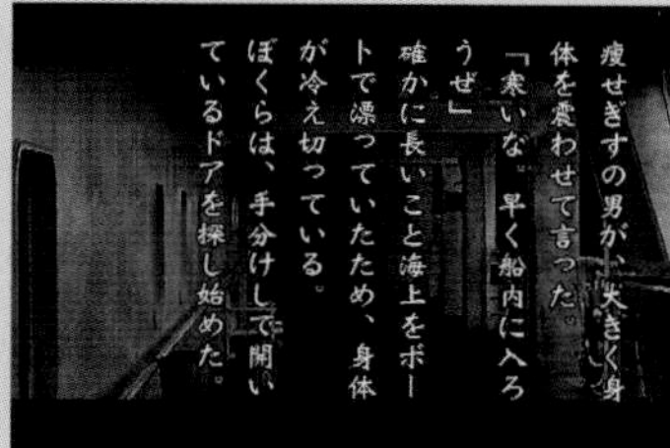

▲ 주인공 이름은 변경 가능하므로, 자신의 이름을 넣어 작품에 몰입하는 플레이법도 해볼 만.

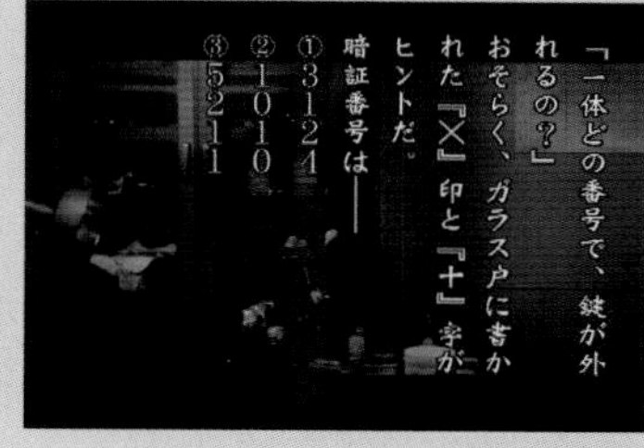

▲ 고른 선택지에 따라 이야기가 변화한다. 따라서 엔딩도 천차만별이다.

슈퍼로봇대전 64

시뮬레이션 | 1인용 | 256M | 반프레스토 | 1999년 10월 29일 | 7,800엔

컨트롤러 팩 지원 | 진동 팩 지원 | 메모리 확장 팩 지원

닌텐도 64로 발매된 유일한 「슈퍼로봇대전」. '기동전사 건담 : 제08MS소대'·'육신합체 갓마즈'·'자이언트 로보 THE ANIMATION : 지구가 정지하는 날' 세 작품이 이 게임으로 최초 참전하게 되었다. 64GB 팩을 통해 「슈퍼로봇대전 : 링크 배틀러」와 연동시키면 고쇼군과 점보트3, 건담 F91 등의 숨겨진 유닛·파일럿을 사용할 수 있게 되는 등, 실험적인 시도도 행했던 작품이다.

▲ 시나리오를 중시해 텍스트량을 기존 시리즈보다 대폭 증가시켜, 이후 시리즈의 방향성을 결정한 작품이다.

▲ 반프레스토의 오리지널 캐릭터들을 메인 시나리오에서 크게 부각시킨 최초의 작품이기도 하다.

▲ 전투 신은 3D로 표현해, 유닛이 화면 안쪽에서 바깥쪽으로 돌진하는 등 기존작들에 비해 움직임이 화려해졌다.

컨트롤러 팩 지원: 컨트롤러 팩 지원 게임 | 진동 팩 지원: 진동 팩 지원 게임 | 하이레조 팩 지원 / 메모리 확장 팩 지원: 하이레조 팩·메모리 확장 팩 지원 게임 (이 두 제품은 기능이 동일합니다.) | 메모리 확장 팩 전용: 메모리 확장 팩 전용 게임

64 화투 : 천사의 약속

테이블 | 1인용 | 64M | 알트론 | 1999년 11월 5일 | 6,800엔

컨트롤러 팩 지원  진동 팩 지원 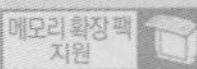 메모리 확장팩 지원

화투와 러브 스토리를 결합시킨 테이블 게임. 스토리 모드와 프리 대전 모드를 수록하였으며, 스토리 모드에서는 18년 전 어느 소녀와 '함께 유성우를 보자'고 약속했던 주인공이, 도중에 만난 사람들과 화투 승부를 벌이며 약속의 장소를 찾는다는 이야기가 전개된다. 프리 대전 모드는 '코이코이'·'하나아와세'·'오이쵸카부' 중에서 원하는 룰을 골라 임의로 상대 캐릭터를 선택해 대전한다. 룰도 설명해주므로, 화투를 잘 몰라도 즐길 수 있다.

BOX ART & ROM CARTRIDGE

▲ 연애 요소가 들어간 게임이 닌텐도 64용 소프트에서는 매우 드물기에, 귀중한 작품이 아닐 수 없다.

▲ 스토리 모드에서는 마을 사람들과 얽히고설키며, 약간은 억지스러운 전개로 화투 승부를 벌인다.

▲ 숨겨진 캐릭터는 스토리 모드를 한 번 클리어하면 개방되어 사용할 수 있게 된다.

프로 마작 츠와모노 64 : 작장 배틀에 도전

테이블 | 1인용 | 64M | 컬처 브레인 | 1999년 11월 5일 | 6,480엔

컨트롤러 팩 지원 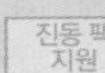 47 진동 팩 지원  메모리 확장팩 지원

총 16명의 실존 프로 작사가 등장하는, 본격적인 4인 대국 마작 게임. 플레이스타일·마작풍·성격 등 각 인물의 개성을 게임 상에 잘 재현했다. '마작 지도'라는 모드로 수중의 패를 더 잘 다루는 방법을 플레이어에게 가르쳐주니, 마작 실력을 키우고픈 사람에게는 이 모드를 추천한다. '작장 배틀 모드'에서는 작장 6곳이 등장한다. 작장별로 고정된 룰이 있고 설정된 과제도 별도로 준비하여, 이를 클리어하며 작장을 제패해야 한다.

BOX ART & ROM CARTRIDGE

▲ 타이틀명의 '츠와모노'란 '역전의 강자'로서, 그 의미대로 유명 프로 작사 16명이 게임에 등장한다.

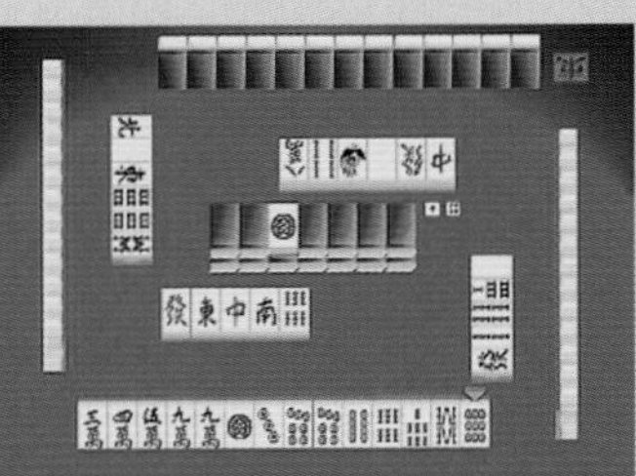
▲ 4인 대국 마작은 대전 상대가 버린 패를 주시하면서 동시에 자신의 패도 완성해야 한다. 때로는 운도 필요하다.

▲ 프로 작사의 직접지도를 받으며 마작 플레이어로서의 기술을 연마하자. 알기 쉽게 가르쳐준다!

비틀 어드벤처 레이싱

레이싱 | 1~4인용 | 128M | 일렉트로닉 아츠 스퀘어 | 1999년 11월 26일 | 6,800엔

컨트롤러 팩 지원 4 | 진동 팩 지원 | 메모리 확장 팩 지원

전 세계에서 사랑받았던 '폭스바겐 뉴 비틀'이 주인공인 카 레이싱 게임. 애교가 넘치는 외관의 '비틀' 차를 조작하여 레이스를 펼친다. 코스를 평범하게 주행하는 데에서 그치지 않고, 지름길 코스를 발견하거나, 지름길 등에 숨어있는 아이템을 수집하며 즐길 수도 있다. 대전 모드 중엔 코스 상의 6색 '무당벌레'를 상대보다 먼저 모두 모으는 '비틀 배틀'이 있는 등 전체적으로 코믹한 느낌이 강한, 느긋하고 즐거운 카 레이싱 게임이다.

BOX ART & ROM CARTRIDGE

▲ '귀여운 비틀을 타고 맘껏 드라이브를 즐기고픈' 유저의 소망을 이루어주는 레이싱 게임.

▲ 맑은 날씨에 훤히 트인 코스를 주행하며 타임 어택도 해 보고! 미처 찾지 못한 숨겨진 코스도 찾아보고!

▲ 마냥 귀엽기만 한 게임은 아니다. 험한 눈길을 달리는 비틀에도 주목. 오프로드 주행도 스릴이 있어 즐겁다!

스타트윈즈

슈팅 | 1~4인용 | 256M | 닌텐도 | 1999년 12월 1일 | 6,800엔

컨트롤러 팩 지원 | 진동 팩 지원 | 메모리 확장 팩 지원

은하순찰대 '제트 포스 부대'의 생존자인 쌍둥이 남매 '쥬노'·'벨라'와 로봇 개 '루푸스'. 동맹군인 골드우드 별의 여러 부족들도 비참한 상황이라는 사실을 알고, 압도적인 병력을 자랑하는 마이자 군을 상대로 싸우기로 결심한다. 아름다운 3D 공간을 자유롭게 누비며 적과 싸우는 액션 슈팅 게임이다. 런처와 폭탄, 수리검 등의 독특한 무기를 적절히 사용하여, 마이자가 이끄는 곤충형 로봇 군단을 격파하자.

BOX ART & ROM CARTRIDGE

▲ 개발사는 「동키 콩 64」·「골든아이 007」·「퍼펙트 다크」로 유명한 영국의 레어 사다.

▲ 주인공은 인간 둘과 로봇 개 한 마리. 서로 다른 능력을 구사해, 숨어있는 부족들을 구하며 진행한다.

▲ 여러 종류의 무기와 다양한 적들, 여러 게임으로 구성된 멀티 대전 등 컨텐츠가 충실하다.

폭 봄버맨 2

액션 | 1~4인용 | 128M | 허드슨 | 1999년 12월 3일 | 6,800엔

컨트롤러 팩 지원 1 | 진동 팩 지원 | 메모리 확장 팩 지원

여신의 부하를 세뇌한 루키펠스가 이끄는 비밀결사 B.H.B 단과 봄버맨의 싸움을 그린, 닌텐도 64의 3번째「봄버맨」작품. 상황에 따라 속성 폭탄을 구별해 사용하는 퍼즐 풀이 요소, 2P 컨트롤러로도 조작 가능한 포뮤(보스 전에서는 사용불가)에게 먹이를 주어 모습을 변화시키는 육성 요소, 플레이어의 행동에 따른 스토리 전개 변화, 무작위 요소가 늘어난 '해골 아이템'이 가져다주는 예측불허의 배틀 등, 다방면으로 게임이 업그레이드되었다.

▲ 가디언 슈츠를 입수하면 봄버맨이 강화되어, 특수 아이템을 재입수하는 수고를 덜 수 있다.

▲ 적은 목숨이 아니라 체력제로 활동하며, 화염을 맞는 시간에 비례해 체력이 깎인다.

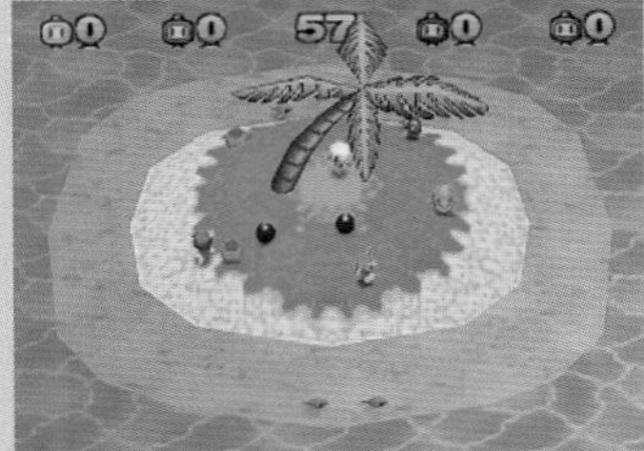

▲ 컨트롤러 팩을 사용하면, 스토리 모드에서 모은 아이템으로 봄버맨의 코스튬을 바꿔줄 수 있다.

뿌요뿌욘 파티

퍼즐 | 1~4인용 | 96M | 컴파일 | 1999년 12월 3일 | 5,980엔 | 64GB 팩 대응

컨트롤러 팩 지원 | 진동 팩 지원 | 메모리 확장 팩 지원

낙하계 퍼즐 장르의 인기작품「뿌요뿌요」시리즈의 제 4탄. 닌텐도 64판에는, 타 기종판에 없는 오리지널 요소로서 4인 플레이용의 '폭탄 뿌요뿌요' 모드를 추가했다. 이 모드에선 방해뿌요 대신 임의의 진지에 일정시간 경과로 폭발하는 '폭탄뿌요'가 떨어지며, 이게 자신의 진지에서 폭발하면 패배한다. 화면 상단을 멋대로 돌아다니는 카벙클이 기분 내키는 대로 아무 진지에나 폭탄뿌요를 떨어뜨리니 항상 주의하도록!

▲ 닌텐도 64판은 타이틀명 뒤에 '파티'가 붙었다. 이식된 기종별로 게임 내용이 약간씩 다르다.

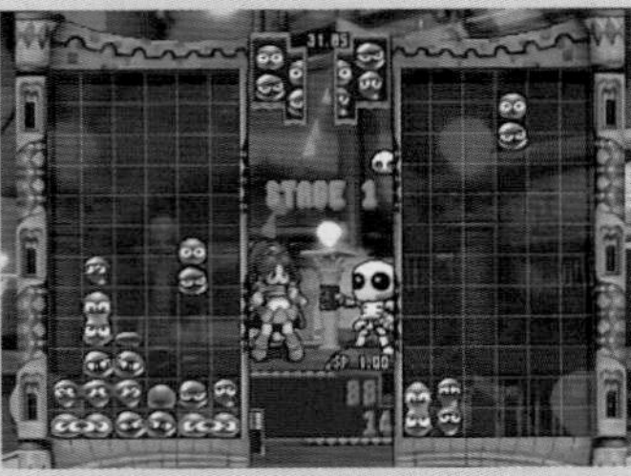

▲ 기본은 색깔별로 뿌요를 잘 배치해 '연쇄'시켜 대거 없애는 것. 연쇄법은 사람마다 다양하다! 연습하자!

▲ 4인 대전도 가능! 파티 게임으로도 충분히 재미있는 작품이다. 별매품 컨트롤러를 충분히 준비할 것.

동키 콩 64

액션 | 1~4인용 | 256M | 닌텐도 | 1999년 12월 10일 | 7,800엔

컨트롤러 팩 지원 / 진동 팩 지원 / 메모리 확장 팩 전용

▲ 오프닝에서는 게임을 개발한 영국 레어 사의 사원이 'DK 랩'을 부르며 콩 일행을 소개한다.

BOX ART & ROM CARTRIDGE

동시발매
메모리 확장 팩 동봉판
9,800엔

이 작품은 메모리 확장 팩 전용이라, 이것 없이는 구동되지 않는다. 그런 이유로 동봉 팩도 발매되었다.

「동키 콩」 시리즈 최초의 3D 액션 게임. 크렘링 군단의 왕 '킹 크룰'은 동키의 동료들을 납치하고 골든 바나나를 각지에 숨겨버렸다. 이를 알게 된 동키는 동료를 찾아내고 킹 크룰을 물리치기 위해 크렘링 군의 본거지로 향한다. 이번 작품에선 동키 콩·디디 콩은 물론, 타이니 콩·랭키 콩·청키 콩이 각자의 개성을 살려 8종의 스테이지를 무대로 크렘링 군을 상대하여 싸워나간다. 특정 캐릭터만 갈 수 있는 장소나 클리어할 수 있는 장치가 있으므로, 5마리 전원을 잘 활용해야 한다. 어드벤처에서 크라운을 1개 이상 입수하면 '콩 배틀'이 개방되어, 어드벤처의 미니게임을 즐길 수 있게 된다. 이 모드에선 2~4명 대전이 가능하다.

▲ 게임은 동키 콩의 집에서 시작된다. 우선은 크랭키 콩에게서 주요 액션을 배우자.

▲ 메모리 확장 팩을 사용한 아름다운 그래픽과, 돌비 서라운드를 채용한 사운드도 이 게임의 매력이다.

▲ 크랭키 콩의 '특제 약'을 먹으면, 동키 콩 일행의 모험에 필요한 기술을 습득할 수 있다.

3D 공간을 자유롭게 모험하는, 닌텐도 64의 동키 콩

나무를 오르고, 덩굴을 타고 이동하며, 수중을 통과하는 등 광대한 8곳의 스테이지를 종횡무진 누비며 크렘링 군을 상대로 싸움을 펼친다. 동키 콩 일행의 액션을 전부 합치면 무려 40종류 이상이다.

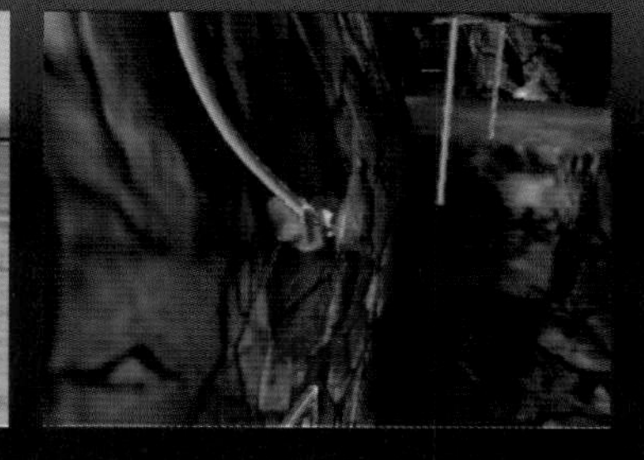

커스텀 로보

액션 1~2인용 128M 닌텐도 1999년 12월 8일 6,800엔

컨트롤러 팩 지원 / 진동 팩 지원 / 메모리 확장 팩 지원

직접 커스터마이즈하여 강화시킬 수 있는 소형 로봇 '커스텀 로보'를 입수한 소년이 라이벌의 커스텀 로보와 배틀을 펼치는 액션 게임. 커스텀 로보는 '건'·'봄'·'포드'·'레그'를 교체하면 공격력이나 속도, 방어력이 변화한다. 파츠 조합법이 방대하여, 자신 취향의 커스텀 로보를 만들어가는 높은 자유도가 재미있다. 롤플레잉 게임처럼 진행되는 시나리오 모드와, 대전이 가능한 모드 등이 준비되어 있다.

▲ 건·봄·포드·레그 부품을 교체하여 자신만의 커스텀 로보를 만드는 재미가 있는 게임이다.

▲ 게임의 핵심인 시나리오 모드에서는 커스텀 로보를 활용한 배틀 배우기부터, 파츠 수집까지도 가능하다.

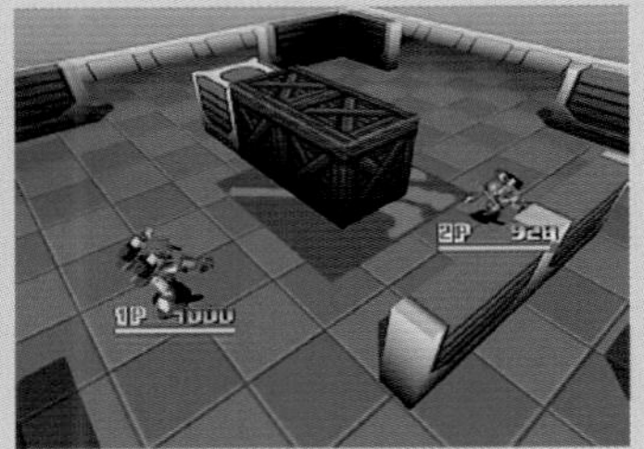
▲ 3D 공간에서 스스로 조립한 로봇을 조작해 싸운다. 배틀이 수월해지는 최적의 파츠 조합을 찾아보자.

마리오 파티 2

파티 1~4인용 256M 닌텐도 1999년 12월 17일 5,800엔

컨트롤러 팩 지원 / 진동 팩 지원 / 메모리 확장 팩 지원

「마리오 파티」 시리즈 제 2탄으로서, 미니게임이 64종류로 늘어나 더욱 재미있어졌다. 또한, 전작과 달리 보드 상에서 바로 아이템 사용이 가능해졌다. 덕분에 언제든 일발 역전할 가능성이 있어, 마지막까지 방심할 수 없는 스릴 넘치는 게임이 되었다. 보드 맵으로는 '해적 랜드'·'웨스턴 랜드'·'스페이스 랜드'·'미스터리 랜드'·'호러 랜드'의 5가지와, 이들을 모두 클리어하면 이벤트가 발생해 선택할 수 있게 되는 '쿠파 랜드'를 준비했다.

▲ '배틀 미니게임'·'결투 미니게임'·'아이템 미니게임'이 추가되는 등, 대폭 파워 업되었다.

▲ 각 보드 맵마다 테마가 있다. '해적 랜드'는 해적이 테마이므로 캐릭터 복장도 해적 풍이 된다.

▲ 이 작품에선 '4인용'·'1 vs 3'·'2 vs 2' 미니게임이라면 져도 코인을 빼앗기지 않게 바뀌었다.

쵸로Q 64 2 : 엉망진창 그랑프리 레이스

레이싱 | 1~4인용 | 96M | 타카라 | 1999년 12월 24일 | 6,800엔 | 64GB 팩 지원

컨트롤러 팩 지원 123 | 진동 팩 지원 | 메모리 확장 팩 지원

쵸로Q를 조작해, 방해가 난무하는 엉망진창 레이스를 펼치는 레이싱 게임 시리즈 제 2탄. 전작과 마찬가지로, 레이스에서 3위 안으로 들어오면 4위 이하 라이벌의 파츠를 빼앗을 수 있다. 코스로 '온로드'·'오프로드'·'아이스로드'·'레인로드' 등을 준비해, 다양한 상황의 코스를 즐길 수 있다. 등장하는 쵸로Q는 총 28대이며, 추가로 바디·엔진 등 155개에 달하는 파츠도 모을 수 있어 자신만의 쵸로Q를 조합하는 즐거움이 있다.

▲ 여러 코스를 연속으로 도는 '쵸로Q 그랑프리'가 등장. 그랑프리 우승으로만 얻을 수 있는 파츠도 있다.

▲ 64GB 팩으로 「쵸로Q : 하이퍼 커스터머블 GB」와 연동시키면 쵸로Q의 스피드가 변화한다.

▲ 코스는 컨디션이 바뀌면 대응법이 완전히 달라지므로, 상황에 맞게 차체를 세팅해주어야 한다.

로봇 퐁코츠 64 : 일곱 바다의 캐러멜

롤플레잉 | 1~2인용 | 256M | 허드슨 | 1999년 12월 24일 | 6,800엔 | 64GB 팩 지원

컨트롤러 팩 지원 | 진동 팩 지원 | 메모리 확장 팩 지원

게임보이 컬러로 발매되어 호평받았던 「로봇 퐁코츠」 시리즈의 닌텐도 64판. 64GB 팩을 사용하면 게임보이판에서 육성시킨 로보퐁을 참전시킬 수 있다. 다른 게임보이판 소프트를 연동시키면 로보퐁들의 먹거리도 만들어낼 수 있다. 모든 보물을 모으는 데 성공하면 전설의 로보퐁 '캐러멜'이 부활하여 어떤 소원이든 이뤄준다는 이야기를 믿고, 일곱 바다에 흩어져 있는 섬들을 돌며 7가지 보물을 얻기 위해 모험한다.

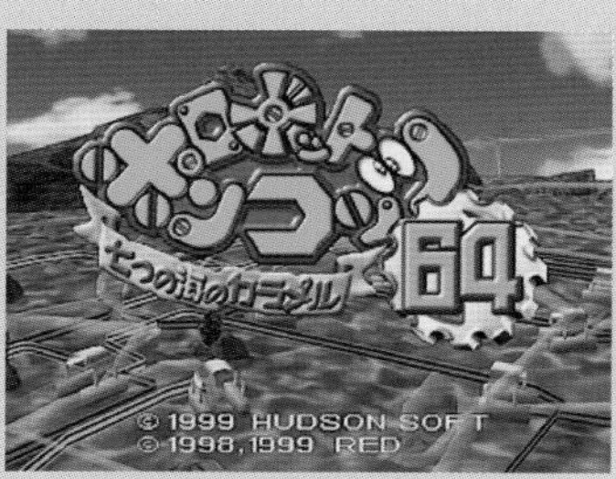

▲ 이 게임에서 육성한 로보퐁을 게임보이판으로 전송할 수도 있다. 최강의 로보퐁을 육성해보자!

▲ 배 안에서는 '도와주기', '트레이닝' 등의 기능으로 로보퐁을 육성할 수 있다.

▲ 폴리곤화된 로보퐁들의 전투는 화려하고 멋진 기술들의 향연. 박력만점의 배틀을 즐기자!

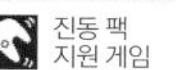

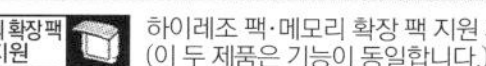

컨트롤러 팩 지원 123 컨트롤러 팩 지원 게임 | 진동 팩 지원 진동 팩 지원 게임 | 하이레조 팩 지원 메모리 확장팩 지원 하이레조 팩·메모리 확장 팩 지원 게임 (이 두 제품은 기능이 동일합니다.) | 메모리 확장팩 전용 메모리 확장 팩 전용 게임

악마성 드라큘라 묵시록 외전 : LEGEND OF CORNELL

액션 | 1인용 | 128M | 코나미 1999년 12월 25일 7,800엔

컨트롤러 팩 지원 · 진동 팩 지원 · 메모리 확장팩 지원

닌텐도 64로 등장했던 시리즈 첫 3D 작품 「악마성 드라큘라 묵시록」의 외전격 작품. 수인(獸人)으로 변신하는 능력을 지닌 늑대인간 '코넬'을 주인공으로 삼아, 전작의 8년 전 이야기를 그렸다. 맵은 전작의 데이터를 기반으로 개변하고, 신규 스테이지를 추가했다. 스토리는 총 4가지로서, 메인 시나리오인 '코넬 편', 전작과 동일 시간축인 '헨리 편', 조건 충족 시 플레이 가능한 전작의 디렉터즈 컷판인 '라인하르트 편'·'캐리 편'을 준비했다.

BOX ART & ROM CARTRIDGE

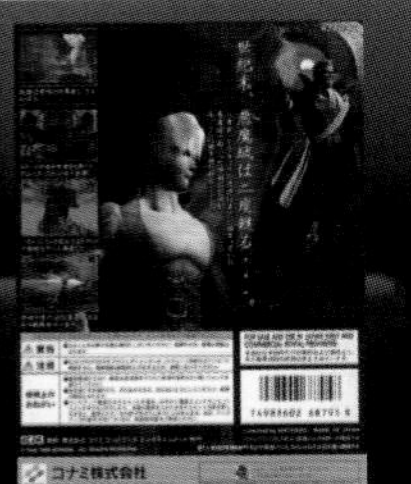

▲ 메모리 확장 팩(하이레조 팩)을 지원해, 더욱 아름다운 그래픽으로 플레이할 수 있다.

▲ 봉인된 늑대인간의 힘을 해방하는 기술을 습득한 천재 격투가 '코넬'. 여동생 '에이다'의 구출이 목적이다.

▲ 헨리 편, 라인하르트 편, 캐리 편은 각각 병행 진행되는 스토리지만, 서로 엮이지는 않는다.

고에몽 : 요괴 말판놀이

파티 | 1~4인용 | 128M | 코나미 1999년 12월 25일 7,800엔

컨트롤러 팩 지원 · 진동 팩 지원 · 메모리 확장팩 지원

닌텐도 64용 「힘내라 고에몽」 시리즈의 마지막 작품. 액션 게임에서 보드 게임으로 장르를 바꿔 내놓은 번외편격 타이틀이다. 스토리는 박식 영감 앞으로 온 러브레터 한 통으로부터 시작된다. 게임 규칙이 '모노폴리'와 비슷해, 칸에 요괴를 배치해 그 칸을 획득하면 그곳에 멈춘 다른 사람으로부터 통행료를 받을 수 있다. 요괴를 격파해 그 칸을 빼앗는 것도 가능하다. 승리하려면 일단 플레이어의 체력을 0으로 만들어야 한다.

BOX ART & ROM CARTRIDGE

▲ 저확률로 「낙서키즈」 캐릭터 부적을 얻을 수 있다. 패스워드에 '전직 주인공(もとしゅやく)'을 입력하면……

▲ 이 게임에서 돈은 요괴 소환과 파워 업, 무기·방어구 사용에 쓰인다. 많이 모은다고 이기는 건 아니다.

▲ 요괴 부적은 총 340종류 이상이다. 스테이지 클리어나 친구와의 교환으로 수집하자.

NINTENDO64 SOFTWARE ALL CATALOGUE 2000AD

ALL 198 ROM TITLES FOR JAPAN MARKET

2000년에 발매된 닌텐도 64용 타이틀 수는 총 37종. 전년에 닌텐도가 차세대 게임기 '게임큐브'를 발표하기도 한 터라, 세대교체를 앞두고 쇠퇴일로를 걷던 시기였다. 한편 소프트 개발 면에서는 원숙기에 접어들어, 서양 개발사들에 의존해야 했던 런칭 초기와는 달리 일본 내 소프트 개발사들이 다양한 장르의 수작 타이틀을 다수 발매해 주어, 유저에게는 만족도가 높았던 한 해였다고도 할 수 있다.

구체적인 사례로는, 일본 발매작 중에서는 드물게 플레이스테이션과의 멀티플랫폼으로 발매했던 「바이오하자드 2」, 시리즈 유일의 호러 풍 이색작인 「젤다의 전설 무쥬라의 가면」, 닌텐도 64용 슈터 게임의 완성형이라 할 만한 「퍼펙트 다크」와 「죄와 벌」, 후일 인기 시리즈가 되는 「페이퍼 마리오」 시리즈의 첫 작품인 「마리오 스토리」, 3D 장치를 잘 활용한 수작 액션 게임 「별의 커비 64」 등, 하나하나가 실로 후세에 이름을 남긴 쟁쟁한 타이틀뿐이다. 물론 「커스텀 로보 V2」와 「포켓몬 스타디움 금은」, 「반조와 카주이의 대모험 2」 등 안심하고 즐길 만한 기존 닌텐도 64용 인기작들의 속편 역시 다수 발매된 해인만큼, 닌텐도 64 입문자라면 이 해의 작품들부터 찾아보는 것도 좋으리라.

NINTENDO64

버추얼 프로레슬링 2 : 왕도 계승

스포츠 | 1~4인용 | 256M | 아스믹 에이스 엔터테인먼트 | 2000년 1월 28일 | 6,980엔

컨트롤러 팩 지원 29 | 진동 팩 지원 | 메모리 확장 팩 지원

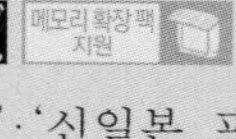

'전일본 프로레슬링'·'신일본 프로레슬링'·'FMW'·'미치노쿠 프로레슬링'·'TEAM 2000'·'링스'·'PRIDE'·'격투탐정단 배틀라츠'·'판크라스'라는 쟁쟁한 단체들에 레전드 레슬러까지 참가해, 총 100명에 달하는 레슬러가 등장한다. 단 '전일본 프로레슬링'만 실명이고, 나머지는 가상 이름이다. 물론 에디트 기능을 쓰면 모든 레슬러를 실명으로 바꿀 수 있다. 전작에선 오리지널 레슬러를 덮어씌워 저장해야 했지만, 이번엔 전용 공간 16칸을 추가했다.

BOX ART & ROM CARTRIDGE

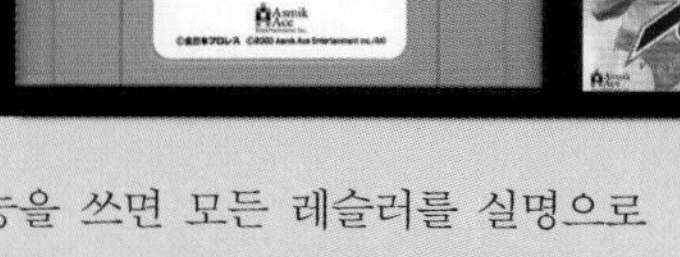

▲ 일반적인 프로레슬링 기술부터 각 선수의 필살기까지, 모든 프로레슬링 기술을 망라한 게임이다.

▲ 입장 신도 실제 대회처럼 재현했다. 박력 있는 카메라워크로 피니시 기술의 리플레이 등이 펼쳐진다.

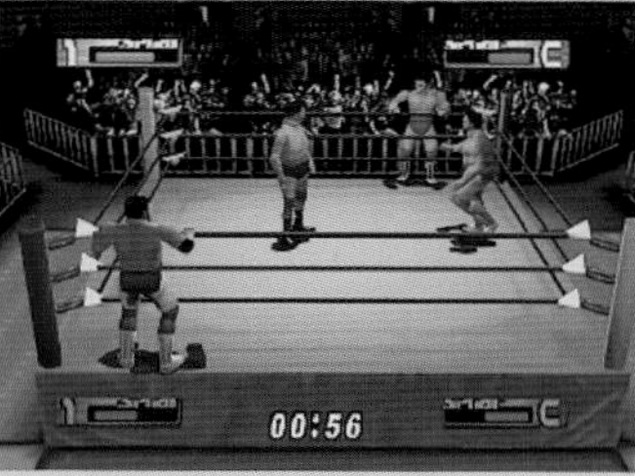

▲ '부도칸'·'돔'·'AKI 홀'·'구장'까지 4종류의 경기장을 준비했다. 경기장 명칭도 변경할 수 있다.

바이오하자드 2

어드벤처 1인용 512M 캡콤 2000년 1월 28일 7,800엔

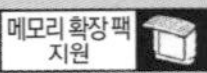

컨트롤러 팩 지원 / 진동 팩 지원 / 메모리 확장 팩 지원

좀비가 가득한 라쿤 시티를 무대로, 경찰관 '레온'과 크리스의 여동생 '클레어' 두 주인공이 생환을 위해 분투하는 어드벤처 게임. 스토리가 링크되는 '노멀'과 '어나더' 시나리오가 있으며, 일부 아이템이 연동되어 한쪽만이 입수 가능한 '재핑 시스템'을 채용했다. 닌텐도 64판만의 신규 요소로서, 당시 개발 중이었던 「바이오하자드 0」 등 시리즈 타 작품의 일부 파일을 열람하는 'EX 파일'과 신규 히든 코스튬, 아날로그 조작 변경기능 등이 있다.

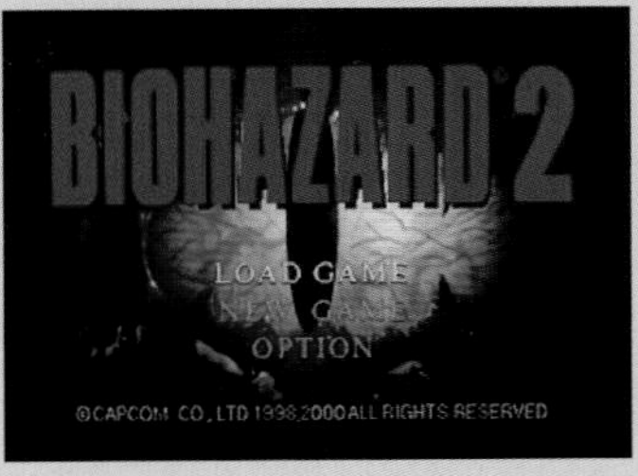

▲ 피 색깔이나 신체 파손 등의 잔혹 표현 단계를 조정하는 기능을 추가해, 덜 잔혹하게 전환할 수도 있다.

▲ 메모리 확장 팩을 장착하면 고해상도의 게임 화면으로 플레이할 수 있다.

▲ PS판 「듀얼쇼크 Ver.」에 추가된 2가지 신규 난이도와 미니게임은 수록되지 않았다.

탑기어 랠리 2

레이싱 1~4인용 96M 켐코 2000년 2월 4일 6,980엔

컨트롤러 팩 지원 / 진동 팩 지원 / 메모리 확장 팩 지원

아메리칸 랠리 스포츠 그룹의 공인하에 제작된 본격 레이싱 게임. 총 15 종류의 실제 차량을 비롯해, 대회 공식 스폰서의 실명과 로고도 그대로 등장한다. 코스 제네레이터를 탑재하여, 플레이할 때마다 코스 디자인이 무작위로 변화한다. 라이선스를 취득하고 머신을 계속 튠업하면서 레이스에 도전해 포인트와 상금을 획득하는 '챔피언십'·'팀 챔피언십'과, 1~4인 대전이 가능한 '버서스' 모드를 수록하였다.

▲ 시리즈 첫 타이틀인 「탑기어 랠리」부터 이어져온 시리즈 5번째 작품이다(닌텐도 64로는 2번째).

▲ 주행하는 필드로는 농장·정글·사막·산 등이 있다. 날씨와 밤낮 개념도 있다.

▲ 시점이 차량에 근접해 있어, 오르막길 등에서는 코스 앞이 잘 안 보이기도 한다. 미니맵을 참고하자.

탑기어 하이퍼 바이크

레이싱 | 1~2인용 | 128M | 켐코 | 2000년 3월 17일 | 6,980엔

컨트롤러 팩 지원 35 | 진동 팩 지원 | 메모리 확장 팩 지원

3D 시점의 레이싱 게임으로서 닌텐도 64로도 4개 작품이 발매된 켐코의 「탑기어」 시리즈 중, 오토바이가 소재인 작품. 속도감이 넘치는 '온로드'와, 설산 등의 스릴 넘치는 '오프로드' 양 코스를 함께 수록하였다. 특히 업다운이 심한 오프로드는 바이크 레이싱 특유의 스릴을 느낄 수 있다. 레이스에서 달리는 모드 외에도, '트랙 에디터' 모드를 이용해 3차원으로 곡선을 그려 자신만의 코스도 만들 수 있다.

▲ 「탑기어」 시리즈 최초의 바이크 레이싱 게임. 카 레이싱과는 맛이 다른 여러 코스에서 베스트 랩을 내자!

▲ 바이크 레이싱다운 오프로드 코스도 다수 수록했다. 산길에서는 화려하게 점프해 제대로 착지하자!

▲ 물론 온로드 코스도 있다! 잘 정비된 길을 달리는 기분도 상쾌하다. 스피드를 유지해 1위로 독주하자.

별의 커비 64

액션 | 1~4인용 | 256M | 닌텐도 | 2000년 3월 24일 | 6,800엔

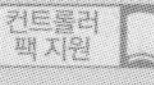

컨트롤러 팩 지원 | 진동 팩 지원 | 메모리 확장 팩 지원

「별의 커비」 시리즈 6번째 작품이자, 최초의 3D 작품이다. 기본적인 시스템은 횡스크롤 2D 액션이지만, 화면 안쪽에 있는 적이나 배경의 깊이감을 활용한 장치 등을 다양하게 연구하여, 입체적인 묘사와 시점 변경 등 3D이기에 가능한 연출을 다수 시도했다. 최대 특징은 카피한 능력을 믹스하여 새로운 능력을 만드는 '카피 능력 믹스'로서, 기본적인 7가지 능력을 섞어 총 28종류의 새로운 카피 능력을 얻을 수 있다.

▲ '폴짝폴짝 레이스'·'받아받아 배틀'·'아슬아슬 파이트'로 3가지 대전 미니게임도 수록했다.

▲ 시리즈 최초로 캐릭터에 보이스를 추가했다. 디디디 대왕 역은 시리즈의 아버지인 사쿠라이 마사히로가 맡았다.

▲ 밤하늘에 부서져 흩어진 리플 스타 요정들의 보물 '크리스탈'을 찾기 위해, 커비의 모험이 시작된다.

이토이 시게사토의 배스 낚시 No.1 결정판!

스포츠 | 1인용 | 128M | 닌텐도 2000년 3월 31일 6,800엔 낚시컨64 지원

컨트롤러 팩 지원 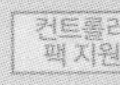 진동 팩 지원 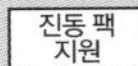 메모리 확장 팩 지원 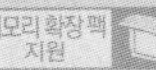

굴지의 배스 낚시 매니아로 유명한 카피라이터 이토이 시게사토가 감수한 배스 낚시 게임. 슈퍼 패미컴으로 발매되었던 같은 제목 타이틀의 속편이다. 닌텐도 64판에서는 낚시터인 호수와 그 주변을 3D화하여, 그 안을 걸어 다니거나 보트를 타거나 동물들과 농담 섞인 대화를 즐길 수 있다. 낚시를 좋아하는 동물 주민들이 사는 '츠리스기 마을'의 평화로운 세계관에 젖어 가며 본격적인 배스 낚시를 즐길 수 있는 것이 이 게임의 매력이다.

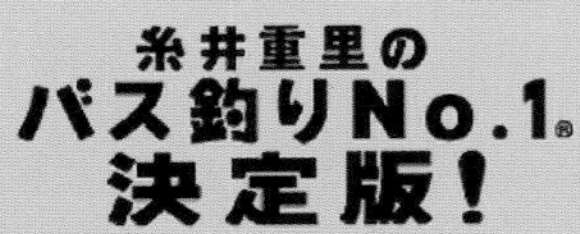

▲ 과자 캐릭터 '컬 아저씨' 등을 디자인했던 히코네 노리오가 그린 귀여운 캐릭터들과 낚시를 즐긴다.

▲ 일반 컨트롤러로도 조작 가능하고, 진동 팩도 지원한다. 배스 낚시의 손맛을 느껴볼 수 있다.

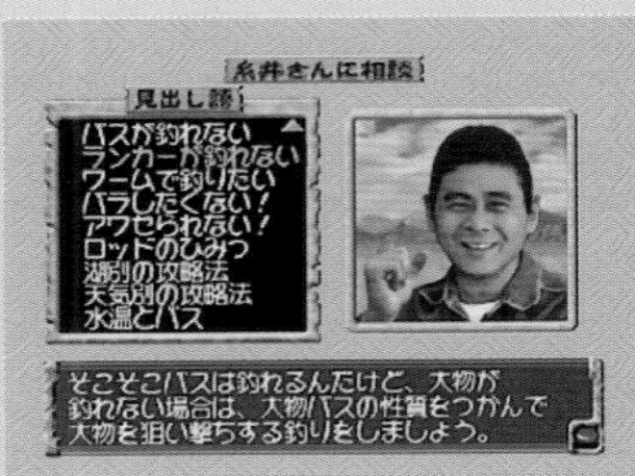

▲ 헬프 기능에는 해설도 있으므로, '이토이 씨와 상담'에서 '배스가 낚이지 않으면' 등을 골라 조언을 들어보자.

건틀릿 레전드

액션 | 1~4인용 | 128M | 에포크 사 2000년 4월 7일 6,800엔

※ 메모리 확장 팩 미장착시 1~2인용

컨트롤러 팩 지원  진동 팩 지원  메모리 확장 팩 지원 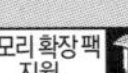

과거 아케이드에서 4인 동시 플레이를 구현해 큰 인기를 얻었던 판타지 액션 게임 「건틀릿」의 속편이 닌텐도 64로 등장했다. 전작과 마찬가지로, 워리어·아처·위저드·발키리 4종류의 캐릭터 중 하나를 선택해 비스듬히 내려다보는 시점으로 미궁을 공략한다. 물론 이 작품 역시 최대 4인 동시 플레이가 가능하다. 각 스테이지를 클리어하고 모든 세계의 보스를 쓰러뜨려 마왕 스콘의 야망을 분쇄하는 것이 목적인 액션 롤플레잉 게임이다.

▲ 모든 캐릭터와 던전을 3D로 표현해, 전작에서 크게 진화된 「건틀릿」을 즐길 수 있다.

▲ 캐릭터마다 특징이 있어, 4인 플레이 시에는 각자의 특색을 살린 협력 플레이가 즐겁다.

▲ 레벨을 착실히 올리면, 더욱 강력한 보스와 더욱 고난이도인 던전의 공략도 가능해진다.

다이카타나 [大刀]

슈팅 | 1~4인용 | 128M | 켐코 | 2000년 4월 7일 | 6,800엔

컨트롤러 팩 지원 3 | 진동 팩 지원 | 메모리 확장 팩 지원

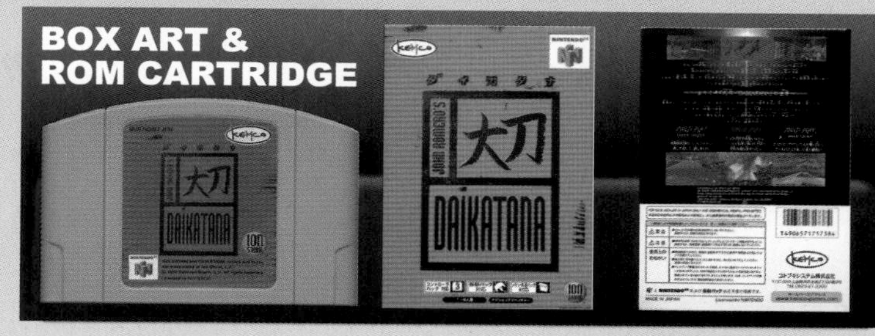

미래의 일본을 비롯해 고대 그리스, 중세 노르웨이, 현대 미국 서해안의 샌프란시스코 등 세계 각지를 무대로 하여, 시공을 초월하는 힘을 지닌 마검 '다이카타나'를 둘러싼 싸움을 그린 1인칭 슈터 게임. 여러 개성적인 무기와 플레이어 캐릭터의 레벨 업, 레벨이 오르면 상승하는 능력치 등, 당시의 FPS로서는 독자적인 시스템을 다수 탑재했다. 플레이어 캐릭터와 함께 싸우는 동료 캐릭터도 체력을 관리해줘야 해, 플레이하면서 신경쓸 거리가 은근히 많다.

▲ 인물 이름과 '다이카타나'라는 타이틀명 덕에 일본풍 게임 같지만, 게임 자체는 어엿한 SF 풍 FPS다.

▲ 화면상에 항상 플레이어 캐릭터의 능력치가 표시되어, 레벨 업으로 강화되는 자신을 만끽할 수 있는 FPS다.

▲ 주인공의 무기 중 하나가 'DAIKATANA'로서, 레벨 업할수록 파워 업되는 무기다.

이데 요스케의 마작학원

테이블 | 1인용 | 96M | 세타 | 2000년 4월 21일 | 5,800엔

컨트롤러 팩 지원 | 진동 팩 지원 | 메모리 확장 팩 지원

일본에서는 TV프로 'The 와레메로퐁!'의 해설자로도 유명한 프로 작사 이데 요스케가 감수한 마작 게임. 마작을 좋아하는 무라카미 일가를 중심으로 스토리가 전개된다. 등장 캐릭터들의 표정이 다양해, 마작하는 내내 상대의 안색을 살피며 패를 추측하는 등 리얼한 행동이 가능하다. 타인의 버림패에 리액션하거나, 무심결에 본심을 말해버리는 등 다양한 행동이 나와 진행 템포는 좋지 않으나, 함께 시끌벅적하게 마작을 즐기는 느낌의 게임이다.

▲ 막혔을 때는 이데 요스케의 조언도 나오는 등, 마작의 사고법과 요령을 배워볼 수 있는 게임이다.

▲ 2년간 무라카미 가족 및 친구들과 교류하며 대국하는 '대회 모드' 등, 4가지 모드를 탑재했다.

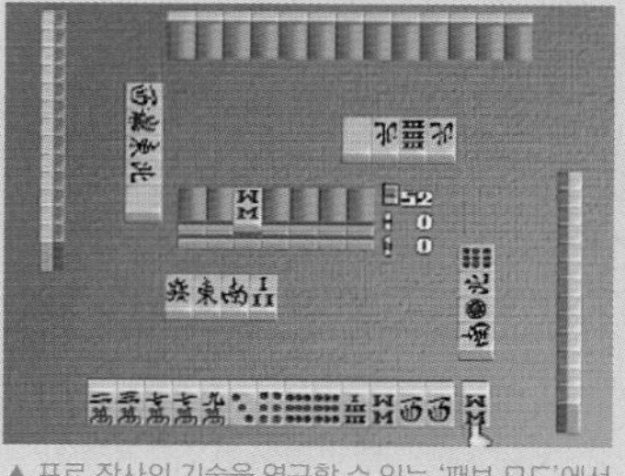
▲ 프로 작사의 기술을 연구할 수 있는 '패보 모드'에서는, 과거 실제로 진행된 대국으로 배워볼 수 있다.

컨트롤러 팩 지원 123 컨트롤러 팩 지원 게임 | 진동 팩 지원 진동 팩 지원 게임 | 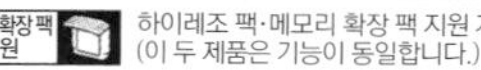 하이레조 팩 지원 | 메모리 확장 팩 지원  하이레조 팩·메모리 확장 팩 지원 게임 (이 두 제품은 기능이 동일합니다.) | 메모리 확장 팩 전용 메모리 확장 팩 전용 게임

닌자보이 란타로 64 : 게임 갤러리

파티 | 1~2인용 | 128M | 컬처 브레인 | 2000년 4월 21일 | 6,480엔

컨트롤러 팩 지원 | 진동 팩 지원 | 메모리 확장 팩 지원

유치원생이나 초등학교 저학년 등의 저연령층도 즐길 수 있도록, 룰이 알기 쉽고 간단하며 스피드도 느릿하게 조정한 퍼즐 게임. 게임 모드는 낙하하는 그림의 위치를 맞춰 아래에 나열된 그림대로 완성하는 '떨어뜨려 퐁!', 큐브를 밀거나 당겨서 그림을 완성시키는 '척척맞춰 큐브', 그 '척척맞춰 큐브'로 상대와 대전하는 '대전! 척척맞춰 큐브', 견본과 똑같게끔 조각을 붙여 그림을 완성하는 '와글와글 직소'로 총 3종류다.

BOX ART & ROM CARTRIDGE

▲ 어린이용으로 만들었기에 난이도를 매우 낮게 설정한 퍼즐 게임이다.

▲ 좌우를 교체해가며 아래 그림과 같은 열까지 이동시켜 떨어뜨리면 그림과 같은 부분이 색칠된다.

▲ 아래의 조각들을 움직여 위의 견본과 똑같이 배치하면 되는 게임이다.

배스 러시 : ECOGEAR PowerWorm Championship

스포츠 | 1인용 | 224M | 비스코 | 2000년 4월 28일 | 7,800엔 | 낚시컨 64 지원

컨트롤러 팩 지원 | 진동 팩 지원 | 메모리 확장 팩 지원

소프트 루어 브랜드 'ECOGEAR'와 제휴하여 제작한 배스 낚시 시뮬레이션 게임. ECOGEAR 사의 실존 루어가, 하드·소프트를 합쳐 총 102종류나 등장한다. 낚시 장소 역시 카와구치 호, 키타우라, 노지리 호, 카스미가우라, 비와 호, 이케하라 댐을 호수 밑바닥부터 생태계까지 조사·시뮬레이션하여, 60곳 이상의 포인트를 수중까지 충실히 재현했다. '낚시컨 64'를 지원하여, 물고기가 낚일 때의 반응을 리얼한 감각으로 즐길 수 있다.

BOX ART & ROM CARTRIDGE

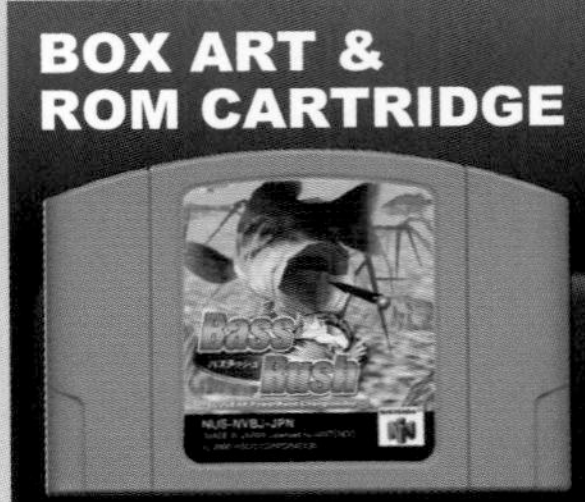

▲ 디테일 구석구석까지 실제 지역을 충실하게 재현한 낚시 게임. 재현도가 높아 게임도 매우 호평받았다.

▲ 모든 포인트가 실제 장소를 제대로 재현했다. 실제 낚시의 시뮬레이션 용도로도 가능하다.

▲ 수중에서 수상으로 시점을 전환할 수도 있다. 배틀 시에도 실시간으로 시점전환이 가능하다.

젤다의 전설 무쥬라의 가면

어드벤처 | 1인용 | 256M | 닌텐도 | 2000년 4월 27일 | 5,800엔

컨트롤러 팩 지원 | 진동 팩 지원 | 메모리 확장 팩 전용

▲ 「젤다의 전설」 시리즈 중에서도 이색적인 작품으로, 기괴한 디자인의 가면과 '달'의 존재감이 인상적인 게임.

BOX ART & ROM CARTRIDGE

동시발매
메모리 확장 팩 동봉판
7,800엔

메모리 확장 팩을 닌텐도 64 본체에 장착해야만 플레이가 가능한 게임이므로, 동봉 팩이 동시 발매되었다.

「젤다의 전설 시간의 오카리나」의 속편이자, 링크의 새로운 모험 이야기다. 전작으로부터 수개월 후, 친구를 찾으러 여행하던 중 숲 속에서 '스탈키드'의 습격을 받아 시간의 오카리나와 에포나를 빼앗기고, 심지어 '데크 너츠'라 불리는 식물형 종족으로까지 변해버린 링크. 그는 자신을 습격한 스탈키드를 쫓아 이세계 '타르미나'까지 오게 된다. 그곳은 3일 후에 달이 낙하해 멸망할 운명이었다. 3일 후 낙하하게 될 달을 막기 위해, 링크는 타르미나 각지를 방문하여 다양한 수수께끼를 풀어야 한다. 타르미나 세계는 3일이 지나면 낙하하는 달에 의해 멸망해버리지만, 시간의 오카리나의 힘으로 시간을 되돌려 1일차부터 다시 모험을 시작할 수 있다. 이를 반복해, 조금씩 세계를 바꾸어 멸망의 운명에서 구하자.

▲ 게임 내에 다양한 종류의 가면이 등장해, 링크가 가면을 쓰면 다채로운 능력을 사용할 수 있게 된다.

▲ 우선은 빼앗긴 '시간의 오카리나'부터 되찾아야 한다. 클락 타운을 탐색하여 스탈키드를 찾아내자.

▲ 닌텐도 64 컨트롤러의 버튼 배치를 제대로 활용한 뛰어난 조작성도 이 게임의 매력이다.

플레이 시간은 불과 3일. 이번 젤다는 '공포물'이다

3일이 지나면 달이 떨어져 세계가 멸망하여 게임 오버가 되고 만다. 시간의 오카리나를 이용하면 시작 시점으로 시간을 되돌릴 수 있지만, 중요한 아이템 외에는 전부 사라져 원상태로 돌아간다. 링크만이 이 세계의 운명을 알고 있는 것이다.

最初の朝
-あと72時間-

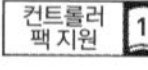
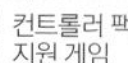
컨트롤러 팩 지원 게임

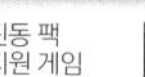
진동 팩 지원 게임

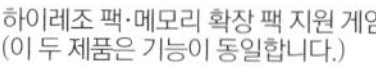
하이레조 팩·메모리 확장 팩 지원 게임 (이 두 제품은 기능이 동일합니다.)

메모리 확장 팩 전용 게임

실황 파워풀 프로야구 2000

스포츠 1~2인용 128M 코나미 2000년 4월 29일 7,800엔 64GB 팩 지원

컨트롤러 팩 지원 123 진동 팩 지원 메모리 확장 팩 지원

당시 일본 프로리그 실존 12개 구단의 2000년도 페넌트레이스 예상 데이터가 입력된 코나미의 인기 시리즈. 귀여운 캐릭터들이 활약하는 본격적인 야구 게임이다. 음성 실황중계와 야구장의 현장감이 넘치는 사운드, 여성 아나운서의 장내방송 선수 소개 등, '소리' 면에서 매우 충실하다. 파워프로의 대명사라 할 수 있는 '석세스 모드'는 사회인 야구 편. 플레이스테이션판에서는 3개였던 회사가 4개로 늘어났고, 특수능력도 대폭 추가되었다.

BOX ART & ROM CARTRIDGE

▲ 박력만점인 오프닝 무비 직후의 게임 타이틀 화면. 귀엽지만 진지한 눈빛의 투수다!

▲ 좌타자라면 역시 라이트 스탠드에 화려한 홈런을 꽂아 넣고 싶을 터! 저스트 미트를 노리자!

▲ 리뉴얼된 석세스 모드의 목표는 '사회인 야구'로 성공하는 것. 일과 야구의 양립을 목표로 플레이하자.

누시 낚시 64 : 바닷바람을 타고

스포츠 1인용 224M 빅터 인터랙티브 소프트웨어 2000년 5월 26일 6,800엔 64GB 팩 지원, 낚시컨 64 지원

컨트롤러 팩 지원 진동 팩 지원 메모리 확장 팩 지원

오랜 인기작인 「누시 낚시」 시리즈 중 하나. 낚시를 좋아하는 가족이 남국의 물고기를 찾아 여행하는 스토리다. 이번 작품의 무대는 하와이! 스쿠버다이빙으로 물고기에게 먹이 주기나 아이들이 좋아하는 곤충채집 등의 요소도 추가했으며, 해당 지역에 서식하는 해수어·담수어·열대어 등, 다른 낚시 게임엔 없는 물고기가 100종류 이상이나 등장한다. 게임보이판 「강의 누시 낚시」를 64GB 팩에 장착해 플레이하면 물고기 종류가 더욱 늘어난다.

BOX ART & ROM CARTRIDGE

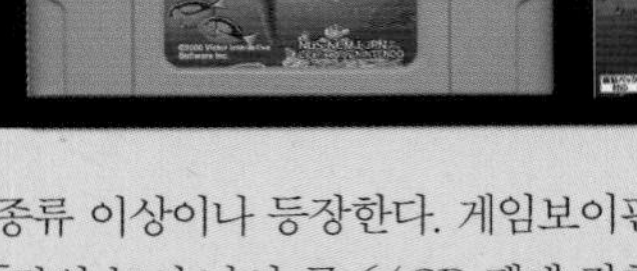

▲ 금번의 무대는 하와이! 신기한 물고기를 잔뜩 낚아보자. 별매품인 '낚시컨'으로 즐기면 더욱 리얼하다.

▲ 낚시 포인트 근처에는 다양한 상점이 있다. 낚시를 수월하게 진행하려면 아이템을 잘 골라 사야 한다.

▲ 잘 낚이는 포인트를 파악해, 물고기를 놓치지 마라! 바다에서 '청새치' 등의 거물을 노리는 것도 재미있다.

익사이트바이크 64

레이싱 | 1~4인용 | 128M | 닌텐도 | 2000년 6월 23일 | 6,800엔

컨트롤러 팩 지원 4~40 / 진동 팩 지원 / 메모리 확장 팩 지원

패미컴판 「익사이트바이크」의 속편으로, 3D화된 모터크로스 레이싱 게임. 6명의 라이더로 우승을 경쟁하는 '챔피언십'과 '타임 어택', 패미컴판에서 인기였던 '코스 에디터'를 비롯해, '스페셜 코스'로는 사막에 있는 모닥불을 끄는 '사막', 점프 도중에 구사하는 기술을 경쟁하는 '스턴트 콘테스트', '힐 클라임', 거대한 공을 빼앗으며 겨루는 '축구' 등 풍부한 플레이 모드를 준비했다. 코스 역시 다양하게 마련되어 있다.

▲ 6명의 라이더는 각자 개성이 있고 능력도 다르다. 레이스와 스페셜 코스는 최대 4명까지 대전 가능.

▲ 패미컴판에 있었던 'TEMP' 미터도 건재해, 터보를 과하게 사용하면 오버히트되어 버린다.

▲ 패미컴판 「익사이트바이크」도 수록했고, 심지어 그 게임을 3D화한 「익사이트바이크 3D」도 넣었다.

힘내라! 일본! 올림픽 2000

스포츠 | 1~4인용 | 96M | 코나미 | 2000년 7월 13일 | 7,800엔

컨트롤러 팩 지원 / 진동 팩 지원 / 메모리 확장 팩 지원

버튼 연타, 혹은 타이밍에 맞춰 버튼을 누르는 등의 조작으로 올림픽 경기에 도전하자. 경기는 '100m 달리기', '해머던지기', '도마' 등 총 14종목. '올림픽 모드'에서는 경기를 선택하여 플레이한다. 일부 경기는 처음엔 고를 수 없으며, 메달을 얻어 개방 조건을 충족시키면 추가된다. '챔피언십 모드'에서는 무작위 선정된 8종목을 치러 획득한 포인트로 우승자를 결정한다. TV 중계를 모방한 카메라워크를 구현한 영상이 박력 넘친다.

▲ 메모리 확장 팩을 장착하면, 이 타이틀 화면 직전에 살짝 코믹한 연출이 추가된다.

▲ '역도'는 무게가 늘어날수록 연타가 힘들어지며, OK 존의 타이밍도 매우 빡빡해진다.

▲ 3D 스틱의 마모가 걱정될 만큼 마구 돌리는 등의 격한 조작을 요구하는 경기는 없으니, 그 점은 안심하자.

마리오 테니스 64

스포츠 | 1~4인용 | 128M | 닌텐도 | 2000년 7월 21일 | 6,800엔 | 64GB 팩 지원

컨트롤러 팩 지원 | 진동 팩 지원 | 메모리 확장 팩 지원

마리오 시리즈의 캐릭터들이 다수 출연하는 테니스 게임. A 버튼으로 탑 스핀, B 버튼으로 슬라이스 스핀, 두 버튼을 조합하여 로브·드롭·스매시 등의 다채로운 기술을 자유자재로 구사할 수 있는 것이 매력이다. 와루이지가 첫 등장한 작품이기도 하며, 숨겨진 캐릭터를 포함하면 무려 16명이나 사용할 수 있다. '엑시비션'·'토너먼트'·'링 샷'·'빼끔 챌린지'·'쿠파 스테이지' 등 5가지 모드를 수록하였으며, 코스 종류도 다양하고 깊이가 있다.

BOX ART & ROM CARTRIDGE

▲ 「마리오 골프」와 「모두의 골프」의 카멜롯 사가 제작했다. 이후의 이 시리즈도 모두 개발을 맡는다.

▲ 캐릭터는 각자 만능형·파워형·스피드형·테크닉형·트리키형으로 나뉘어 다른 개성이 있다.

▲ 64GB 팩을 사용해 「마리오 테니스 GB」와 연동시키면 육성한 캐릭터를 전송해 사용할 수 있다.

도라에몽 3 : 진구의 마을 SOS!

액션 | 1인용 | 128M | 에포크 사 | 2000년 7월 28일 | 6,800엔

컨트롤러 팩 지원 | 진동 팩 지원 | 메모리 확장 팩 지원

여름방학이 끝나갈 무렵, 방학숙제를 아직 끝내지 못한 진구가 도라에몽에게 도와달라고 애걸하는 순간 창밖에 섬광이 번쩍인다. "운석이다!"라며 밖으로 뛰쳐나가 재미삼아 운석 조각을 주운 진구. 정신을 차리고 보니, 진구 일행은 물론이고 마을이 통째로 알 수 없는 행성으로 옮겨져 버렸다. 지구로 돌아갈 방법을 찾기 위해 행성을 탐색하자. 친구들은 적 보스에게 잡혀있다. 각 보스를 쓰러뜨리고 친구를 구해 동료로 삼아, 서로 협력하여 '바구루 제왕'을 물리치자!

BOX ART & ROM CARTRIDGE

▲ 이 마을의 일부분이 적의 행성에 통째로 전송되고, 마을 사람들은 슬라임 안에 갇혀버린다.

▲ 게임 중반 이후부터는 구출한 친구와 함께 모험이 가능하다. 각 캐릭터의 특징을 잘 활용하여 진행하자.

▲ 진행하다 보면 다양한 이벤트가 발생한다. '진구'는 사격이 특기. 신중하게 패널을 쏴서 맞히자.

마리오 스토리

롤플레잉 | 1인용 | 320M | 닌텐도 | 2000년 8월 11일 | 6,800엔

3D 세계 내에서 마리오가 2D 캐릭터로 등장하는 「페이퍼 마리오」 시리즈의 첫 번째 작품이며, 「슈퍼 마리오 RPG」의 속편격으로 발매되었다. 시리즈 전통대로 납치당한 피치 공주를 구하러 가는 전개이기는 하나, 독특한 등장 캐릭터들과 아름다운 배경이 융합되어 플레이하는 유저가 지루할 틈이 없도록 하는 즐거운 액션 롤플레잉 게임이다. '스타 지팡이'를 입수해 강해진 쿠파를 쓰러뜨리고, 납치당한 별의 요정과 피치 공주를 구해내자!

BOX ART & ROM CARTRIDGE

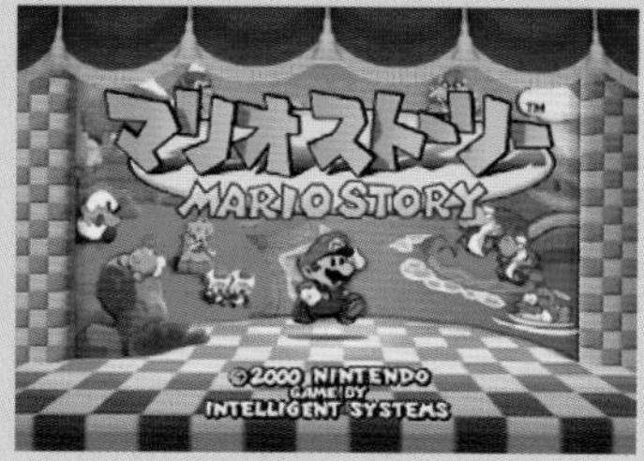

▲ 이 작품에서는 종이조각처럼 표현되는 마리오. 도중에 만나는 적 캐릭터들이 매우 귀엽다.

▲ 마리오와 루이지에게, 성의 피치 공주로부터 파티 초대장이 도착한다. 피치 공주가 사는 버섯 성으로 가자.

▲ 실은 지하에 '쿠파 성'이 있어, 마리오 눈앞에서 피치 공주와 성이 통째로 납치당하면서 이야기가 시작된다.

WWF 레슬매니아 2000

스포츠 | 1~4인용 | 224M | 아스믹 에이스 엔터테인먼트 | 2000년 9월 15일 | 8,800엔

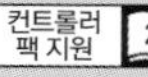

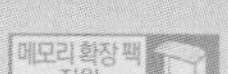

WWF(현 WWE)가 개최하여 PPV로 방영했던 대형 이벤트 '레슬매니아 2000'을 소재로 삼은 대전 게임. 「버추얼 프로레슬링 64」의 엔진을 기반으로 개발하여 조작하기 쉽고, 화려한 연출과 개성 넘치는 선수들의 움직임을 완전히 재현해냈다. 게임 모드는 '엑시비션', '킹 오브 더 링', '로드 투 레슬매니아', '페이 퍼 뷰', '로열 럼블'로 5종류다. 에디트 기능도 충실한 편이다.

BOX ART & ROM CARTRIDGE

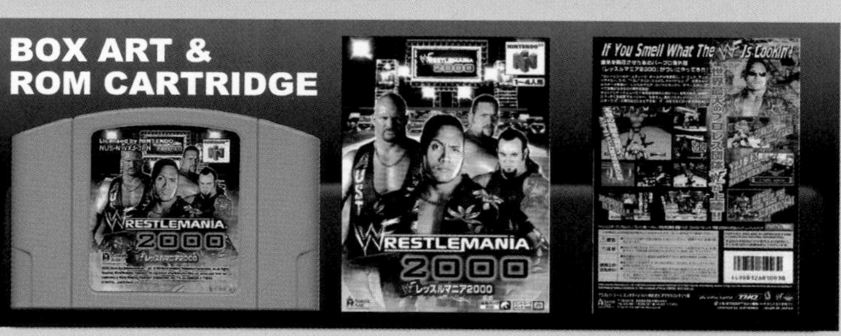

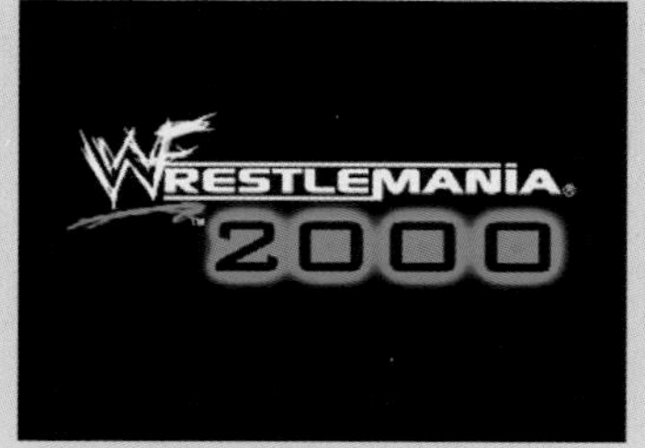

▲ 트리플 H와 빅 쇼가 처음으로 레슬매니아의 메인 이벤트에 출장한 것으로도 유명한 이벤트다.

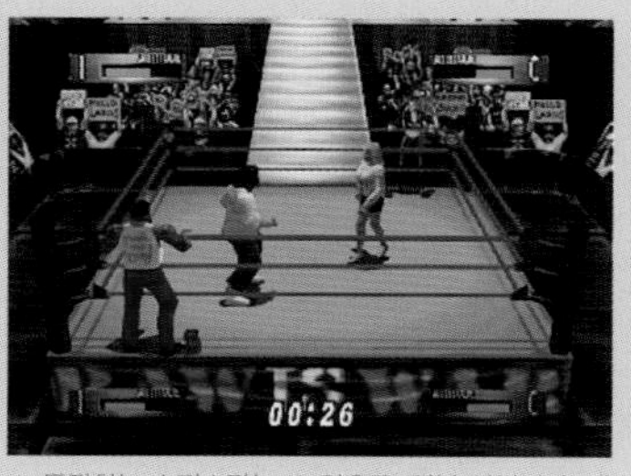

▲ 등장하는 슈퍼스타는 57명으로, 전부 실명이다. 에디트 기능을 사용해 오리지널 슈퍼스타도 제작 가능.

▲ 스토리 모드에서는 신인 레슬러 때부터 실적을 쌓아 최종적으로 레슬매니아의 메인 이벤트에 도전한다.

이상한 던전 풍래의 시렌 2 : 도깨비 습격! 시렌 성!

롤플레잉 | 1인용 | 256M | 닌텐도 | 2000년 9월 27일 | 6,800엔

컨트롤러 팩 지원 40~120 | 진동 팩 지원 | 메모리 확장 팩 지원

슈퍼 패미컴으로 인기가 많았던「이상한 던전」시리즈「풍래의 시렌」의 속편. 들어갈 때마다 구조가 달라지는 던전 안에서 적과 싸우고 아이템을 습득해 던전의 더 깊숙한 곳을 목표로 진행하는 게임 시스템은 전작과 같으나, 이번에는 도깨비의 습격을 받고 있는 유채씨 마을을 지키기 위해 던전에서 얻은 소재들로 성을 만든다는 목적이 추가되었다. 던전 역시 '초급'·'중급'·'상급'으로 나뉘어, 난이도가 차별화되었다.

▲ 자신의 성을 키워가는 재미가 추가됐지만, 도깨비의 습격으로 성이 무너져버리면 충격이 크다.

▲ 전작에 나왔던 적도 다시 등장한다. 전작 플레이로 얻은 지식을 이 작품에서도 활용할 수 있다.

▲ 캐릭터가 3D 모델로 그려져, 친숙한 캐릭터들이 입체감 넘치는 작품으로 진화하였다.

퍼펙트 다크

슈팅 | 1~4인용 | 256M | 닌텐도 | 2000년 10월 21일 | 5,800엔

컨트롤러 팩 지원 28 | 진동 팩 지원 | 메모리 확장 팩 전용

이 작품은 세계의 기술 발전을 조사하는 캐링턴 협회 소속의 뛰어난 요원 '조애너 다크'(코드네임 '퍼펙트 다크')가 되어 다양한 잠입 미션을 해결해 나가는 FPS다. 근미래가 무대이다 보니 핸드건·머신건·샷건 등의 대표적인 총기를 비롯해 레이저 무기도 있으며, 맵 상의 장애물을 관통하는 무기까지도 존재해, 공략의 폭이 매우 넓다.

▲ 스마트한 인상의 타이틀과, 세련된 스파이 영화 느낌의 쿨한 스토리를 즐길 수 있는 게임.

▲ 임무 내용과 잠입 장소의 상황에 따라 다채로운 무기를 전환해 사용하는 높은 전략성이 매력이다.

동시발매
메모리 확장 팩 동봉판

7,800엔

◀ 게임 내용에 맞춰 패키지도 시크한 이미지로 디자인되어 있다. 과격한 묘사에 관한 주의 문구도 들어가 있어 성인용 게임 분위기가 난다.

커스텀 로보 V2

액션 | 1~4인용 | 128M | 닌텐도 2000년 11월 10일 6,800엔

컨트롤러 팩 지원 | 진동 팩 지원 | 메모리 확장 팩 지원

▲ 전작의 사건으로부터 1년 후, 커맨더 데뷔를 달성한 소년이 추첨으로 얻은 최신 로보와 함께 싸움에 임한다.

자신이 커스터마이즈한 로보를 조작해 배틀하는 로봇 액션 RPG 「커스텀 로보」 시리즈의 2번째 작품. 몸체인 '로보'의 부위 파츠인 '건'·'봄'·'포드'·'레그'에 다양한 파츠를 장착해 커스텀 로보를 조립하여, 3D 공간에서 벌어지는 TPS 풍 배틀에 도전한다. 파츠는 단순한 성능 차이뿐만 아니라 사정거리나 사격속도 등의 특성이 크게 다른 것까지도 있어, 자기 나름의 이상적인 전투 스타일을 추구할 수 있는 것이 특징으로, 이번 작품에선 전작에서 장착 불가능했던 '불법 파츠'도 사용 가능해졌다. 신규 요소는 이밖에도 많아, 스텔스 기능이 있는 신규 로보, 공중전에 적합한 로보 스타일인 '점퍼 스타일', 드릴·너클 등의 신규 타입 무기 등도 추가되었다. 전작에서 불과 1년여 만에 나온 작품인데도 커스터마이즈의 폭이 한층 넓어져, 완전판이라 할 만한 게임이다. 조합 종류가 많다보니 특출한 성능의 로보나 파츠도 많아 밸런스가 편중되는 면도 있으나, '이상적인 로봇을 만들어낸다'는 소년의 감성을 자극하는 게임 디자인으로 인기를 얻었다. 스토리는 전작의 1년 후가 무대인 '여행 편'과 '격투 편' 2종을 수록했다.

▲ 새로운 시나리오 모드 '격투 편'에서는 배틀에서 승리하면 상대의 파츠를 빼앗을 수 있는 룰이 추가되었다.

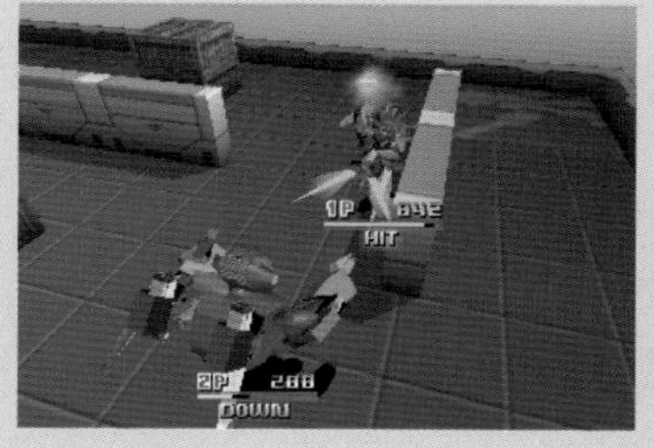

▲ 시나리오에서 입수한 파츠와 스테이지는 대전에서 사용 가능. 숨겨진 커맨드로 추가되는 스테이지도 있다.

▲ 빠른 움직임으로 모습을 감추는 '스텔스 타입'이 신규 타입의 커스텀 로보로 추가되었다.

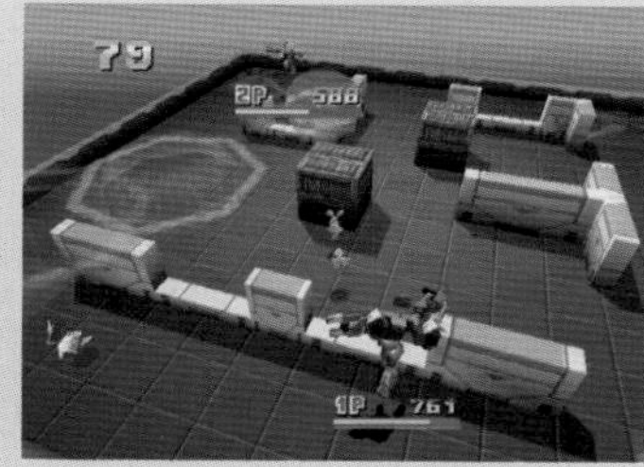

▲ 배틀의 신규 룰에 '2 on 2'가 추가되어 전략성이 늘어났다. 태그 배틀로 교대하며 콤보를 먹이자.

높은 커스텀 자유도가 바로 재미의 비결

파츠의 선택지가 전작에 비해 크게 늘어나 커스텀의 자유도가 증가된 탓에, 원거리에서 상대의 체력을 깎는 타입, 초근접전으로 큰 타격을 주는 타입 등 유저 각자가 로봇에 품은 이상과 로망을 커스텀 로보 하나에 담아낼 수 있게 되었다.

죄와 벌 : 지구의 계승자

슈팅 | 1~2인용 | 256M | 닌텐도 2000년 11월 21일 5,800엔

컨트롤러 팩 지원 | 진동 팩 지원 | 메모리 확장팩 지원

근미래를 무대로, 인간이 만들어내 버린 신종 생명체로부터 지구를 지키는 두 젊은이가 주인공인 3D 슈팅 게임. 신종 생명체는 본능적으로 인류를 공격한다. 플레이어는 닌텐도 64 컨트롤러의 C 버튼으로 캐릭터의 좌우 이동과 점프를 컨트롤하면서, 동시에 3D 스틱으로 조준 사이트를 움직여 연속으로 등장하는 적들을 공격한다. 얼핏 조작이 복잡한 게임처럼 보이지만, 오토 에임 기능 등도 있어 쉽게 즐길 수 있도록 배려해 준다.

▲ 중후한 인상의 타이틀 화면과, 설명을 의도적으로 배제한 스토리로 독특한 세계관을 연출하는 게임.

▲ 움직임이 트리키한 적도, 반복 플레이로 패턴을 파악하면 화려하게 격파할 수 있다.

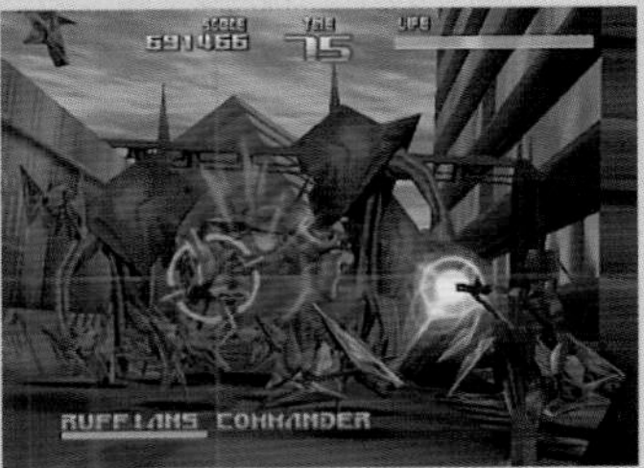
▲ 곳곳에서 플레이어를 기다리는 거대한 보스 캐릭터는 각자 독자적인 공격법과 약점을 갖고 있다.

록맨 DASH : 강철의 모험심

롤플레잉 | 1인용 | 256M | 캡콤 2000년 11월 22일 6,800엔

컨트롤러 팩 지원 | 진동 팩 지원 | 메모리 확장팩 지원

「록맨 X」 시리즈의 수천 년 후 미래가 무대인 새로운 「록맨」. 고대 초문명의 유산과 '디플렉터'라 불리는 에너지 자원을 발굴하는 '디그아우터'가 생업인 소년 '록 볼너트'가 주인공으로서, '카톨옥스 섬'에 있는 유적의 비밀을 쫓는 액션 롤플레잉 게임이다. 조사가 진행될수록 자신에 관한 비밀도 서서히 밝혀져 간다. 난이도는 적절한 편으로, 액션 게임에 약한 사람이라도 재미있게 즐길 수 있도록 구성했다.

▲ 호평을 받아 대인기작이 되었다. 타이틀 화면에도 나오는 인기 캐릭터 '꼬봉'은 이 작품으로 첫 등장.

▲ 고저차가 있는 맵을 누비며 적을 쓰러뜨리는, 당시 시점에선 보기 드물었던 3D 액션 전투 시스템이다.

▲ 아이템을 구입하거나 마을 사람을 도와주는 등의 RPG 요소도 존재한다.

NINTENDO64

반조와 카주이의 대모험 2

액션 | 1~4인용 | 256M | 닌텐도 | 2000년 11월 27일 | 6,800엔

컨트롤러 팩 지원 | 진동 팩 지원 | 메모리 확장 팩 지원

전작의 2년 후를 그린 액션 게임. 전작에서 생매장한 숙적 '그런틸다'가 부활해 반조와 카주이에게 복수를 다짐한다. 반조와 카주이는 복수에 휘말린 보틀즈의 원수를 갚기 위해 그런틸다를 쫓는 모험에 나선다. 신규 액션이 다수 추가된 것이 특징으로, '알 조준', '알 사격', '카주이 분리' 등 쓸모가 있는 신규 액션들이 게임의 난이도를 약간이나마 낮추어주어, 전작보다는 플레이하기 쉬워졌다.

BOX ART & ROM CARTRIDGE

▲ 곰 '반조'와 새 '카주이'가 대활약한다. 전작의 기본 요소들이 충실해져 정통 진화한 작품이다.

▲ 진조의 왕이자 진조 마을의 촌장. 반조 일행에게 진조를 되찾아달라고 의뢰한다.

▲ 반조와 카주이 외에 '멈보 점보'를 직접 조작할 수 있게 되어 공략의 폭도 넓어졌다.

NINTENDO64

댄스 댄스 레볼루션 : 디즈니 댄싱 뮤지엄

액션 | 1~2인용 | 192M | 코나미 | 2000년 11월 30일 | 7,800엔

댄스 댄스 레볼루션 전용 컨트롤러 지원

컨트롤러 팩 지원 | 진동 팩 지원 | 메모리 확장 팩 지원

음악게임 붐의 주역이 되어 대히트한 「댄스 댄스 레볼루션」에 디즈니 캐릭터들이 등장! '미키 마우스 마치'·'일렉트리컬 퍼레이드' 등의 디즈니 인기곡들과, 미키가 태고를 두드리는 '미키 마우스 타령', 구피가 리젠트 헤어스타일로 춤추는 '구피의 로큰롤 쇼' 등 다양한 곡들을 수록했다. 타 기종판에는 없는 '세션 모드'에서는 댄스와 악기 연주를 동시에 플레이할 수 있다. 게임에서 입수한 퍼즐을 완성시키면 숨겨진 곡이 개방된다.

BOX ART & ROM CARTRIDGE

▲ 디즈니의 캐릭터들이 화면 안에서 즐겁게 춤추는 작품. 아이부터 어른까지 폭넓은 연령층이 즐길 수 있다.

▲ 유명 댄스곡을 수록한 타 기종의 다른 버전들과 달리, 차이코스프키 등의 클래식을 편곡한 곡도 나온다.

▲ 역시 이 게임은 온몸으로 즐겨야 제맛!!! 미키·미니 디자인이 들어간 전용 별매품 매트 컨트롤러도 있다!

마리오 파티 3

파티 1~4인용 256M 닌텐도 2000년 12월 7일 5,800엔

컨트롤러 팩 지원 진동 팩 지원 메모리 확장 팩 지원

대인기 「마리오 파티」 시리즈의 제 3탄이자, 닌텐도 64 최후의 「마리오 파티」. 데이지·와루이지가 새로 참전했다. 수록된 보드 맵이 총 10종류, 미니게임이 70종류라는 어마어마한 볼륨이다. 이번 작품은 혼자서도 즐길 수 있는 '스토리 모드'도 탑재해, 1000년에 1번 나타난다는 밀레니엄 스타를 둘러싼 모험을 그렸다. 최대 4인 대전이 가능한 배틀 로열은 맵의 오리지널 이벤트가 강화되었고, 아이템도 20종류로 늘어났다.

BOX ART & ROM CARTRIDGE

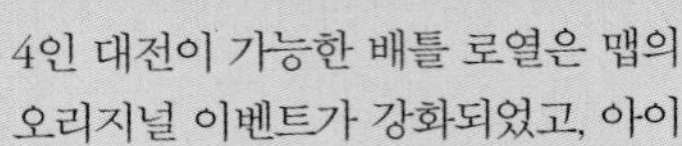

▲ 3 : 1, 2 : 2 등의 다양한 신규 요소를 잔뜩 넣어, 시리즈 최고 걸작으로 평하는 유저도 많다.

▲ '배틀 로열' 외에도, 1 : 1로 대전해 상대의 라이프를 0으로 만들면 이기는 '듀얼 맵'도 등장한다.

▲ 이 게임의 최대 특징인, 70종류에 달하는 미니게임들. 미니게임은 전부 신작이다.

포켓몬 스타디움 금은

시뮬레이션 1~4인용 512M 닌텐도 2000년 12월 14일 6,800엔 64GB 팩 지원

컨트롤러 팩 지원 진동 팩 지원 메모리 확장 팩 지원

기존의 「포켓몬스터」 '적'·'녹'·'청'·'피카츄' 버전은 물론 '금'·'은'·'크리스탈 버전'의 지원도 새로이 추가된, 총합 251종류나 되는 포켓몬이 등장하는 대전 시뮬레이션 게임. 포켓몬들의 완성도가 전작보다 향상되어, 더욱 리얼하고 박력 만점인 배틀 장면을 즐길 수 있다. 64GB 팩을 이용하면 게임보이판에서 육성한 포켓몬을 전송시켜 사용할 수 있으며, 게임보이판이 없는 사람도 대여 포켓몬을 이용하면 문제없이 즐길 수 있도록 했다.

BOX ART & ROM CARTRIDGE

▲ 시리즈의 집대성이자 최고 걸작이라고도 불리는 작품. '자료실'·'포켓몬 강좌' 등이 있어 자료로도 가치가 크다.

▲ '스타디움'에서는 '닌텐도 컵'·'울트라 컵'·'리틀 컵'·'챌린지 컵'을 즐길 수 있다.

▲ 미니게임도 파워 업! 최대 4명까지 플레이 가능하니, 친구와 함께 즐기면 분명 치열해질 것이다!

NINTENDO64 SOFTWARE ALL CATALOGUE

2001 AD

ALL 198 ROM TITLES FOR JAPAN MARKET

2001년은 3월에 게임보이 어드밴스가 발매되고 9월에는 게임큐브가 발매되는 등, 닌텐도 입장에서는 말 그대로 '세대교체의 해'였다. 게다가 닌텐도 64는 이전부터 차세대 게임기 발표의 영향으로 쇠퇴기미가 뚜렷해진 지라, 2001년의 발매 타이틀 수는 불과 6종이었다. 같은 해 64DD 회원 전용 서비스 '랜드넷'도 종료되어, 이 해를 끝으로 닌텐도 64는 막을 내린다.

닌텐도가 딱히 최후까지 전력투구하지는 않았기에, 기기 최후의 타이틀은 허드슨의 「봄버맨 64」가 되었다 (이 해에 발매된 닌텐도 타이틀 자체가 총 6종 중 2종에 불과했다). 허드슨이 「마리오 파티」 시리즈 등으로 닌텐도 64와 인연이 많은 회사이긴 했으나, 마지막을 장식한 타이틀조차 파티 게임이었다는 점에서 묘한 운명조차도 느껴지는 면이 있다.

이 해의 최대 화제라면, 닌텐도 최후의 닌텐도 64용 타이틀이 된 「동물의 숲」일 것이다. 원래 64DD용 타이틀로서 개발 중이었으나 발매가 크게 늦어진데다, 닌텐도 64 말기였기도 해서 별다른 홍보 없이 조용히 출시되었지만, 입소문을 타고 큰 화제가 되어 황급히 증산이 결정되었고, 어느새 현재까지도 이어지는 인기 시리즈로 성장하게 되었다.

NINTENDO64

미키의 레이싱 챌린지 USA

레이싱 | 1~4인용 | 256M | 닌텐도 | 2001년 1월 21일 | 6,800엔

컨트롤러 팩 지원 | 진동 팩 지원 | 메모리 확장 팩 지원

뉴욕·시애틀 등의 실존 도시를 무대로, 미키 마우스를 비롯한 디즈니 캐릭터들이 활약하는 레이싱 게임. 어느 날 아침 미키가 개집을 살펴보니 플루토가 사라지고 사진 한 장만 남아있었다. 사진엔 족제비 군단에 둘러싸인 플루토가 트럭에 감금된 모습이 찍혀있고, '플루토는 우리가 데려간다!'라는 메시지까지! 족제비에게 납치당한 플루토를 구하기 위해, 미키는 친구들과 함께 미국 대륙을 횡단하게 된다.

▲「디디 콩 레이싱」 등을 제작했던 레어 사가 개발한 작품. 신나는 템포의 BGM도 인상적이다!

▲ 숨겨진 캐릭터를 포함해, 캐릭터 10명이 등장한다. 각 캐릭터가 레이스 도중 내는 대사들도 재미있다.

▲ 다양한 웨폰을 구사하며, 경치가 다양하고 독특한 장치가 가득한 미국 각지의 코스들을 누빈다.

NINTENDO64

실황 파워풀 프로야구 Basic판 2001

스포츠 | 1~2인용 | 128M | 코나미 2001년 3월 29일 6,800엔

컨트롤러 팩 지원 123 | 진동 팩 지원 | 메모리 확장팩 지원

일본 리그 페넌트레이스 2001년도 개막 시점의 각 구단 선수 데이터 예상치를 탑재한, 코나미의 대인기 야구 게임. GBA판 「파워프로 군 포켓 3」에서 육성한 선수를 사용할 수 있다. 기본적으로는 전작을 계승한 형태의 게임이지만, 야구 파트는 일부 조정을 가했다. 아쉽게도 전작에서 호평받았던 '석세스 모드'를 삭제했기 때문에 선수 육성은 불가능하며, 순수하게 페넌트레이스를 즐기는 목적의 작품으로 발매했다.

BOX ART & ROM CARTRIDGE

▲ '석세스 모드'는 없으나, 일부 타 기종판 '파워프로' 시리즈의 선수 데이터를 패스워드로 전송받을 수는 있다.

▲ 2등신의 귀여운 캐릭터가 특징인 시리즈이지만, 진지하게 시합이 전개되는 본격적인 야구 게임이다.

▲ 올스타전 등의 시합 개시 전에 팬 서비스로 진행되곤 하는 '홈런 경쟁'이란 모드도 있다!

NINTENDO64

햄스터 이야기 64

시뮬레이션 | 1인용 | 96M | 컬처 브레인 2001년 4월 6일 6,480엔

컨트롤러 팩 지원 10 | 진동 팩 지원 | 메모리 확장팩 지원

닌텐도 64 후기에 등장한 햄스터 육성 시뮬레이션 게임. 순수하게 '게임'으로서 즐길 수 있도록, 주인공과 햄스터가 직접 대화하듯이 커뮤니케이션을 취하는 시스템으로 제작했다. 여러 가지 이벤트를 함께 즐기거나, 햄스터끼리 함께 놀도록 세팅하는 등의 다양한 이벤트가 발생한다. 육성하는 과정에서 플레이어가 어떻게 돌봐주었는지에 따라 다양한 성격으로 자라는 햄스터. 개성적으로 성장하는 그들과의 이야기가 시작된다.

BOX ART & ROM CARTRIDGE

▲ 전원을 켜면 맨 먼저 나오는 타이틀 화면에는, 작품에 등장하는 개성만점의 귀여운 햄스터들이 대집합!

▲ 1주일마다 체력·민첩성·귀여움 등 햄스터의 능력치가 변화한다. 애정을 담아 키워보자.

▲ 마을에서는 육성에 필요한 물건을 사거나 햄스터 기르기에 관한 힌트를 들을 수 있다. 막히면 일단 나가보자!

동물의 숲

시뮬레이션 | 1~4인용 | 128M | 닌텐도 | 2001년 4월 14일 | 5,800엔

컨트롤러 팩 지원 121 | 진동 팩 지원 | 메모리 확장 팩 지원

▲ 기념비적인 시리즈 첫 작품. 처음엔 64DD용 RPG로서 출시될 예정이었다.

동시발매

컨트롤러 팩 세트 박스

6,800엔

게임 내에서 즐길 수 있는 음악과 패미컴 게임, 슈퍼바이저인 미야모토 시게루의 편지를 컨트롤러 팩에 수록했다.

후일 다양한 게임기로 출시되는 인기 시리즈의 첫 작품. 동물 주민들 및 다른 플레이어와의 커뮤니케이션에 중점을 둔 시뮬레이션 게임으로, 실제 시간에 맞춰 변화하는 마을에서 생활하며 계절·시기를 반영하여 발생되는 이벤트를 보거나, 방의 장식을 자유롭게 바꾸거나, 편지와 게시판으로 동물들 및 다른 플레이어와 교류하는 등, 특정한 목적에 얽매이지 않고 하루하루를 보내는 유유자적한 분위기의 작품이다. 초기 개발 단계의 기획안은 던전을 탐색하는 롤플레잉 게임이었으나, 닌텐도 64 카트리지의 용량에 맞춰 커뮤니케이션에 집중해 제작하다 보니 느긋한 세계관의 구축으로 이어져, 일본에서는 아동·여성층을 중심으로 호평을 받아 여성잡지의 특집기사로도 다루어질 만큼 폭넓은 인기를 획득하는 결과로 이어졌다.

▲ 마을에 있는 게시판은, 같은 카트리지 안에 사는 플레이어(의 분신)와의 소통용 도구다.

▲ 카트리지 하나에는 주민(플레이어)이 4명까지 살 수 있으며, 교대로 플레이하며 서로의 방을 평가해줄 수도 있다.

▲ 컨트롤러 팩을 사용하면, 다른 카트리지 안의 마을에 놀러가거나 마을 경관을 바꿀 수도 있다.

유유자적하게 즐기는 '동물의 숲' 라이프

토요일 저녁 8시에 나타나는 개 음악가 'K.K.'(원작에서는 '토타케케') 등의 개성 넘치는 주민들과 친해질 수도 있고, 화석 발굴·식수 벌채·작물 키우기 등 할 수 있는 일도 많지만, 이 게임은 절대 무엇을 하라고 강요하지 않는다. 자기 나름의 즐기는 법을 찾아가는 작품이기 때문이다.

컨트롤러 팩 지원 123 컨트롤러 팩 지원 게임  진동 팩 지원 게임  하이레조 팩 지원 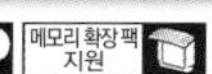 메모리 확장 팩 지원 하이레조 팩·메모리 확장 팩 지원 게임 (이 두 제품은 기능이 동일합니다.) 메모리 확장 팩 전용 메모리 확장 팩 전용 게임

더비 스탤리언 64

시뮬레이션 1~4인용 256M 미디어 팩토리 2001년 8월 10일 6,800엔

컨트롤러 팩 지원 120 진동 팩 지원 메모리 확장 팩 지원

경주마 육성 시뮬레이션 게임으로 일본에서 인기가 많은 시리즈의 닌텐도 64판. 자금 2천만 엔과 암컷 번식마 1두로 시작해, GI 등 일본 내의 중상 레이스부터 프랑스의 개선문 상까지 제패하자. 크로스·닉스 등의 교배이론을 적용하면 비싼 종마가 아니라도 강한 말이 태어날 가능성이 있지만 그 반대도 당연히 가능하므로, 어떻게 교배할지 고민하여 스스로 최강의 경주마가 만들어지는 교배이론을 완성해 증명하는 것이 이 게임의 매력이다.

▲ 컨트롤러 팩을 지원하는데, 카트리지의 데이터를 옮길 수 있어 브리더즈 컵 개최 시에 있으면 편하다.

▲ 코멘트를 참고해 조교·출마 시의 방침을 정하자. 조교사에게 전부 맡길 수도 있다.

▲ '64'답게 레이스 장면도 폴리곤화했다. 목장도 폴리곤화되어, 1인칭 시점으로 목장을 돌아다닐 수도 있다.

봄버맨 64

파티 1~4인용 96M 허드슨 2001년 12월 20일 5,800엔

컨트롤러 팩 지원 진동 팩 지원 메모리 확장 팩 지원

초대 「봄버맨」 발매 16주년을 기념하여 제작된, 최후의 닌텐도 64용 일본 발매 소프트. 익숙한 「봄버맨」 게임으로 분기 스테이지를 공략하는 '노멀 게임'을 비롯해, 최대 4명까지 서바이벌 경쟁하는 '배틀 게임', 시리즈 파생작인 낙하계 퍼즐 게임 '패닉 봄버', 2개 이상 인접한 블록을 없애 가며 스코어를 경쟁하는 퍼즐 게임 '사메가메', 다수의 미니게임(어트랙션)을 공략하여 코인을 모으는 '봄버맨 파크'를 수록했다.

▲ 배틀 게임에서는 폭탄 설치와 이동 조작을 2명이 분담하는 '탠덤 배틀' 등의 3가지 룰을 준비했다.

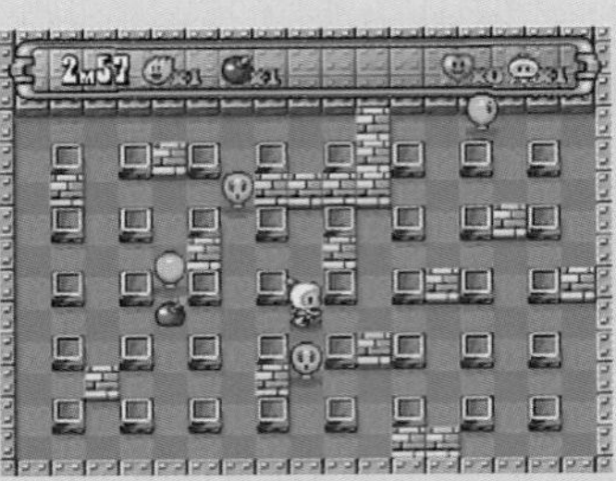
▲ 딱히 새로운 요소는 없으며, 기존 시리즈 작품들을 가볍게 즐길 수 있는 심플한 옴니버스 게임이다.

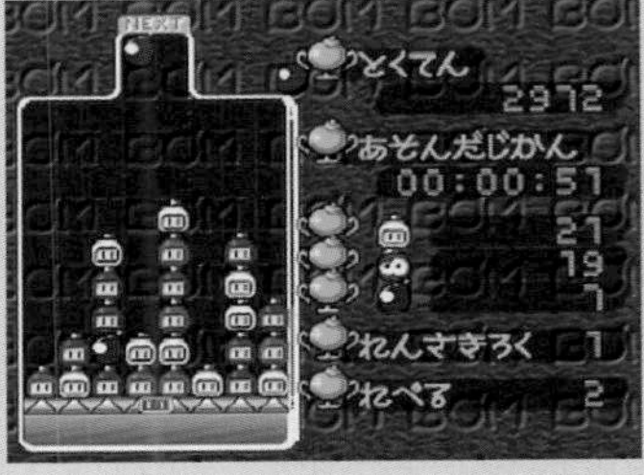

▲ '패닉 봄버'에 추가된 1인용 모드에서는 하이스코어를 목표로 실력을 끊임없이 단련할 수 있다.

CHAPTER 3

NINTENDO64 서양 소프트 카탈로그

NINTENDO64 OVERSEAS SOFTWARE CATALOGUE

NINTENDO64

NINTENDO64 PERFECT CATALOGUE 퍼펙트 카탈로그

해설 서양 개발사가 주도했던 닌텐도 64 소프트 시장

COMMENTARY OF NINTENDO64 #3

서양의 주도 하에 결성된 드림 팀

닌텐도 64는 일본보다 오히려 일본 바깥의 시장에 널리 보급되어, 일본 내 본체 판매대수가 554만 대인 데 비해 일본을 제외한 세계 시장에서는 이를 훨씬 웃도는 2,739만 대를 판매하였다. 참고로 세부적으로는 북미가 2,063만 대, 유럽 및 오스트레일리아가 675만 대로서, 북미 쪽의 판매량이 단연 압도적이었다.

애초에 닌텐도 64의 사전 홍보 전략부터가 미국 우선이어서, '프로젝트 리얼리티' 발표부터 실기 전시와 데모 영상 공개에 이르기까지 대부분이 미국에서 진행되었다. 개발 파트너사인 SGI가 미국 회사였다 보니, 미국 주도형 프로모션 전략이 된 것도 어떤 의미로는 당연한 흐름이었다 하겠다.

참고로, 닌텐도 64의 본체·컨트롤러에 세계 공통의 유니버설 디자인을 도입하였음은 앞서 설명하였으나, 이 디자인의 방향성 면에서도 북미 시장의 요구가 강하게 반영되었다. 곡면을 도처에 사용한 검은색 본체도, 컨트롤러 케이블이 길어진 것도, 결국 미국 시장이 선호하는 디자인과 미국 가정의 사정이 반영된 것이었다.

소프트 개발도 대부분 서양 개발사들의 주도로 진행되었으며, 주요 개발사는 레어, 루카스아츠, 어클레임 엔터테인먼트, 윌리엄즈 엔터테인먼트, 타임 워너 인터랙티브, 엔젤 스튜디오, 마인드스케이프 등으로 당시 서양에서 쟁쟁한 회사들이었다. 이들이 닌텐도와 SGI의 주도 하에 모여, '드림 팀'이라는 별명으로 알려지게 되었다.

개발환경으로는 SGI의 그래픽 워크스테이션 'ONYX'가 사용되었으며, 후기엔 같은 회사의 'INDY'가 이용되었다(일본에서는 저렴한 Windows 기반 개발환경인 'Partner-N64'도 제공되었다). 특히 SGI가 제공한 개발환경은 닌텐도 64의 하드웨어 개발 자체를 맡았던 회사의 제품답게 실기에 상당히 근접한 기자재였기에, 「스타워즈 : 제국의 그림자」(54p)의 경우 개발기간 마지막의 사흘 정도로 실기 이식 작업이 완료되었다고 한다.

여담이지만, 개발 초기 당시의 프로토타입 컨트롤러는 슈퍼 패미컴용 컨트롤러를 개조해 3D 스틱과 Z트리거 버튼을 덧붙인 급조품이었다고 하며, 정보유출을 막기 위해 컨트롤러를 사용할 때마다 개발자가 골판지 상자를 뒤집어쓰고 조작했었다는 에피소드가 있다.

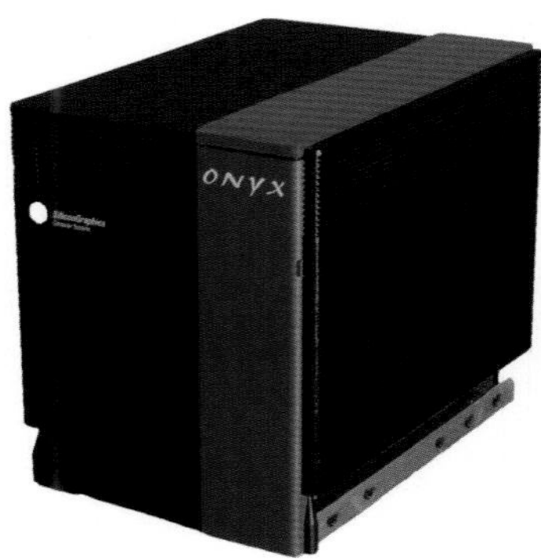

▲ SGI 사의 워크스테이션 'ONYX'.

▲ SGI 사의 워크스테이션 'INDY'.

발매 연기를 반복한 닌텐도 64

닌텐도 64는 당초엔 1995년 말 전 세계 동시발매를 예정했었으나, 이제까지 여러 번 서술한 것처럼 소프트 개발 지연을 이유로 계속해서 연기를 반복했다. 최초 연기 시의 발표에서는 발매일을 1996년 4월 21일로, 가격을 25,000엔(미국은 250달러)으로 설정했지만, 후일 생산체제 구축이 진척되지 않아 물량을 충분히 준비하지 못했다는 이유로 6월 23일로의 재연기를 발표했다. 같은 이유로 전 세계 동시발매도 철회되어 북미 시장은 9월 26일, 유럽·기타 지역은 1997년 3월 이후 순차 발매했다. 초회 출하대수는 일본과 북미가 각각 50만 대씩이었으며, 일본에서는 발매 당일 30만 대, 북미에서는 발매 후 3일간 35만 대가 팔렸다고 한다.

일본의 경우 소프트 공급이 지지부진했기에 런칭 초기의 판매량은 좋았음에도 이후 급격하게 기세가 꺾였지만, 미국의 경우 앞서 서술한 '드림 팀'이 강력한 개발력을 배경으로 양질의 소프트들을 시장에 속속 투입했고, 이것이 주효하여 발매 첫 해에 360만 대의 판매량을 기록했다. 서양 소프트 개발사들이 제작한 이들 타이틀은 차례차례 일본에도 발매되어, 일본산 오리지널 타이틀 라인업의 빈자리를 보완해주었다.

장르가 편중되어 있었던 서양 서드파티 소프트들

앞서 서술한 대로 닌텐도 64는 서양 소프트 개발사들의 영향력이 강했던 플랫폼으로, 일본 런칭 타이틀이었던 「파일럿윙스 64」조차 실제로는 미국의 패러다임 엔터테인먼트 사 개발작이었을 만큼, 초기 단계부터 서양 소프트 개발사들이 지탱해주던 게임기였다. 「골든아이 007」·「동키 콩 64」·「퍼펙트 다크」·「반조와 카주이의 대모험」 등, 일본에서도 히트했던 닌텐도 64의 명작 타이틀들 중 태반이 서양 소프트 개발사 작품이었으니, 소프트 개발력 면에서 얼마나 서양 회사 쪽이 앞서있었는지가 엿보인다. 참고로, 이 서양 소프트 개발사들은 일본에 직판 루트가 없었으므로 대부분의 소프트를 닌텐도가 직접 발매했다.

하지만 서양 소프트 개발사의 영향력이 강했다는 것은, 다른 말로 하면 일본 회사가 내놓은 게임기였음에도 정작 일본 시장이 선호하는 소프트보다 전 세계가 고르게 선호하는 최대공약수적인 소프트 쪽의 비중이 훨씬 컸다는 의미이기도 하다. 특히 일본이 배출한 고유의 장르로서 당시 큰 인기를 누렸던 대전격투와 연애 시뮬레이션, 일본식 RPG 등이 닌텐도 64로는 거의 나오지 않게 되는 결점도 동시에 내포하게 되었다.

실제로 발매된 닌텐도 64용 소프트 라인업을 돌이켜봐도, 미국에서 인기였던 FPS(1인칭 슈터 게임)와 스포츠 게임, 레이싱 게임 장르가 상당 비율을 점하고 있어, 장르 경향성이 서양에 상당히 기울어있었음을 부정할 수 없다. 아케이드 게임이나 타 기종 인기 게임의 이식 발매 역시 「바이오하자드 2」 등의 극소수를 제외하면 거의 없었으니, 지속적으로 인기 작품들이 이식 발매되었던 패미컴·슈퍼 패미컴과는 실로 대조적인 소프트 라인업이 아닐 수 없었다.

물론, 닌텐도 스스로도 이런 문제점을 사전에 예측 못한 것은 아니었을 터이다. 하지만 '양질의 소프트만을 공급'하기 위해 '소수정예의 서드파티'를 고수했던 당시 닌텐도의 방침은 결과적으로 게임을 즐기는 고객층마저 '소수정예'로 만들어버렸으니, 다른 라이벌 게임기에 비해 소프트 라인업 면에서 크게 불리해져버린 점만큼은 사실로서 인정해야만 하리라.

'포켓몬' 인기에 편승했던 중기 이후의 닌텐도 64

가정용 게임기의 핵심 구매층인 성인 유저들이 당시 인기였던 RPG와 대전격투 게임을 즐기기 위해 플레이스테이션과 세가새턴으로 넘어가긴 하였으나, 닌텐도 64 역시 당초 닌텐도가 노렸던 대로 저연령층에 어필하는 데 성공하여 일본 시장에서 나름대로의 지명도와 점유율을 구축했다. 양대 라이벌 기종에 비해 게임기 본체 가격을 저렴하게 잡았던 점과, 아이들끼리 여럿이서 가볍게 즐길 수 있는 소프트를 중점적으로 출시했던 점 등이 그 이유가 아닐까 생각되지만, 「포켓몬스터」 시리즈를 적극적으로 전면에 내세웠던 소프트 라인업 역시 커다란 요인으로 꼽아야 하지 않을까 싶다.

닌텐도 64로 발매된 '포켓몬' 관련 타이틀은 「피카츄 잘지냈츄」를 비롯해 총 6종이다. 얼핏 그리 많아 보이지 않으나 따져보면 마리오 관련작들(8종) 다음가는 2위로, '포켓몬' 관련 타이틀은 닌텐도 64 중기~후기에 집중적으로 투입되었기에 유저들 사이에 상당히 존재감이 있었다. 특히 「피카츄 잘지냈츄」와 「포켓몬 스타디움」은 전용 주변기기까지 만들었고 TV광고도 대대적으로 내보냈으니, 당시의 닌텐도가 얼마나 '포켓몬' 인기에 의지했었는지가 엿보인다.

1996년 게임보이용으로 「포켓몬스터 적·녹」이 발매된 뒤, 다음해인 1997년엔 TV 애니메이션이 방영되었다. 애니메이션에서 피카츄가 보여준 귀여움 덕에 수많은 라이선스 상품이 발매될 만큼 일대 붐이 일어났음은 굳이 설명할 필요도 없으리라. 심지어 아예 피카츄 장식물을 전면에 붙인 '피카츄 닌텐도 64'라는 오리지널 본체가 나오는가 하면, 닌텐도 64 본체를 사면 '포켓몬' 카드와 CD를 증정하는 캠페인까지 진행하는 등, 이 시기의 닌텐도 64는 포켓몬이 끌고 갔다고 표현해도 과언이 아닐 정도였다.

▼ 일본에서 1997~1998년 연말연시 시즌에 걸쳐 진행된 '더블 내꺼야! 캠페인'. 이 시점에서는 「포켓몬 스타디움」, 「포켓몬 스냅」을 모두 64DD용 타이틀로 소개하고 있었다.

Killer Instinct Gold

액션 1~2인용 96M Nintendo 1996년 11월 25일

컨트롤러 팩 지원 3 진동 팩 지원 메모리 확장 팩 지원

「슈퍼 동키 콩」 등을 제작했던 레어 사가 개발해 아케이드로 출시한 「Killer Instinct 2」를 수정 보완한 이식작. 언데드 검사나 호랑이 악령이 빙의된 닌자 등, 개성이 풍부한 캐릭터들이 격돌하는 대전격투 게임이다. 일부 음성이 삭제되고 그래픽이 변경되는 등 ROM 카트리지에 맞춰 용량을 절감했으면서도, '팀 배틀'과 입력한 콤보를 확인 가능한 '트레이닝 모드' 등 여러 게임 모드를 새로이 수록하였다.

BOX ART & ROM CARTRIDGE

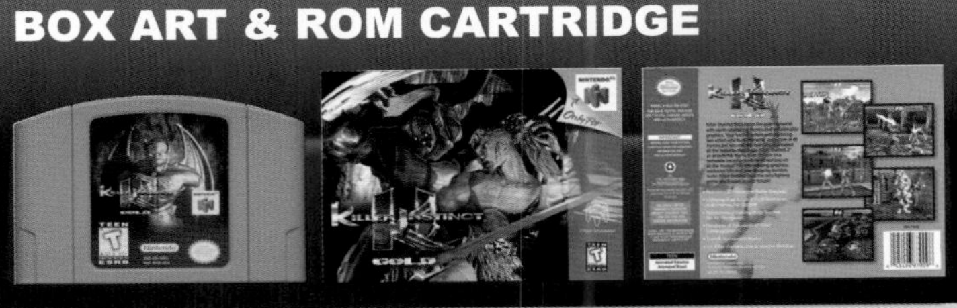

▲ '아케이드'·'팀'·'팀 일리미네이트'·'토너먼트'·'프랙티스' 모드를 수록했다.

▲ 컨트롤러 팩이 있으면 옵션 설정 내용과 하이스코어를 저장할 수 있지만, 없어도 플레이엔 지장이 없다.

▲ 아케이드판에는 없었던 트레이닝 모드를 수록했다. 커맨드를 확인하며 기술을 연습할 수 있다.

Cruis'n USA

레이싱 1~2인용 64M Nintendo 1996년 12월 3일

컨트롤러 팩 지원 진동 팩 지원 메모리 확장 팩 지원

미 대륙을 서부에서 동부로 횡단하는 카 레이싱 게임. 미드웨이 게임즈 사가 개발한 아케이드 게임의 이식작으로, 당초엔 「Killer Instinct」와 함께 서양에서의 닌텐도 64 런칭 타이틀로 발매될 예정이었다. 각 차량별로 성능이 다른 다수의 컬러 바리에이션이 있으며, 조건을 충족시키면 새로운 컬러가 개방된다. 다른 레이싱 게임에 비해 크래시 후 코스 복귀가 매우 빠르다 보니, 레이스 도중 의도적으로 충돌하는 맛이 이 작품의 묘한 매력이다.

BOX ART & ROM CARTRIDGE

▲ 베벌리힐스, 애리조나, 시카고, 그랜드 캐년 등 미국의 유명한 지역을 드라이브할 수 있다.

▲ 풍경이 지나가는 속도가 빨라 스피드감이 넘친다. 도로상의 간판은 쳐서 날려버릴 수도 있다.

▲ 제한시간이 설정되어 있으며, 체크포인트 통과로 시간이 추가된다. 제로가 되면 게임 오버다.

Tetrisphere

퍼즐 | 1~2인용 | 64M | Nintendo | 1997년 8월 11일

컨트롤러 팩 지원 | 진동 팩 지원 | 메모리 확장 팩 지원

BOX ART & ROM CARTRIDGE

낙하계 퍼즐 게임 「테트리스」와 '구체'(스피어)를 융합시킨 파생작. 현재 들고 있는 테트리미노를 구체 위에 놓여있는 같은 형태의 테트리미노 위에 배치해, 동일 블록이 3개 이상 접촉되면 인접한 동일 형태의 블록이 한꺼번에 사라진다는 독자적인 룰을 채용했다. 구체는 서서히 팽창하며 일정 이상 크기가 되면 실패하므로, 배치된 블록을 이동시켜 최대한 한번에 많은 블록을 없애가며 진행해야 한다. 구체의 핵을 꺼내야 하는 '레스큐' 등, 4가지 모드를 수록했다.

▲ 1인용인 '레스큐'·'하이드+시크'·'퍼즐'·'타임 트라이얼'·'VS CPU'를 비롯해, 대전 모드를 수록했다.

▲ 「테트리스」처럼 직감적으로 이해되는 룰은 아니나, 하드웨어의 그래픽 능력은 최대한 활용했다.

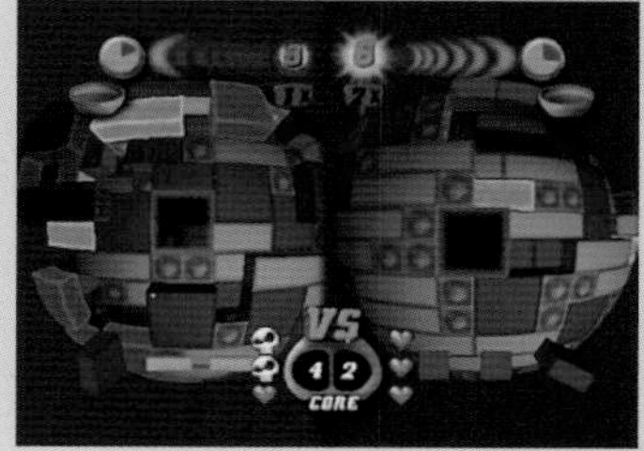

▲ 대전 모드는 핵을 꺼내는 속도를 겨룬다. 없앨 블록이 없는 위치에 테트리미노를 놓으면 안되니 주의.

Duke Nukem 64

슈팅 | 1~4인용 | 64M | GT Interactive | 1997년 10월 31일

컨트롤러 팩 지원 | 진동 팩 지원 | 메모리 확장 팩 지원

BOX ART & ROM CARTRIDGE

로스앤젤레스에 상륙한 살인 외계인들이 인류 멸망의 위기를 일으키는 가운데, 총과 미녀를 사랑하는 근육남 주인공 '듀크'가 중화기를 손에 들고 고군분투하는 FPS. 원작은 MS-DOS용 PC 게임 「Duke Nukem 3D」로서, 이식하면서 거의 모든 무기 그래픽을 리뉴얼했으며, 신무기 추가, 고치에 갇힌 '베이브' 캐릭터의 사양 변경, 원작에는 있었던 홍등가 스테이지를 별개의 스테이지로 수정 교체한 것 등등의 변경점이 있다.

▲ 닌텐도 64이니만큼 성적인 표현은 변경했고, 작품의 중요 요소인 '베이브'(미녀) 묘사도 자제했다.

▲ 로스앤젤레스와 우주를 무대로 총 32레벨을 수록했다. 다양한 외계인들이 듀크 앞에 나타난다.

▲ 달리고 튀어나가고 제트팩으로 날아다니는 등, 풍부한 액션도 이 작품의 특징 중 하나다.

컨트롤러 팩 지원 123 컨트롤러 팩 지원 게임 | 진동 팩 지원 진동 팩 지원 게임 | 하이레조 팩 지원 메모리 확장 팩 지원

하이레조 팩·메모리 확장 팩 지원 게임 (이 두 제품은 기능이 동일합니다.) | 메모리 확장 팩 전용 메모리 확장 팩 전용 게임

Quake

슈팅 1~2인용 96M Midway 1998년 3월 24일

컨트롤러 팩 지원 3  진동 팩 지원  메모리 확장 팩 지원 

BOX ART & ROM CARTRIDGE

PC용 게임으로서 세계적으로 대히트한 FPS(1인칭 슈터) 게임이 북미판 닌텐도 64로 등장했다. PC판에 있었던 협력 플레이 요소가 삭제되었기에, 분할화면으로 즐기는 2인용 플레이는 데스매치 전용이 되었다. FPS를 대표하는 타이틀 「DOOM」의 연장선상에 있는 작품이기에 공통점이 많으나, 게임 내의 모든 물체를 3D로 구현하고, 당시엔 드물었던 고저차 개념을 도입하는 등 독자적인 개성이 강한 작품으로, 이후의 FPS에도 큰 영향을 미쳤다.

▲ 수중에서 사용하면 효과가 절대적인 '라이트닝 볼트'는 꼭 얻도록 하자. 우선은 싱글 플레이부터!

▲ 정면에서 다수에게 공격받지 않도록 주의하며 접근하자. 공격이 격렬하다면 후퇴하는 용기도 필요하다.

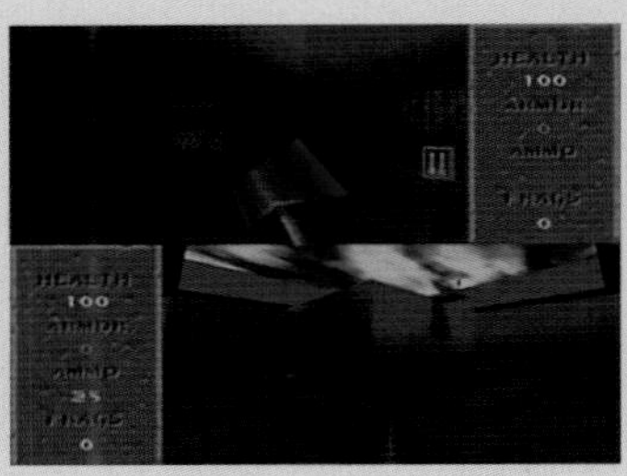

▲ 화면을 상하로 분할하는 대전 플레이도 지원한다. 상대의 화면도 확인하며 선제공격으로 승리를 쟁취하라!

Rampage World Tour

액션 1~3인용 96M Midway 1998년 3월 30일

컨트롤러 팩 지원 7  진동 팩 지원  메모리 확장 팩 지원 

BOX ART & ROM CARTRIDGE

1986년 출시된 아케이드용 게임 「Rampage」의 리메이크작으로, 인간이 변이한 몬스터 'George'·'Lizzie'·'Ralph'를 조작하여 빌딩들을 초토화시키는 액션 게임이다. 「Rampage」(난동)이라는 타이틀명대로 게임의 목적은 스테이지에 배치된 건물들의 파괴이며, 플레이어는 미국을 중심으로 세계 120곳 이상의 도시에서 광란의 파괴행위를 벌이게 된다. 일본 스테이지도 있어, 도쿄나 오사카를 무대로 날뛸 수도 있다. 3인까지 동시 플레이가 가능하다.

▲ 원작인 아케이드판은 영화화도 되었을 만큼 유명한 작품으로, 이 작품도 여러 기종으로 발매되었다.

▲ 도망치거나 반격하는 등, 반응이 다양한 인간들. 잡아먹으면 무력화는 물론 회복까지 해주니 일석이조다.

▲ 빌딩의 각 층을 파괴하면 가끔 아이템이 나온다. 먹으면 특정한 효과를 발휘하거나, 토해내기도 한다.

Mortal Kombat 4

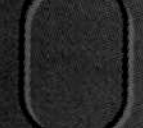

액션 | 1~2인용 | 128M | Midway | 1998년 6월 23일

컨트롤러 팩 지원 8 | 진동 팩 지원 | 메모리 확장 팩 지원

마무리로 상대를 참혹하게 죽이는 '페이탈리티'로 큰 화제가 되었던 대전격투 게임 「Mortal Kombat」 시리즈 중 하나로, 현 시점에서 아케이드판이 존재하는 마지막 타이틀이다. 이전 작품들에서는 실사영상으로 표현했던 캐릭터를 이 작품부터는 3D 폴리곤으로 묘사했으며, 무기나 스테이지 상의 바위로 공격하는 액션이 새롭게 추가되었다. 닌텐도 64판은 'Goro' 스테이지의 그래픽이 다른 기종판과 다르다.

BOX ART & ROM CARTRIDGE

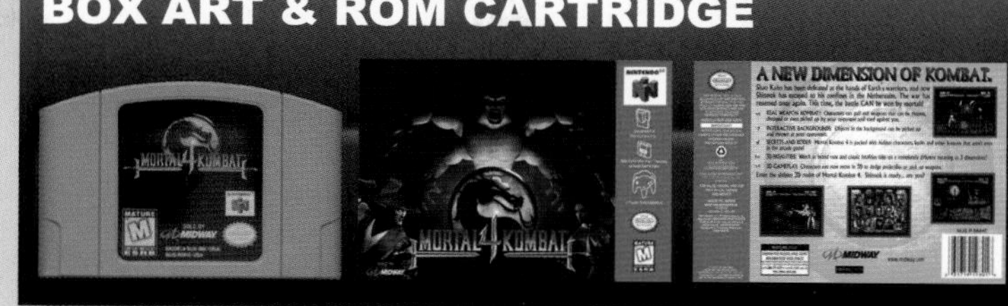

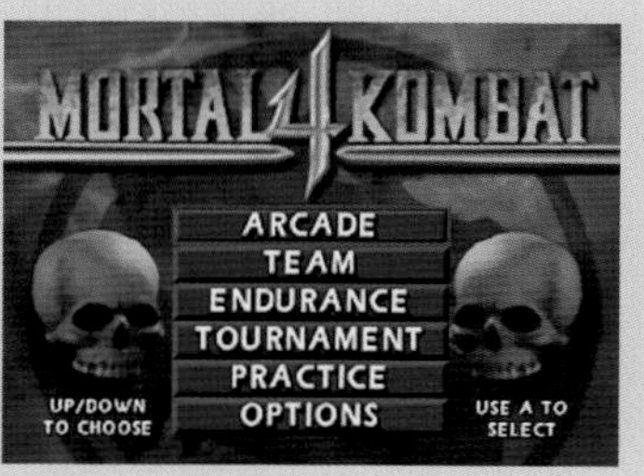

▲ 아케이드 모드를 포함해 4가지 게임 모드와, 커맨드 연습이 가능한 프랙티스 모드를 수록했다.

▲ 캐릭터가 서있는 축을 이동하여 입체적으로 회피하는 기능도 이 작품부터 새로 추가되었다.

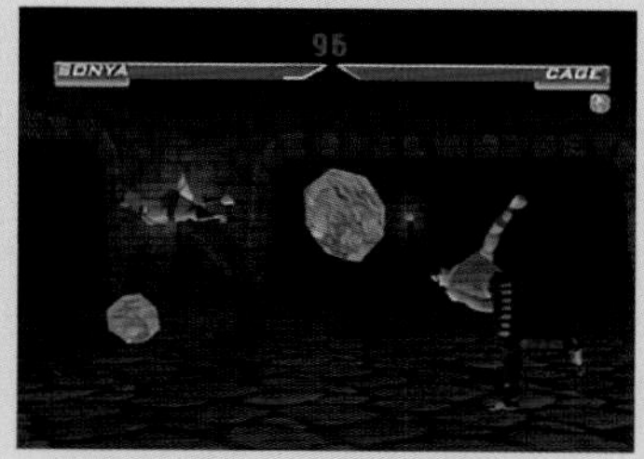

▲ 스테이지 상의 바위도 무기이며, 캐릭터별 무기도 전용이 아니라서 상대가 떨어뜨리면 주워 쓸 수 있다.

Mission: Impossible

액션 | 1인용 | 96M | Ocean | 1998년 7월 18일

컨트롤러 팩 지원 | 진동 팩 지원 | 메모리 확장 팩 지원

1996년 개봉한, 할리우드 스타 톰 크루즈가 주연해 대히트한 같은 제목의 스파이 액션 영화를 원작으로 삼아, 북미에서 닌텐도 64로 발매된 타이틀. 장르는 액션 어드벤처다. 플레이어는 주인공 '이단 헌트'가 되어, 크리거의 지령을 받아 각종 임무를 수행한다. 원작 영화를 훌륭하게 재현하여, 광고나 트레일러 등으로도 친숙한 '천장에서 줄에 매달린 상태로 내려와 컴퓨터를 해킹하는' 장면 등도 게임 내에서 체험할 수 있다.

BOX ART & ROM CARTRIDGE

▲ '미션 임파서블'은 원래 TV 드라마 시리즈로 시작했다. 게임은 영화판 기반으로 제작되어 있다.

▲ 3D 액션 어드벤처 게임으로서, 여러 캐릭터와 대화 혹은 접촉하며 게임을 진행한다.

▲ 수상해 보이는 인물을 만나면 접촉을 시도해보자. 때로는 사투가 벌어지게 될지도!?

Glover

액션 1인용 64M Hasbro Interactive 1998년 10월 31일

컨트롤러 팩 지원 / 진동 팩 지원 / 메모리 확장 팩 지원

마법의 네 손가락 오른손 장갑 'Glover'가 주인공인 퍼즐 액션 게임. 왕국의 생명인 크리스탈 7개를 되찾기 위해 Glover는 공을 굴리고, 던지고, 치고, 드리블하고, 올라타는 등 다양한 액션을 구사해 골인 지점까지 운반해야 한다. 도중에는 Glover의 반쪽이자 악에 물들어버린 왼손 장갑 'Cross-Stitch'가 배치한 몬스터도 있어, 크리스탈의 다른 모습이기도 한 볼을 몬스터로부터 지켜낼 필요도 있다. 후일 플레이스테이션으로도 이식되었다.

BOX ART & ROM CARTRIDGE

▲ 개발사는 Interactive Studios. 속편도 상당 부분 개발되었으나, 결국 미발매작으로 끝나버렸다.

▲ 일반 스테이지, 보스 스테이지, 보너스 스테이지로 구성된 7곳의 월드를 공략한다.

▲ 볼을 드리블하여 높은 곳으로 옮기거나, 공에 올라타 물 위를 이동하는 등의 다채로운 액션이 재미있다.

WipeOut 64

레이싱 1~4인용 64M Midway 1998년 11월 3일

컨트롤러 팩 지원 / 진동 팩 지원 / 메모리 확장 팩 지원

테크노 사운드가 흐르는 가운데 부유 상태인 반중력 머신을 몰고 질주하는, 근미래가 무대인 레이싱 게임. 코스 상에 자신의 기체를 가속시키는 패널이나 무기 등의 아이템을 얻는 패널이 설치돼 있으며, 접촉 혹은 아이템 공격을 받아 실드 에너지가 바닥나면 리타이어된다. 실드 에너지는 피트 레인 위를 주행하면 회복된다. 닌텐도 64판에서는 '챌린지'·'싱글 레이스'·'타임 어택'의 3가지 모드와, 4명까지 참가 가능한 '멀티플레이'를 즐길 수 있다.

BOX ART & ROM CARTRIDGE

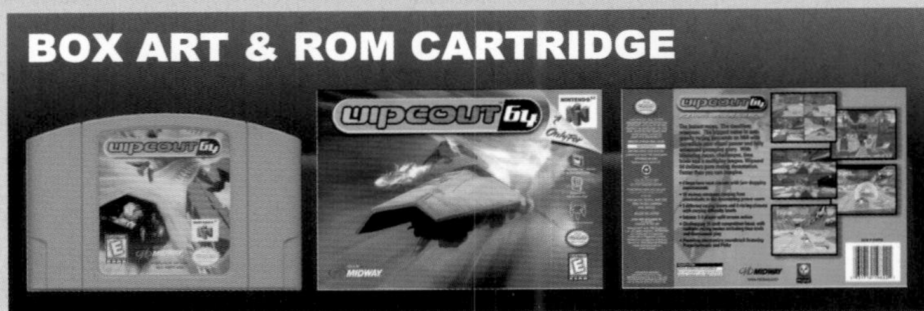

▲ 싱글 클래스는 최고속도가 빨라, 기체를 미끄러지듯 코너를 고속 탈출하는 상쾌한 느낌이 각별하다.

▲ 챌린지 모드는 순위·타임·파괴 기체 수 중에서 평가 기준을 하나 골라 골드 어워드에 도전한다.

▲ 싱글 레이스와 타임 어택에서는 클래스·코스·기체를 제시된 것들 중에서 자유롭게 고를 수 있다.

South Park

슈팅 | 1~4인용 | 128M | Acclaim | 1998년 12월 12일

컨트롤러 팩 지원 2 | 진동 팩 지원 | 메모리 확장 팩 지원

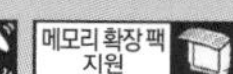

과격한 묘사, 통렬한 사회풍자, 블랙 유머로 유명한 같은 제목의 애니메이션 작품을 1인칭 슈터 장르로 게임화했다. 후드가 특징인 케니가 원작대로 이리저리 치여 고생하거나, 메뉴 화면의 효과음으로 방귀 소리를 쓰는 등, 원작의 정체성인 과격·저질 표현은 닌텐도 64에서도 여전하다. 대량으로 나타나는 적들을 박살내버리자. 화면 분할로 4명까지 대전 플레이도 가능하다. 메모리 확장 팩을 장착했다면 와이드 화면 표시도 선택할 수 있다.

BOX ART & ROM CARTRIDGE

▲ '사우스 파크'는 미국 콜로라도 주에 실존하는 지명으로, 그곳에 사는 소년들이 주인공인 코미디 작품이다.

▲ 케니가 있으니 접근하여 동료로 삼자. 우선은 마을에서 전원을 찾아내 4명 팀을 꾸리는 게 중요하다.

▲ 눈덩이는 무제한이므로, 탄수를 걱정하지 말고 마구 던져서 적을 쓰러뜨리자.

Superman : The New Superman Adventures

액션 | 1~4인용 | 64M | Titus | 1999년 5월 31일

컨트롤러 팩 지원 1 | 진동 팩 지원 | 메모리 확장 팩 지원

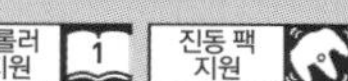
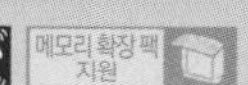

TV 애니메이션 'Superman: the Animated Series'를 기반으로 제작한 액션 게임. 홀수·짝수 스테이지별로 구성이 다른데, 홀수 스테이지는 공중에 있는 링을 통과하며 목적지까지 날아가 차량을 퇴치하는 미션을 클리어하게 되며, 짝수 스테이지는 직전 스테이지를 통해 도착한 빌런의 거점에서 퍼즐을 풀고 전투하는 파트이다. 게임 전반적으로 링 통과 미션의 비중이 높아, 시종일관 비행능력을 시험하는 듯한 담백한 게임 디자인이 인상적이다.

BOX ART & ROM CARTRIDGE

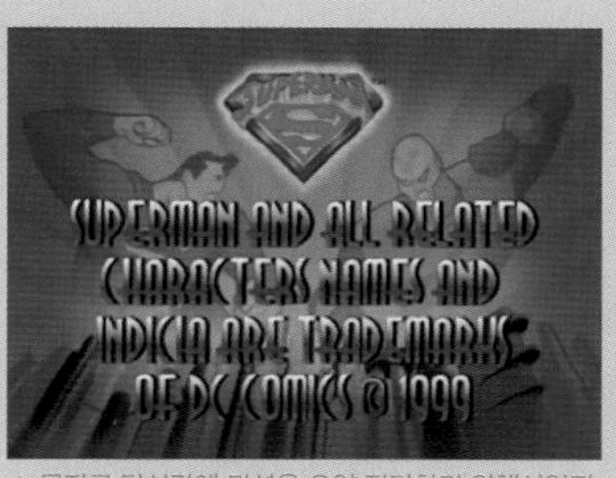

▲ 문자로 단시간에 미션을 요약 전달하기 위해서인지, 이탈리아어·독일어 등 여러 언어를 함께 수록했다.

▲ 링을 계속 무시하면 실패 처리되니, 최대한 링을 통과하면서 골을 향해 이동해야만 한다.

▲ '멀티플레이 파이트'·'멀티플레이 레이스' 모드도 있어, 여러 플레이어가 함께 즐길 수도 있다.

Destruction Derby 64

레이싱 | 1~4인용 | 128M | THQ | 1999년 9월 30일

컨트롤러 팩 지원 4 | 진동 팩 지원 | 메모리 확장팩 지원

타이틀명에서 연상할 수 있듯 '파괴'를 테마로 삼은 3D 레이싱 게임. 플레이어는 다양한 온로드·오프로드 코스를 달리며 라이벌 차량을 들이받아 점수를 벌어야 한다. 라이벌 차량을 파괴하는 것이 기본 목적으로, 1위로 골인하기 위해 달리는 여타 레이싱 게임과는 목적부터 완전히 다르다. 루프 코스를 주행할 경우에는 시간제한이 있으니, 각 체크포인트를 통과하여 제한시간을 늘리면서 라이벌 차량들을 격파해 가자.

BOX ART & ROM CARTRIDGE

▲ 타이틀 데모만 보면 상상이 안 가겠지만, '파괴'를 테마로 삼아 살아남아야 하는 레이싱 게임이다.

▲ 루프 형태의 코스에서는, 타임 아웃되지 않도록 주의하며 라이벌 차량을 추격해 대미지를 주자.

▲ 자유롭게 주행 가능한 스테이지는 시간제한이 없다. 사방팔방에 존재하는 라이벌 차량들을 몰아서 박살내보자!

LEGO Racers

레이싱 | 1~2인용 | 128M | LEGO Media | 1999년 10월 12일

컨트롤러 팩 지원 62 | 진동 팩 지원 | 메모리 확장팩 지원

어렸을 때 '레고 블록'을 갖고 놀았던 사람은 제법 많지 않을까? 레고로 만든 장난감 차가 실제로 달리는 모습을 상상한 분도 많으리라. 이 게임은 그러한 꿈을 실현시켜준 작품이다. 레고로 발매된 바 있는 레이싱 머신이 게임 세계에 등장하는, 레고 팬에겐 기쁘기 그지없는 게임. 라이벌 차량을 제치며 코스에 떨어진 레고 부품을 모아, 이 블록들로 새로운 머신을 조립할 수 있다. 자신의 취향에 맞는 머신을 조립해 각 코스에서 1위를 노려라!

BOX ART & ROM CARTRIDGE

▲ '레고' 로고를 모르는 사람은 드물 것이다. 레고 블록의 세계를 게임으로 즐기는, 당시로서는 귀중한 작품.

▲ 코스 상의 건물들도 레고 블록으로 건설했다. 레고의 세계에 푹 빠져 레이스를 즐겨보자.

▲ 캐릭터 메이킹 시에는 레고 팬에게 친숙할 블록들이 가득! 머신도 레고 블록으로 제작 가능하다!

Paperboy

액션 | 1인용 | 64M | Midway 1999년 10월 26일

컨트롤러 팩 지원 | 진동 팩 지원 | 메모리 확장 팩 지원

BOX ART & ROM CARTRIDGE

명작 비디오 게임 「페이퍼보이」가, 북미판 닌텐도 64로 3D 시점 게임화되어 등장했다! 플레이어는 신문배달 소년이 되어, 구독 계약된 집들에 신문을 투입하는 것이 목적이다. 구독자 자택의 우편함에 신문을 제대로 던져 넣어야 하며, 잘못해 창문을 깨거나 하면 바로 구독이 취소돼버리니 주의하며 신문을 집어넣자. 보도에서 춤을 추는 통행인이나 도중에 쫓아오는 개 등의 유쾌한 캐릭터가 거리에 가득해, 보기만 해도 즐거운 게임이다.

▲ 미국의 신문배달 풍경이 테마인 작품. 창문을 깨거나 신문 배달에 실패하면 구독이 끊어진다.

▲ 2D 게임이었던 원작을 3D 폴리곤화해 리메이크했다. 원작에는 없었던 좌우 커브 개념도 추가했다.

▲ 주택가는 물론, 주행이 어려운 오프로드 지역도 등장한다. 스피드를 조절하며 신문을 정확하게 투입하자.

Rayman 2 : The Great Escape

액션 | 1인용 | 192M | UbiSoft 1999년 10월 31일

컨트롤러 팩 지원 | 진동 팩 지원 | 메모리 확장 팩 지원

BOX ART & ROM CARTRIDGE

로봇 해적에게 지배당한 세계 'Glade of Dreams'에서, 잠시 감금된 상태였던 Rayman이 친구의 도움으로 탈출하여 평화를 되찾기 위한 모험에 나서는 액션 게임. 용암지대와 수중 등의 다채로운 필드와, 귀를 회전시켜 부유하는 비행 액션 및 수상 스키 등 Rayman의 다채로운 액션으로 호평을 받아, 서양에서는 닌텐도 64용 게임 소프트 중 가장 뛰어난 작품의 하나로까지 평가받고 있다. 일본에도 발매될 예정이었으나, 후일 발매가 취소되었다.

▲ 2D 점프 액션 게임으로 유명한 시리즈. 이 작품도 개발 당초에는 2D 게임이 될 예정이었다고 한다.

▲ 필드 곳곳에 흩어진 1000개의 'Lum'을 모으다보면 레이맨 일행의 세계에 숨겨진 비밀이 밝혀진다.

▲ 해적에 대항하기 위해 마스크를 찾고, Lum을 모으고, 포로도 해방하다 보면 Rayman도 다양한 힘을 얻는다.

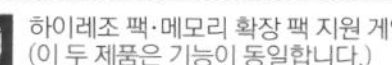

컨트롤러 팩 지원: 컨트롤러 팩 지원 게임 / 진동 팩 지원: 진동 팩 지원 게임 / 하이레조 팩 지원·메모리 확장 팩 지원: 하이레조 팩·메모리 확장 팩 지원 게임 (이 두 제품은 기능이 동일합니다.) / 메모리 확장 팩 전용: 메모리 확장 팩 전용 게임

Namco Museum 64

교육·기타 1~2인용 32M Namco 1999년 10월 31일

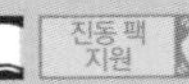
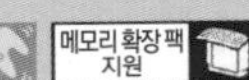

컨트롤러 팩 지원 / 진동 팩 지원 / 메모리 확장 팩 지원

BOX ART & ROM CARTRIDGE

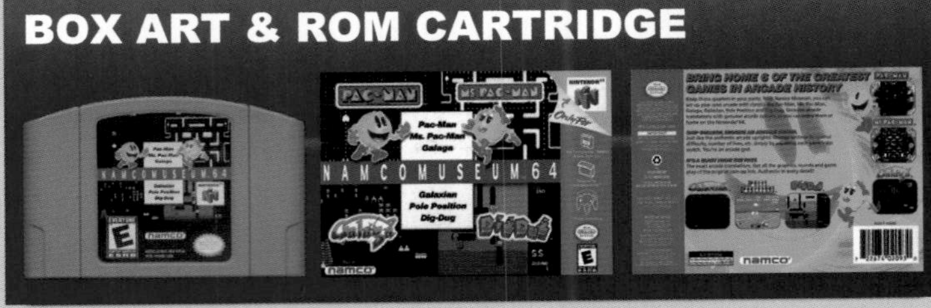

일본에서는 다양한 게임기로 발매된 바 있는 「남코 뮤지엄」이, 닌텐도 64로는 의외로 북미에서만 발매되었다. 「팩맨」·「미즈 팩맨」·「갤럭시안」·「갤러그」·「폴 포지션」·「디그더그」 등, 아케이드 게임의 역사를 논할 때 결코 빠뜨릴 수 없는 남코 왕년의 명작들을 수록했다. 이 작품을 구동하면 타이틀 화면에서 나오는 곡은, 바로 각 작품들의 BGM을 현대적으로 편곡한 곡이다. 게임 도중의 사운드와 음악도 원작을 충실하게 재현했다.

▲ 일본에서도 다양한 기종으로 발매된 「남코 뮤지엄」. 타이틀 화면에는 팩맨 부부가 등장한다!

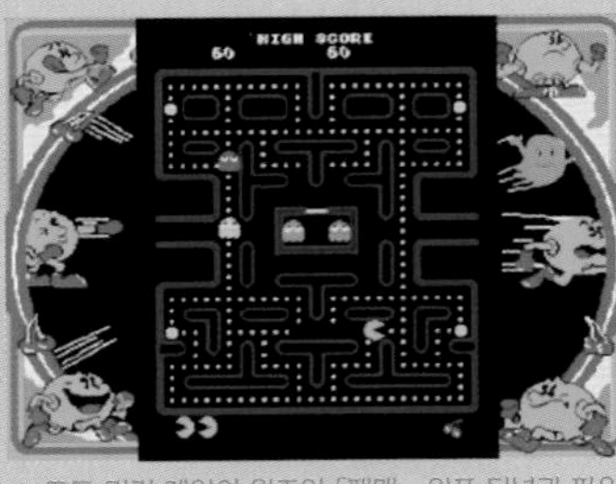
▲ 도트 먹기 게임의 원조인 「팩맨」. 워프 터널과 파워 도트를 잘 활용해 진행하자!

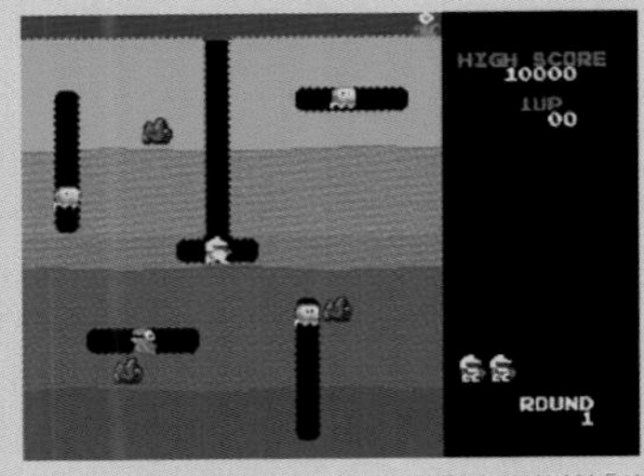
▲ 멈춰서면 BGM도 함께 멈추는 연출이 인상적인 「디그더그」. 바위를 잘 활용해 몬스터를 일망타진하자!

Carmageddon 64

레이싱 1~2인용 128M Titus 2000년 7월 25일

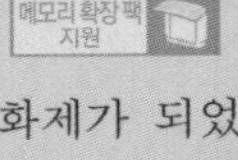

컨트롤러 팩 지원 / 진동 팩 지원 / 메모리 확장 팩 지원

BOX ART & ROM CARTRIDGE

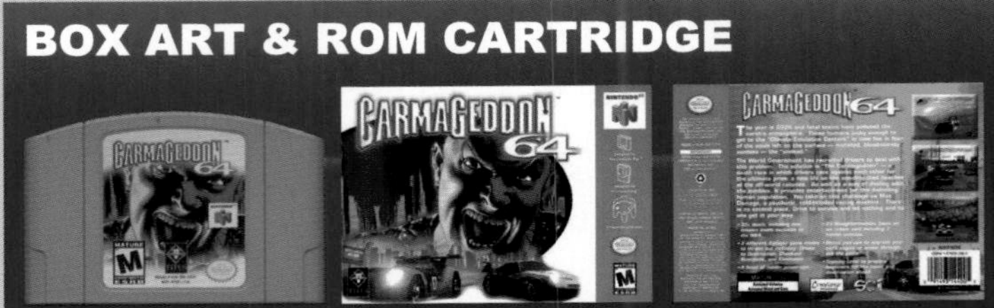

PC판 발매 당시 큰 화제가 되었던, 영국산 잔혹 레이싱 게임의 이식판. 원작인 PC판은 시가지를 걷는 일반인들을 치어 죽이는 게임이었으나, 닌텐도 64판은 좀비(어째서인지 독일판에서는 공룡)를 치어 죽이도록 바뀌어, 대미지를 받는 대신 보너스 포인트를 얻는다. 게임 모드는 'CARMAGEDDON'·'QUICK START'·'HEAD TO HEAD'·'PRACTICE'로 4가지. 3대의 숨겨진 차량을 포함해, 총 23대의 차량을 준비했다.

▲ 그 닌텐도 64판 「Superman」과 막상막하의 평가를 받은 레이싱 게임. 제작사도 동일하다.

▲ 코스 위를 어슬렁거리는 좀비 떼. 들이받으면 차체에도 2.5%의 대미지가 누적된다.

▲ 약간만 단차가 있어도 차량이 바로 공중에 뜬다. 도로 외의 장소로 들어가지 않도록 운전기술을 연마하자.

Ridge Racer 64

레이싱 1~4인용 192M Nintendo 2000년 2월 14일

컨트롤러 팩 지원 / 진동 팩 지원 / 메모리 확장 팩 지원

서양에만 발매된 「릿지 레이서」 속편 격인 이 작품은, 시리즈 중에선 닌텐도 게임기에 최초로 이식된 게임이기도 하다. 기기의 성능을 잘 활용해, 영상·음악·음성 모두 뛰어난 완성도로 서양 팬들의 호평을 받았다. 드리프트 주행으로 코스를 공략하는 즐거움과, 시리즈 전통의 경쾌한 BGM도 여전하다. 드리프트 스타일은 3종류 중에서 선택할 수 있게 되었다. 일본의 팬들 중에서도 이 작품의 미발매를 아쉬워하는 유저가 많았다.

BOX ART & ROM CARTRIDGE

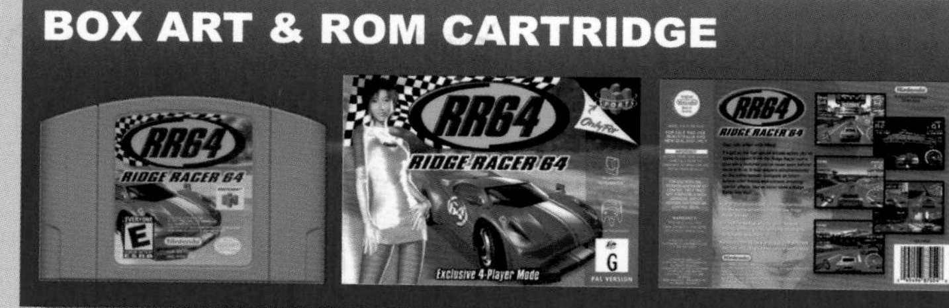

▲ 시리즈의 이미지 캐릭터인 '나가세 레이코'의 실루엣으로 시작하는 인상적인 오프닝은 꼭 보도록.

▲ 초대 「릿지 레이서」의 코스도 수록해, 피니시 지점 인근의 거대 모니터로 「갤럭시안」의 영상도 나온다!

▲ 초급 코스의 터널 안은, 벽을 끼고 인코스를 노려 라이벌 차량을 단숨에 제칠 수 있는 찬스다!

Starcraft 64

시뮬레이션 1~4인용 256M Blizzard Entertainment 2000년 6월 13일

컨트롤러 팩 지원 / 진동 팩 지원 / 메모리 확장 팩 지원

PC판 원작이 지금도 부동의 인기를 자랑하는, 실시간 전략 시뮬레이션 게임의 이식작. 턴제가 아니라 리얼타임이므로, 항상 전체 전황을 파악하며 지속적으로 지시하는 기량을 연마해야 한다. 원작 「스타크래프트」는 물론 확장팩 「브루드 워」의 미션도 수록했으며, 이 작품만의 오리지널 스테이지도 추가했다. '테란'·'프로토스'·'저그' 세 종족 간의 전쟁을 배경으로 하여, 각 종족의 목적과 의도가 얽히고설키는 스토리를 그렸다.

BOX ART & ROM CARTRIDGE

▲ 단축키를 C 버튼 4개에 각각 지정할 수 있는 등으로 조작성 향상에 성공해 유저들의 호평을 받았다.

▲ 지구인 종족인 '테란'. 보유한 병기들은 최강이지만, 다루기 까다롭다는 문제도 있는 테크니컬한 종족이다.

▲ '저그'는 시설까지도 유기생명체화되어, 대미지를 받아도 시간 경과로 자연히 회복된다.

Pokémon Puzzle League

퍼즐 | 1~2인용 | 256M | Nintendo | 2000년 9월 25일

컨트롤러 팩 지원 | 진동 팩 지원 | 메모리 확장팩 지원

「포켓몬스터」가 소재인 게임인데도 불구하고 일본에는 발매되지 않았던 작품이다. 게임 시스템 자체는 「패널로 퐁」과 동일하지만 대인기 게임 「포켓몬스터」의 캐릭터들이 게임 내에 등장하며, 스테이지 클리어 후의 인터미션에서는 포켓몬 출연 캐릭터들이 펼치는 스토리가 애니메이션 형태로 전개된다. 게임 모드도 '엔들리스 모드'·'스코어 어택'을 비롯해 다수 수록했고, 가볍게 즐기는 '퍼즐 모드'도 탑재했다.

BOX ART & ROM CARTRIDGE

▲ 익숙한 포켓몬 시리즈 게임으로 보이겠으나, 실제 내용은 「패널로 퐁」의 포켓몬 버전이다.

▲ 시스템은 슈퍼 패미컴의 「패널로 퐁」과 동일하지만, 연쇄가 발생하면 피카츄 울음소리가 울려퍼진다!!

▲ 룰을 가르쳐주는 튜토리얼 모드. 룰은 간단하지만, 연쇄 없애기 테크닉을 익히기 위해 꾸준히 연습하자.

007 : The World is Not Enough

슈팅 | 1~4인용 | 256M | Electronic Arts | 2000년 11월 1일

컨트롤러 팩 지원 | 진동 팩 지원 | 메모리 확장팩 지원

인기 스파이 영화를 소재로 삼은 FPS. 플레이스테이션과 게임보이 컬러로도 같은 제목의 게임을 같은 시기에 같은 회사가 발매한 바 있으나, 스토리가 공통일 뿐 실제 개발사 및 게임 내용은 완전히 다르다. 참고로 닌텐도 64판의 개발은 Eurocom 사가 맡았으며, 영화제작사 측의 자료를 제공받아 주요 장면 재현에 활용했다고 한다. 멀티플레이 시에는 게임에 등장하는 스테이지 내에서 4명까지 동시 참가하여 배틀 로열을 즐길 수 있다.

BOX ART & ROM CARTRIDGE

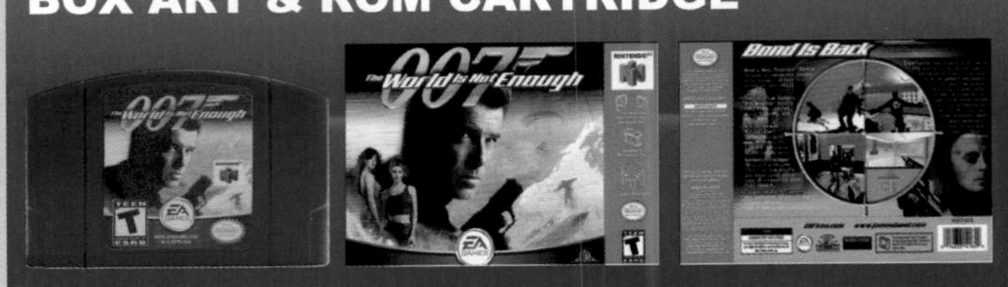

▲ 카트리지 용량 문제로 보트 추격전 장면은 삭제되었지만, 캐릭터의 얼굴까지 제대로 재현했다.

▲ 차량 파괴와 인질 구출 등, 목적이 다른 총 14가지 미션을 수록했다. 난이도는 3단계로 설정 가능.

▲ 피스톨 외에도, 샷건과 로켓 런처 등의 무기가 있다. 난이도를 낮추면 자동조준도 이용할 수 있다.

Midway's Greatest Arcade Hits : Volume 1

교육·기타 1~2인용 32M Midway 2000년 11월 14일

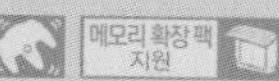

컨트롤러 팩 지원 8 진동 팩 지원 메모리 확장 팩 지원

BOX ART & ROM CARTRIDGE

과거 미국 유수의 아케이드 게임 제작사였던 미드웨이 게임즈(2009년 파산)의 고전 게임들을 모은 옴니버스 소프트. 수록 타이틀은 좌우 횡스크롤 슈팅 게임 「Defender」, 전방향 슈팅 게임 「Sinistar」, 탑뷰 시점의 전방위 슈팅 게임 「Robotron: 2084」, 고정화면에서 몸통박치기로 적을 격파하는 「Joust」, 민간차량을 호위하며 적 차량과 싸우는 카 액션 게임 「Spy Hunter」, 웨이터가 되어 맥주를 서빙하는 「Root Beer Tapper」로 6종류다.

▲ 아케이드로 출시되었던 미드웨이의 고전 명작들을 수록했다. 재현도가 상당해 많은 호평을 받았다.

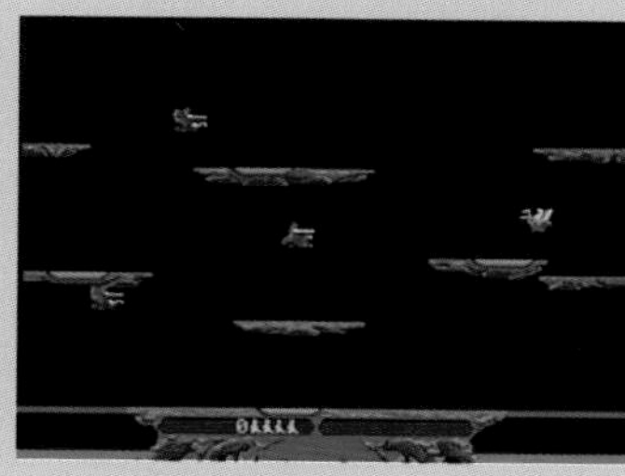
▲ 타조나 황새에 탄 노란 기사를 조작해, 적에게 교묘하게 직접 부딪혀 공격하는 게임인 「Joust」.

▲ 「Root Beer Tapper」의 원작인 아케이드판은 버드와이저 맥주가 모티브였다.

WWF No Mercy

스포츠 1~4인용 256M THQ 2000년 11월 17일

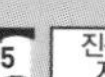

컨트롤러 팩 지원 35 진동 팩 지원 메모리 확장 팩 지원

BOX ART & ROM CARTRIDGE

'No Mercy'란, 미국의 프로레슬링 단체 WWF(현 WWE)가 개최하던 연간 PPV 이벤트 중 하나다. 대인기작이었던 「WWF 레슬매니아 2000」의 후속작으로 등장하여, 이 게임 역시 상당한 인기를 얻었다. 스틸케이지 매치가 전작에 이어 재수록되었고, 'Smackdown'의 래더 매치와 게스트 레퍼리 시스템도 추가되었다. 'Smackdown Mall'이라는 모드가 탑재되어, 여기서 추가 코스튬·모션·시합장·무기·소도구 등을 구입할 수 있다.

▲ 등장하는 슈퍼스타는 총 52명. 대회장은 여덟 곳이 준비되어 있다.

▲ 전작에서 호평받았던 케이지 매치도 탑재했다. 전작보다 실제에 가까운 그물망 형태로 변경했다.

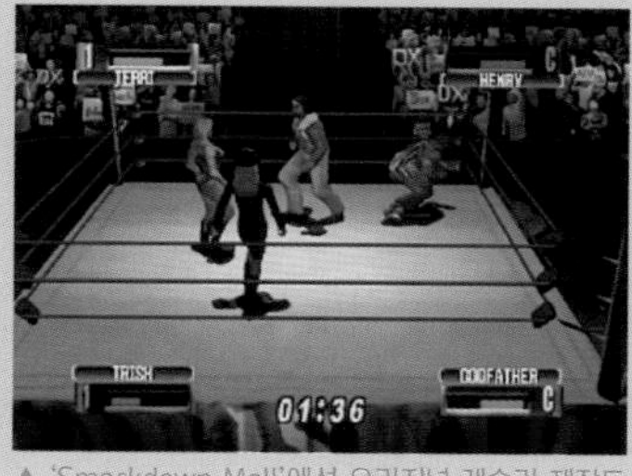
▲ 'Smackdown Mall'에선 오리지널 레슬러 제작도 가능하다. 게임에서 돈을 모아 몰에서 개방하자.

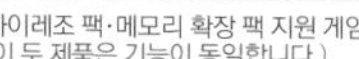
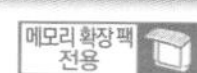

HARDWARE 1996's SOFT 1997's SOFT 1998's SOFT 1999's SOFT 2000's SOFT 2001's SOFT OVERSEA SOFT SOFT INDEX

Spider-Man

액션 | 1인용 | 256M | Activision | 2000년 11월 21일

컨트롤러 팩 지원 | 진동 팩 지원 | 메모리 확장팩 지원

BOX ART & ROM CARTRIDGE

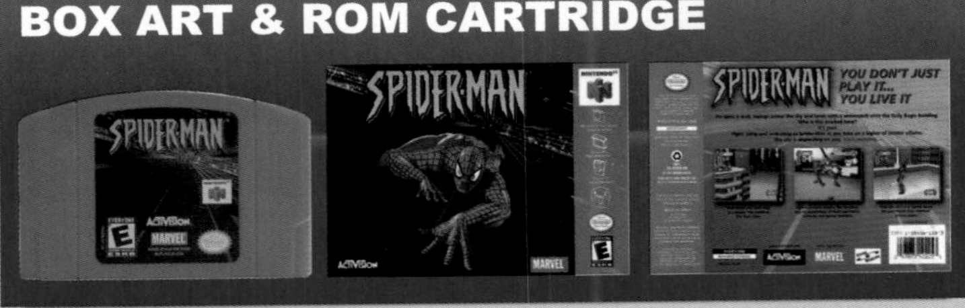

같은 제목의 마블 코믹스가 소재인 액션 게임. 같은 해 8월에 발매되었던 플레이스테이션판과 기본 내용은 동일하나, 일부 동영상이 코믹스 풍 화면으로 교체된 것 등의 차이도 있다. 가짜 스파이더맨에 의해 무고한 누명을 쓰게 된 스파이더맨이 빌런을 쓰러뜨리고 결백을 증명하기 위해 싸운다는 스토리로서, 3D 필드 상에서 입체기동 액션을 연출하기 위해 「토니 호크의 프로 스케이터」와 동일한 게임 엔진을 사용해 개발했다.

▲ 조건 달성이나 패스워드 입력으로, 캡틴 유니버스 등 다수의 어나더 코스튬이 개방된다.

▲ 각 스테이지는 인질 구출 등의 목적이 정해져 있다. 체력이 바닥나거나 구출에 실패하면 목숨이 줄어든다.

▲ 필드에 떨어져 있는 만화책을 주우면 원작 코믹스의 아트 갤러리가 순차적으로 개방된다.

Conker's Bad Fur Day

액션 | 1~4인용 | 512M | Rareware | 2001년 3월 4일

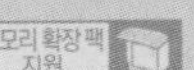

컨트롤러 팩 지원 | 진동 팩 지원 | 메모리 확장팩 지원

BOX ART & ROM CARTRIDGE

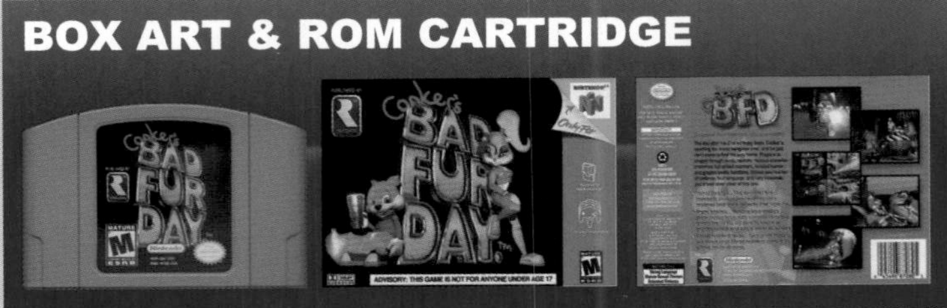

저질 개그와 잔혹 표현, 블랙 유머로 큰 인기를 얻은 청소년이용불가 액션 게임. 주인공은 「디디 콩 레이싱」에도 등장했던 붉은다람쥐 '컨커'. 숙취에 찌든 상태로 다음날 깨어나 보니 전혀 모르는 장소에 와있는 컨커가 기나긴 하루를 보내며 응가 대왕과 싸우고, 테디베어와의 전쟁에 투신하며, 은행강도까지 하다보니, 결과적으로 왕까지 되는 이야기를 그렸다. 닌텐도 64판 한정으로, 현금 쟁탈전과 전차전 등의 멀티플레이 배틀 모드가 있다.

▲ 개발 단계에서는 가족용 게임 「Conker's Quest」로서 64DD용으로 발매될 예정이었다.

▲ 「디디 콩 레이싱」 당시와는 달리, 개발자 2명이 컨커를 포함해 모든 캐릭터의 음성을 녹음했다.

▲ 패러디 요소도 많아, 전쟁에 참가하는 스테이지의 경우 유명 전쟁영화 등을 패러디한 장면이 가득하다.

Dr.Mario 64

퍼즐 | 1~4인용 | 32M | Nintendo | 2001년 4월 8일

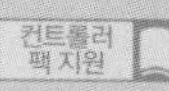

컨트롤러 팩 지원 | 진동 팩 지원 | 메모리 확장 팩 지원

BOX ART & ROM CARTRIDGE

패미컴과 게임보이로 발매된 바 있는 「닥터 마리오」의 리메이크 작품으로, 상단에서 내려오는 2개 1조의 캡슐을 조작해 가로나 세로로 같은 색을 4개 연결해 없애는 퍼즐 게임. 닥터 마리오·와리오가 주인공인 2종류의 '스토리' 모드를 비롯해, 화면 내의 바이러스를 전부 퇴치해야 하는 '클래식', 번쩍이는 바이러스를 없애는 '플래시', 'VS 컴퓨터', '스코어 어택', '마라톤' 모드가 있으며, 2인용 및 4인용 배틀 모드도 수록하였다.

▲ 팀전과 개인전으로 즐길 수 있는 4인용 모드에서는 CPU 수를 0~3명까지 설정할 수 있다.

▲ 일본 미발매 소프트이지만, 후일 게임큐브판 「닌텐도 퍼즐 컬렉션」에 수록·판매되었다.

▲ 캡슐이 떨어지는 속도와 바이러스의 레벨을 세세하게 설정할 수 있어, 초보자도 상급자도 즐기기 쉽다.

Tony Hawk's Pro Skater 2

스포츠 | 1~2인용 | 128M | Activision | 2001년 8월 21일

컨트롤러 팩 지원 27 | 진동 팩 지원 | 메모리 확장 팩 지원

BOX ART & ROM CARTRIDGE

플레이스테이션판에 오리지널 레벨을 추가한 이식작. 유명 스케이트보더 '토니 호크'가 주인공인 시리즈 작품 중 하나로, 13명의 프로 스케이터와 오리지널 캐릭터 중에서 하나를 조작하여 각 레벨에 설정된 목표를 달성하는 스포츠 게임이다. 전작과 동일한 게임 엔진을 사용했으면서도 그래픽이 향상되었고, 매뉴얼 조작을 도입해 서로 다른 콤보의 연쇄가 가능해지는 등 다양한 요소를 도입하여, 세계적으로 큰 호평을 받았다.

▲ 상금 시스템을 도입해, 플레이 중 얻은 상금으로 새로운 장비와 캐릭터를 해금할 수 있도록 했다.

▲ 공중 조작으로 레귤러 스탠스와 구피 스탠스를 전환할 수 있도록 했고, 연쇄 트릭도 가능해졌다.

▲ '파크 에디터'에서는 게임에 등장하는 시설물들을 자유롭게 배치해 오리지널 파크를 만들 수 있다.

NINTENDO64 SOFTWARE INDEX

전 세계 닌텐도64 소프트 리스트

이 페이지에서는 일본 및 북미·유럽·호주에서 각각 발매된 닌텐도 64용 소프트를 통합해 리스트화하여 게재했다. 각국의 사정에 따라 타이틀명을 변경해 발매한 경우나, 판매사(퍼블리셔)가 다른 케이스도 적지 않다. 이런 타이틀의 경우에는 주석을 붙여 해설했다.

또한 발매일은 지면 관계상 각 지역의 발매일을 개별적으로 기재하기가 어려운 탓에, '가장 먼저 발매된 지역의 발매년월일' 기준으로 적어두었다. 아무쪼록 독자의 양해를 바란다.

발매일	페이지	일본 타이틀명	일본 외 지역 타이틀명	발매사	일본	북미	유럽	호주
1996.6.23	46	최강 하부 쇼기		세타	■			
1996.6.23	45	슈퍼 마리오 64	**Super Mario 64**	닌텐도	■	■	■	
1996.6.23	44	파일럿윙스 64	**Pilotwings 64**	닌텐도	■	■	■	
1996.9.27	46	웨이브 레이스 64	**Wave Race 64**	닌텐도	■	■	■	
1996.11.22	47	원더 프로젝트 J2 : 코를로 숲의 조제트		에닉스	■			
1996.11.29	47	영광의 세인트 앤드류스		세타	■			
1996.12.14	48	마리오 카트 64	**Mario Kart 64**	닌텐도	■	■	■	
1996.12.20	48	실황 J리그 퍼펙트 스트라이커	**International Superstar Soccer 64**	코나미	■	■	■	
1996.12.20	49	초공간 나이터 : 프로야구 킹		이매지니어	■			
1996.12.20	49	마작 MASTER		코나미	■			
1996	74	웨인 그레츠키 3D 하키	**Wayne Gretzky's 3D Hockey**	게임뱅크 ※주1	■	■	■	
1996	54	스타워즈 : 제국의 그림자	**Star Wars: Shadows of the Empire**	닌텐도	■	■	■	
1996	154		**Cruis'n USA**	Nintendo		■	■	
1996	154		**Killer Instinct Gold**	Nintendo		■	■	
1996			**Mortal Kombat Trilogy**	Midway		■	■	
1997.3.14	50	실황 파워풀 프로야구 4		코나미	■			
1997.3.21	51	도라에몽 : 진구와 3개의 정령석		에포크 사	■			
1997.3.21	51	블래스트도저	**Blast Corps**	닌텐도	■	■	■	
1997.3.28	52	J리그 LIVE 64		일렉트로닉 아츠 빅터	■			
1997.3.28	52	휴먼 그랑프리 : 더 뉴 제네레이션	**F1 Pole Position 64**	휴먼 ※주2	■	■	■	
1997.4.4	53	마작 64		코에이	■			
1997.4.27	53	스타폭스 64	**Star Fox 64** ※주3	닌텐도	■	■	■	
1997.5.30	54	시공전사 튜록	**Turok: Dinosaur Hunter**	어클레임 재팬 ※주4	■	■	■	
1997.6.27	55	가자가자!! 트러블 메이커즈	**Mischief Makers**	에닉스 ※주5	■	■	■	
1997.7.18	55	웨이브 레이스 64(진동 팩 지원판)		닌텐도	■			
1997.7.18	55	슈퍼 마리오 64(진동 팩 지원판)		닌텐도	■			
1997.7.18	56	멀티 레이싱 챔피언십	**MRC: Multi-Racing Championship**	이매지니어 ※주6 ※주7	■	■	■	
1997.7.25	56	작호 시뮬레이션 : 마작도 64		비디오 시스템	■			
1997.8.1	57	DOOM 64	**Doom 64**	게임뱅크 ※주1	■	■	■	
1997.8.1	57	마작방랑기 CLASSIC		이매지니어	■			
1997.8.7	58	힘내라 고에몽 : 네오 모모야마 막부의 춤	**Mystical Ninja Starring Goemon**	코나미	■	■	■	
1997.8.8	58	파워 리그 64		허드슨	■			
1997.8.23	59	골든아이 007	**GoldenEye 007**	닌텐도	■	■	■	
1997.9.5	60	J리그 다이너마이트 사커 64		이매지니어	■			
1997.9.18	60	실황 월드 사커 3		코나미	■			
1997.9.26	61	폭 봄버맨	**Bomberman 64**	허드슨	■	■	■	
1997.10.24	61	J리그 일레븐 비트 1997		허드슨	■			
1997.10.31	62	뿌요뿌요 SUN 64		컴파일	■			
1997.11.21	62	디디 콩 레이싱	**Diddy Kong Racing**	닌텐도 ※주8	■	■	■	
1997.11.21	63	프로 마작 키와메 64		아테나	■			
1997.11.28	63	64 오오즈모		바텀 업	■			
1997.11.28	64	패미스타 64		남코	■			

발매일	페이지	일본 타이틀명	일본 외 지역 타이틀명	발매사	일본	북미	유럽	호주
1997.11.28	64	HEIWA 파친코 월드 64		암텍스	■			
1997.11.28	65	와일드 쵸퍼즈	Chopper Attack	세타 ※주1	■	■	■	
1997.12.5	65	듀얼 히어로즈	Dual Heroes	허드슨 ※주9	■	■	■	
1997.12.5	66	탑기어 랠리	Top Gear Rally	켐코	■	■	■	
1997.12.12	66	카멜레온 트위스트	Chameleon Twist	일본시스템서플라이 ※주10	■	■	■	
1997.12.12	67	스노보 키즈	Snowboard Kids	아틀라스	■	■	■	
1997.12.18	67	하이퍼 올림픽 인 나가노 64	Nagano Winter Olympics '98	코나미	■	■	■	
1997.12.18	68	비룡의 권 트윈	Flying Dragon	컬처 브레인 ※주11	■	■	■	
1997.12.18	68	헥센	Hexen	게임뱅크 ※주12	■	■	■	
1997.12.19	69	64에서 발견!! 다마고치 : 모두 함께 다마고치 월드		반다이	■			
1997.12.19	69	웃짱·난짱의 불꽃 튀는 도전자 : 전류 아슬아슬 봉		허드슨	■			
1997.12.19	70	에어로 게이지	AeroGauge	아스키	■	■	■	
1997.12.19	70	버추얼 프로레슬링 64		아스믹	■			
1997.12.21	71	요시 스토리	Yoshi's Story	닌텐도	■	■	■	
1997.12.26	71	머나먼 오거스타 : MASTERS'98		T&E 소프트	■			
1997	78	FIFA Road to WORLD CUP 98 : 월드컵으로 가는 길	FIFA: Road to World Cup 98	일렉트로닉 아츠	■	■	■	
1997	79	익스트림-G	Extreme-G	어클레임 재팬 ※주4	■	■	■	
1997	80	슈퍼 스피드 레이스 64	Automobili Lamborghini	타이토 ※주13	■	■	■	
1997	77	스페이스 다이너마이츠	Dark Rift	빅 토카이	■	■	■	
1997	75	소닉 윙스 어설트	Aero Fighters Assault	비디오 시스템	■	■	■	
1997			ClayFighter 63 1/3	Interplay Productions		■	■	
1997	155		Duke Nukem 64	GT Interactive		■	■	
1997			FIFA Soccer 64 ※주14	EA Sports		■	■	
1997			Mace: The Dark Age	Midway		■	■	
1997			Madden Football 64	Electronic Arts		■	■	
1997			Mortal Kombat Mythologies: Sub-Zero	Midway		■	■	
1997			NBA Hangtime	Midway		■	■	
1997			NFL Quarterback Club '98	Acclaim Sports		■	■	
1997			San Francisco Rush: Extreme Racing	Midway		■	■	
1997	155		Tetrisphere	Nintendo		■	■	
1997			War Gods	Midway		■	■	
1997			Wayne Gretzky's 3D Hockey '98	Midway		■	■	
1997			WCW vs. nWo: World Tour	THQ		■	■	
1997			Wheel of Fortune	GameTek		■		
1998.1.4	72	신일본 프로레슬링 투혼염도 : BRAVE SPIRITS		허드슨	■			
1998.1.29	73	NBA IN THE ZONE'98	NBA In The Zone '98 ※주15	코나미	■	■	■	
1998.1.30	73	심시티 2000		이매지니어	■			
1998.2.28	74	텐 에이티 스노보딩	1080° Snowboarding	닌텐도	■	■	■	
1998.3.26	75	G.A.S.P!! : 파이터즈 넥스트림	G.A.S.P!! Fighters' NEXTream ※주16	코나미	■	■	■	
1998.3.26	76	실황 파워풀 프로야구 5		코나미	■			
1998.3.26	76	가자! 대전 퍼즐구슬 : 투혼! 구슬마을		코나미	■			
1998.3.27	77	에어 보더 64	Air Boarder 64	휴먼	■		■	
1998.4.3	78	모리타 쇼기 64		세타	■			
1998.4.30	79	봄버맨 히어로 : 밀리안 공주를 구하라!	Bomberman Hero	허드슨	■	■	■	
1998.5.29	80	파친코 365일		세타	■			
1998.6.4	81	실황 월드 사커 : 월드컵 프랑스'98	International Superstar Soccer '98	코나미	■	■	■	
1998.6.26	81	데자에몽 3D		아테나	■			
1998.7.10	82	스타 솔저 : 배니싱 어스	Star Soldier: Vanishing Earth	허드슨	■	■		
1998.7.14	82	F-ZERO X	F-Zero X	닌텐도	■	■	■	
1998.7.16	83	올림픽 하키 나가노 98	Olympic Hockey Nagano '98	코나미 ※주1	■	■	■	
1998.7.17	83	슈퍼로봇 스피리츠		반프레스토	■			
1998.7.17	84	쵸로Q 64	Penny Racers	타카라	■	■	■	
1998.7.23	84	낙서키즈	Rakugakids	코나미	■		■	
1998.7.24	85	슈퍼 비드맨 : 배틀 피닉스 64		허드슨	■			
1998.8.1	86	포켓몬 스타디움		닌텐도	■			
1998.8.7	85	64 트럼프 컬렉션 : 앨리스의 두근두근 트럼프 월드		바텀 업	■			
1998.8.28	87	이기 군의 어슬렁어슬렁 뽀용	Iggy's Reckin' Balls	어클레임 재팬 ※주4	■	■	■	
1998.10.9	87	Let's 스매시	Centre Court Tennis	허드슨 ※주17	■		■	

※주1 : 일본 외 지역 발매사는 Midway
※주2 : 일본 외 지역 발매사는 UbiSoft
※주3 : 유럽판 타이틀명은 Lylat Wars
※주4 : 일본 외 지역 발매사는 Acclaim Entertainment
※주5 : 일본 외 지역 발매사는 Nintendo
※주6 : 북미판 발매사는 Ocean Software
※주7 : 유럽판 발매사는 Infogrames Multimedia
※주8 : 일본 외 지역 발매사는 Rare
※주9 : 북미판 발매사는 Electro Brain
※주10 : 일본 외 지역 발매사는 Sunsoft
※주11 : 일본 외 지역 발매사는 Natsume
※주12 : 일본 외 지역 발매사는 GT Interactive Software
※주13 : 일본 외 지역 발매사는 Titus Software
※주14 : 유럽판 타이틀명은 FIFA 64
※주15 : 유럽판 타이틀명은 NBA Pro '98
※주16 : 북미판 타이틀명은 Deadly Arts
※주17 : 일본 외 지역 발매사는 Bigben interactive

발매일	페이지	일본 타이틀명	일본 외 지역 타이틀명	발매사	일본	북미	유럽	호주
1998.10.23	88	직감으로 해결! 64탐정단		이매지니어	■			
1998.10.30	88	시티 투어 그랑프리 : 전일본 GT 선수권	**GT 64: Championship Edition**	이매지니어 ※주18 ※주19	■	■	■	
1998.11.13	89	테트리스 64		세타	■			
1998.11.20	89	매지컬 테트리스 챌린지 featuring 미키	**Magical Tetris Challenge**	캡콤 ※주20	■	■	■	
1998.11.21	90	젤다의 전설 시간의 오카리나	**The Legend of Zelda: Ocarina of Time**	닌텐도	■	■	■	
1998.11.27	91	웨트리스	**Wetrix**	이매지니어 ※주19	■	■	■	
1998.11.27	91	나이프 엣지 : 노즈 거너	**Knife Edge: Nose Gunner** ※주21	켐코	■	■	■	
1998.11.27	92	누시 낚시 64		빅터 인터랙티브 소프트웨어	■			
1998.12.2	92	마리오의 포토피		도쿄 일렉트론 디바이스	■			
1998.12.4	93	게터 러브!! : 초 연애 파티 게임		허드슨	■			
1998.12.6	93	반조와 카주이의 대모험	**Banjo-Kazooie**	닌텐도	■	■	■	
1998.12.11	94	도라에몽 2 : 진구와 빛의 신전		에포크 사	■			
1998.12.11	94	파이팅 컵	**Fighters Destiny**	이매지니어 ※주18 ※주19	■	■	■	
1998.12.12	95	피카츄 잘지냈츄	**Hey You, Pikachu!**	닌텐도	■	■		
1998.12.18	96	AI 쇼기 3		아스키 섬싱 굿	■			
1998.12.18	96	F1 월드 그랑프리	**F-1 World Grand Prix**	닌텐도	■	■	■	
1998.12.18	97	킹 힐 64 : 익스트림 스노보딩	**Twisted Edge Extreme Snowboarding**	켐코 ※주22	■	■	■	
1998.12.18	97	벅 범블	**Buck Bumble**	UbiSoft	■	■	■	
1998.12.18	98	마리오 파티	**Mario Party**	닌텐도	■	■	■	
1998.12.23	98	힘내라 고에몽 : 어물어물 여행길에 귀신이 잔뜩	**Goemon's Great Adventure** ※주23	코나미	■	■	■	
1998.12.24	99	폭소인생 64 : 노려라! 리조트 왕		타이토	■			
1998.12.25	99	카멜레온 트위스트 2	**Chameleon Twist 2**	일본 시스템 서플라이 ※주24	■	■	■	
1998.12.26	100	신일본 프로레슬링 투혼염도 2 : the next generation		허드슨	■			
1998.12.26	100	스노우 스피더	**Big Mountain 2000**	이매지니어 ※주25	■	■		
1998	121	익스트림-G 2	**Extreme-G 2**	어클레임 재팬 ※주26	■	■	■	
1998	114	엘테일 몬스터즈	**Quest 64** ※주27	이매지니어 ※주28 ※주29	■	■	■	
1998	134	건틀릿 레전드	**Gauntlet Legends**	에포크 사 ※주22	■	■	■	
1998	120	스타워즈 : 로그 스쿼드론	**Star Wars: Rogue Squadron**	닌텐도	■	■	■	
1998	107	탑기어 오버드라이브	**Top Gear Overdrive**	켐코	■	■	■	
1998	113	바이올런스 킬러 : TUROK NEW GENERATION	**Turok 2: Seeds of Evil**	미디어 팩토리 ※주30	■	■	■	
1998			**All-Star Baseball 99**	Acclaim Sports		■	■	
1998			**BattleTanx**	The 3DO Company		■		
1998			**Bio F.R.E.A.K.S.**	Midway		■	■	
1998			**Body Harvest**	Midway		■	■	
1998			**Bust-A-Move 2: Arcade Edition**	Acclaim Entertainment		■	■	
1998			**ClayFighter Sculptor's Cut**	Interplay Productions		■		
1998			**Cruis'n World**	Nintendo		■	■	
1998			**FIFA '99**	Electronic Arts		■	■	
1998			**Forsaken 64** ※주31	Acclaim Entertainment		■	■	
1998			**Fox Sports College Hoops '99**	Fox Sports Interactive		■		
1998			**Gex 64: Enter the Gecko**	Midway Games		■	■	
1998	158		**Glover**	Hasbro Interactive ※주32		■	■	
1998			**Golden Nugget 64**	Electronic Arts		■		
1998			**Jeopardy!**	GameTek		■		
1998			**Kobe Bryant in NBA Courtside**	Nintendo		■	■	
1998			**Madden NFL 99**	Electronic Arts		■	■	
1998			**Major League Baseball Featuring Ken Griffey, Jr.**	Nintendo		■	■	■
1998			**Mike Piazza's Strike Zone**	GT Interactive		■		
1998			**Milo's Astro Lanes**	Crave Entertainment		■	■	
1998	157		**Mission: Impossible**	Ocean ※주19		■	■	
1998	157		**Mortal Kombat 4**	Midway		■	■	
1998			**NASCAR 99**	Electronic Arts		■	■	
1998			**NBA Jam '99**	Acclaim Sports		■	■	
1998			**NBA Live 99**	Electronic Arts		■	■	
1998			**NFL Blitz**	Midway		■		
1998			**NFL Quarterback Club '99**	Acclaim Sports		■	■	
1998			**NHL 99**	Electronic Arts		■	■	
1998			**NHL Breakaway '98**	Acclaim Sports		■	■	
1998			**NHL Breakaway '99**	Acclaim Sports		■	■	
1998			**Nightmare Creatures**	Activision		■		
1998			**Off Road Challenge**	Midway		■	■	
1998	156		**Quake**	Midway		■	■	
1998	156		**Rampage World Tour**	Midway		■	■	
1998			**Robotron 64**	Crave Entertainment		■	■	

발매일	페이지	일본 타이틀명	일본 외 지역 타이틀명	발매사	일본	북미	유럽	호주
1998			Rush 2: Extreme Racing USA	Midway		■	■	
1998	159		South Park	Acclaim		■	■	
1998			Space Station Silicon Valley	Take-Two Interactive		■	■	
1998			Virtual Chess 64	Titus Software		■	■	
1998			Virtual Pool 64	Crave Entertainment		■	■	
1998			Waialae Country Club: True Golf Classics	Nintendo		■	■	
1998			WCW/nWo Revenge	THQ		■	■	
1998	158		Wipeout 64	Midway		■	■	
1998			World Cup 98	Electronic Arts		■	■	
1998			WWF War Zone	Acclaim Sports		■	■	
1999.1.15	101	J리그 택틱스 사커		아스키	■			
1999.1.21	102	닌텐도 올스타! 대난투 스매시브라더스	Super Smash Bros.	닌텐도	■	■	■	
1999.1.29	103	Parlor! PRO 64 : 파친코 실기 시뮬레이션 게임		니혼 텔레네트	■			
1999.1.29	103	SD 비룡의 권 전설		컬처 브레인	■			
1999.2.5	104	목장이야기 2	Harvest Moon 64	빅터 인터랙티브 소프트웨어 ※주33	■	■		
1999.2.19	104	초 스노보 키즈	Snowboard Kids 2	아틀라스	■	■	■	■
1999.3.5	105	퍼즐 보블 64	Bust-A-Move '99 ※주34	타이토 ※주26	■	■	■	
1999.3.11	105	악마성 드라큘라 묵시록	Castlevania	코나미	■	■	■	
1999.3.19	106	64 오오즈모 2		바텀 업	■			
1999.3.19	106	인생게임 64		타카라	■			
1999.3.19	107	초공간 나이터 : 프로야구 킹 2		이매지니어	■			
1999.3.21	108	포켓몬 스냅	Pokemon Snap	닌텐도	■	■	■	
1999.3.25	109	실황 파워풀 프로야구 6		코나미	■			
1999.3.26	108	슈퍼 볼링	Super Bowling	아테나 ※주35	■	■		
1999.4.9	110	부탁해요 몬스터		바텀 업	■			
1999.4.28	110	실황 GI 스테이블		코나미	■			
1999.4.30	111	포켓몬 스타디움 2	Pokemon Stadium	닌텐도	■	■	■	
1999.5.28	111	라스트레지온 UX		허드슨	■			
1999.6.3	112	NBA IN THE ZONE 2	NBA In The Zone '99 ※주36	코나미	■	■	■	
1999.6.11	112	줄 : 마수사 전설		이매지니어	■			
1999.6.11	113	마리오 골프 64	Mario Golf	닌텐도	■	■	■	
1999.6.25	114	신세기 에반게리온		반다이	■			
1999.7.14	115	오우거 배틀 64 : Person of Lordly Caliber	Ogre Battle 64: Person of Lordly Caliber	닌텐도	■	■		
1999.7.16	115	PD 울트라맨 배틀 컬렉션 64		반다이	■			
1999.7.21	116	스타워즈 에피소드 1 : 레이서	Star Wars Episode I: Racer	닌텐도	■	■	■	
1999.7.29	116	실황 J리그 1999 퍼펙트 스트라이커 2	International Superstar Soccer 2000	코나미	■	■	■	
1999.7.30	117	전차로 GO! 64		타이토	■			
1999.7.30	117	로드 러너 3-D	Lode Runner 3-D	반프레스토 ※주37	■	■	■	
1999.8.5	118	하이브리드 헤븐	Hybrid Heaven	코나미	■	■	■	
1999.8.6	118	랠리'99	Rally Challenge 2000	이매지니어 ※주25	■	■		
1999.8.13	119	섀도우게이트 64 : TRIALS OF THE FOUR TOWERS	Shadowgate 64: Trials of the Four Towers	켐코	■	■	■	
1999.8.27	119	격투전승 : F-Cup Maniax	Fighter Destiny 2	이매지니어 ※주25	■	■		
1999.9.3	120	폭렬무적 반가이오		ESP	■			
1999.9.23	121	윈백	WinBack ※주39	코에이	■	■	■	
1999.10.1	122	트랜스포머 : 비스트 워즈 메탈스 64	Transformers: Beast Wars Transmetals	타카라 ※주38	■	■		
1999.10.14	122	V-RALLY : EDITION 99	V-Rally Edition '99	스파이크 ※주37	■	■	■	
1999.10.22	123	야광충 II : 살인항로		아테나	■			
1999.10.29	123	슈퍼로봇대전 64		반프레스토	■			
1999.11.5	124	64 화투 : 천사의 약속		알트론	■			
1999.11.5	124	프로 마작 츠와모노 64 : 작장 배틀에 도전		컬처 브레인	■			
1999.11.26	125	비틀 어드벤처 레이싱	Beetle Adventure Racing! ※주40	일렉트로닉 아츠 스퀘어 ※주41	■	■	■	
1999.12.1	125	스타트윈즈	Jet Force Gemini	닌텐도 ※주42	■	■	■	
1999.12.3	126	폭 봄버맨 2	Bomberman 64: The Second Attack	허드슨 ※주43	■	■		
1999.12.3	126	뿌요뿌욘 파티		컴파일	■			
1999.12.8	128	커스텀 로보		닌텐도	■			
1999.12.10	127	동키 콩 64	Donkey Kong 64	닌텐도	■	■	■	

※주18 : 북미판 발매사는 Ocean Software
※주19 : 유럽판 발매사는 Infogrames Multimedia
※주20 : 유럽판 발매사는 Activision
※주21 : 유럽판 타이틀명은 Knife Edge
※주22 : 일본 외 지역 발매사는 Midway
※주23 : 유럽판 타이틀명은 Mystical Ninja 2: Starring Goemon
※주24 : 일본 외 지역 발매사는 Sunsoft
※주25 : 일본 외 지역 발매사는 SouthPeak Games
※주26 : 일본 외 지역 발매사는 Acclaim Entertainment
※주27 : 유럽판 타이틀명은 Holy Magic Century
※주28 : 북미판 발매사는 THQ
※주29 : 유럽판 발매사는 Konami
※주30 : 유럽판 발매사는 Acclaim Entertainment
※주31 : 유럽판 타이틀명은 Forsaken
※주32 : 유럽판 발매사는 Nintendo
※주33 : 일본 외 지역 발매사는 Natsume
※주34 : 유럽판 타이틀명은 Bust-a-Move 3 DX
※주35 : 일본 외 지역 발매사는 UFO Interactive Games
※주36 : 유럽판 타이틀명은 NBA Pro '99
※주37 : 일본 외 지역 발매사는 Infogrames
※주38 : 일본 외 지역 발매사는 BAM! Entertainment
※주39 : 유럽판 타이틀명은 Operation: Winback
※주40 : 호주판 타이틀명은 HSV Adventure Racing
※주41 : 일본 외 지역 발매사는 Electronic Arts
※주42 : 일본 외 지역 발매사는 Rare
※주43 : 일본 외 지역 발매사는 Vatical Entertainment

발매일	페이지	일본 타이틀명	일본 외 지역 타이틀명	발매사	일본	북미	유럽	호주
1999.12.11	28	거인 도신 1		랜드넷DD	■			
1999.12.11	26	마리오 아티스트 : 페인트 스튜디오		닌텐도	■			
1999.12.17	128	마리오 파티 2	**Mario Party 2**	닌텐도	■	■	■	
1999.12.24	129	쵸로Q 64 2 : 엉망진창 그랑프리 레이스		타카라	■			
1999.12.24	129	로봇 퐁코츠 64 : 일곱 바다의 캐러멜		허드슨	■			
1999.12.25	130	악마성 드라큘라 묵시록 외전 : LEGEND OF CORNELL	**Castlevania: Legacy of Darkness**	코나미	■	■	■	
1999.12.25	130	고에몽 : 요괴 말판놀이		코나미	■			
1999	141	WWF 레슬매니아 2000	**WWF WrestleMania 2000**	아스믹 에이스 엔터테인먼트	■	■	■	
1999	132	탑기어 랠리 2	**Top Gear Rally 2**	켐코	■	■	■	
1999	132	바이오하자드 2	**Resident Evil 2**	캡콤 ※주44 ※주45	■	■	■	
1999			**A Bug's Life**	Activision		■	■	
1999			**All Star Tennis '99** ※주46	UbiSoft		■	■	
1999			**All-Star Baseball 2000**	Acclaim Sports		■	■	
1999			**Armorines: Project S.W.A.R.M.**	Acclaim Entertainment		■	■	
1999			**Army Men: Sarge's Heroes**	The 3DO Company		■	■	
1999			**Asteroids Hyper 64**	Crave Entertainment		■		
1999			**Bass Hunter 64**	Take-Two Interactive		■	■	
1999			**Bass Masters 2000**	THQ		■		
1999			**BattleTanx: Global Assault**	The 3DO Company		■	■	
1999			**Bottom of the 9th**	Konami		■		
1999			**Brunswick Circuit Pro Bowling**	THQ		■		
1999			**California Speed**	Midway		■		
1999			**Charlie Blast's Territory**	Kemco		■	■	
1999			**Command & Conquer**	Nintendo		■	■	
1999	160		**Destruction Derby 64**	THQ		■	■	
1999			**Duke Nukem: Zero Hour**	GT Interactive Software		■	■	
1999			**Earthworm Jim 3D**	Rockstar Games ※주47		■	■	
1999			**Elmo's Letter Adventure**	NewKidCo		■		
1999			**Elmo's Number Journey**	NewKidCo		■		
1999			**Fighting Force 64**	Crave Entertainment		■	■	
1999			**Gex 3: Deep Cover Gecko**	Crave Entertainment		■	■	
1999			**Hot Wheels Turbo Racing**	Electronic Arts		■	■	
1999			**Ken Griffey, Jr.'s Slugfest**	Nintendo		■		
1999			**Knockout Kings 2000** ※주48	Electronic Arts		■	■	
1999	160		**LEGO Racers**	Lego Media		■	■	
1999			**Madden NFL 2000**	Electronic Arts		■		
1999			**Micro Machines 64 Turbo**	Midway		■	■	
1999			**Monaco Grand Prix** ※주49 ※주50 ※주51	UbiSoft		■	■	
1999			**Monopoly**	Hasbro Interactive		■		
1999			**Monster Truck Madness 64**	Rockstar Games		■	■	
1999	162		**Namco Museum 64**	Namco		■		
1999			**NASCAR 2000**	Electronic Arts		■		
1999			**NBA Courtside 2: Featuring Kobe Bryant**	Nintendo		■		
1999			**NBA Jam 2000**	Acclaim Sports		■	■	
1999			**NBA Live 2000**	Electronic Arts		■	■	
1999			**NBA Showtime: NBA on NBC**	Midway		■		
1999			**NFL Blitz 2000**	Midway		■		
1999			**NFL Quarterback Club 2000**	Acclaim Sports		■	■	
1999			**NHL Blades of Steel '99** ※주52	Konami		■	■	
1999			**Nuclear Strike 64**	THQ		■	■	
1999	161		**Paperboy**	Midway		■	■	
1999			**Premier Manager 64**	Gremlin Interactive		■		
1999			**Quake II**	Activision		■	■	
1999			**Rainbow Six**	Red Storm Entertainment		■	■	
1999			**Rampage 2: Universal Tour**	Midway		■	■	
1999	161		**Rayman 2: The Great Escape**	UbiSoft		■	■	
1999			**Ready 2 Rumble Boxing**	Midway		■	■	
1999			**Re-Volt**	Acclaim Entertainment		■	■	
1999			**Road Rash 64**	THQ		■	■	
1999			**Roadsters**	Titus Software		■	■	
1999			**Rocket: Robot on Wheels**	UbiSoft		■	■	
1999			**Rugrats: Scavenger Hunt** ※주53	THQ		■	■	
1999			**S.C.A.R.S.**	UbiSoft		■	■	
1999			**Shadow Man**	Acclaim Entertainment		■	■	

발매일	페이지	일본 타이틀명	일본 외 지역 타이틀명	발매사	일본	북미	유럽	호주
1999			**South Park: Chef's Luv Shack**	Acclaim Entertainment		■	■	
1999			**Space Invaders**	Activision		■		
1999			**Starshot: Space Circus Fever**	Infogrames		■	■	
1999			**Supercross 2000**	Electronic Arts		■	■	
1999	159		**Superman**	Titus		■	■	
1999			**The New Tetris**	Nintendo		■	■	
1999			**Tonic Trouble**	UbiSoft		■	■	
1999			**Toy Story 2: Buzz Lightyear to the Rescue**	Activision		■	■	
1999			**Triple Play 2000**	Electronic Arts		■		
1999			**Turok: Rage Wars**	Acclaim Entertainment		■	■	
1999			**Vigilante 8**	Activision		■	■	
1999			**WCW Mayhem**	Electronic Arts		■	■	
1999			**WCW Nitro**	THQ		■		
1999			**World Driver Championship**	Midway		■	■	
1999			**WWF Attitude**	Acclaim Sports		■	■	
1999			**Xena: Warrior Princess: The Talisman of Fate** ※주54	Titus Software		■	■	
2000.1.28	131	버추얼 프로레슬링 2 : 왕도 계승		아스믹 에이스 엔터테인먼트	■			
2000.2.23	28	심시티 64		닌텐도	■			
2000.2.23	27	마리오 아티스트 : 탤런트 스튜디오		닌텐도	■			
2000.2.23	28	랜드넷 디스크		랜드넷DD	■			
2000.3.17	133	탑기어 하이퍼 바이크	**Top Gear Hyper Bike**	켐코	■	■	■	
2000.3.24	133	별의 커비 64	**Kirby 64: The Crystal Shards**	닌텐도	■	■	■	
2000.3.31	134	이토이 시게사토의 배스 낚시 No.1 결정판!		닌텐도	■			
2000.4.7	135	다이카타나	**Daikatana**	켐코	■	■	■	
2000.4.21	29	F-ZERO X 익스팬션 키트		닌텐도	■			
2000.4.21	135	이데 요스케의 마작학원		세타	■			
2000.4.21	136	닌자보이 란타로 64 : 게임 갤러리		컬처 브레인	■			
2000.4.27	137	젤다의 전설 무쥬라의 가면	**The Legend of Zelda: Majora's Mask**	닌텐도	■	■	■	
2000.4.28	136	배스 러시 : ECOGEAR PowerWorm Championship		비스코	■			
2000.4.29	138	실황 파워풀 프로야구 2000		코나미	■			
2000.5.2	29	일본 프로 골프 투어 64		미디어 팩토리	■			
2000.5.17	29	거인 도신 해방전선 치비코 치코 대집합		랜드넷DD	■			
2000.5.26	138	누시 낚시 64 : 바닷바람을 타고		빅터 인터랙티브 소프트웨어	■			
2000.6.23	139	익사이트 바이크 64	**Excitebike 64**	닌텐도	■	■	■	
2000.6.29	27	마리오 아티스트 : 커뮤니케이션 키트		닌텐도	■			
2000.7.13	139	힘내라! 일본! 올림픽 2000	**International Track & Field 2000** ※주55	코나미	■	■	■	
2000.7.21	140	마리오 테니스 64	**Mario Tennis**	닌텐도	■	■	■	
2000.7.28	140	도라에몽 3 : 진구의 마을 SOS!		에포크 사	■			
2000.8.11	141	마리오 스토리	**Paper Mario**	닌텐도	■	■	■	
2000.8.29	27	마리오 아티스트 : 폴리곤 스튜디오		닌텐도	■			
2000.9.27	142	이상한 던전 풍래의 시렌 2 : 도깨비 습격! 시렌 성!		닌텐도	■			
2000.10.21	142	퍼펙트 다크	**Perfect Dark**	닌텐도 ※주56	■	■	■	
2000.11.10	143	커스텀 로보 V2		닌텐도	■			
2000.11.21	144	죄와 벌 : 지구의 계승자		닌텐도	■			
2000.11.22	144	록맨 DASH : 강철의 모험심	**Mega Man 64**	캡콤	■	■		
2000.11.27	145	반조와 카주이의 대모험 2	**Banjo-Tooie**	닌텐도	■	■	■	
2000.11.30	145	댄스 댄스 레볼루션 : 디즈니 댄싱 뮤지엄		코나미	■			
2000.12.7	146	마리오 파티 3	**Mario Party 3**	닌텐도	■	■	■	
2000.12.14	146	포켓몬 스타디움 금은	**Pokemon Stadium 2**	닌텐도	■	■	■	
2000	147	미키의 레이싱 챌린지 USA	**Mickey's Speedway USA**	닌텐도	■	■	■	
2000	164		**007:The World Is Not Enough**	Electronic Arts		■	■	
2000			**All-Star Baseball 2001**	Acclaim Sports		■		
2000			**Army Men: Air Combat**	The 3DO Company		■		
2000			**Army Men: Sarge's Heroes 2**	The 3DO Company		■		
2000			**Batman Beyond: Return of the Joker** ※주57	UbiSoft		■	■	
2000			**Battlezone: Rise of the Black Dogs**	Crave Entertainment		■		
2000			**Blues Brothers 2000**	Titus Software		■	■	
2000	162		**Carmageddon 64**	Titus ※주58		■	■	

※주44 : 유럽판 발매사는 Virgin Interactive
※주45 : 호주판 발매사는 Nintendo Australia
※주46 : 프랑스판 타이틀명은 Yannick Noah All Star Tennis '99
※주47 : 유럽판 발매사는 Interplay Entertainment
※주48 : 독일판 타이틀명은 Box Champions 2000
※주49 : 유럽판 타이틀명은 Monaco Grand Prix: Racing Simulation 2
※주50 : 영국판 타이틀명은 Racing Simulation: Monaco Grand Prix
※주51 : 독일판 타이틀명은 Racing Simulation 2
※주52 : 유럽판 타이틀명은 NHL Pro '99
※주53 : 유럽판 타이틀명은 Rugrats: Treasure Hunt
※주54 : 유럽판 타이틀명은 Xena: Warrior Princess
※주55 : 유럽판 타이틀명은 International Track & Field: Summer Games
※주56 : 일본 외 지역 발매사는 Rare
※주57 : 유럽판 타이틀명은 Batman of the Future: Return to the Joker
※주58 : 유럽판 발매사는 Sales Curve Interactive

발매일	페이지	일본 타이틀명	일본 외 지역 타이틀명	발매사	일본	북미	유럽	호주
2000			**Cruis'n Exotica**	Midway		■		
2000			**CyberTiger**	EA Games		■	■	
2000			**Disney's Tarzan**	Activision		■	■	
2000			**Donald Duck: Goin' Quackers** ※주59	UbiSoft		■	■	
2000			**Duck Dodgers Starring Daffy Duck** ※주60	Infogrames		■	■	
2000			**ECW Hardcore Revolution**	Acclaim Entertainment		■	■	
2000			**F1 Racing Championship**	UbiSoft		■		
2000			**F-1 World Grand Prix II**	Video System		■		
2000			**Hercules: The Legendary Journeys**	Titus Software		■	■	
2000			**Hydro Thunder**	Midway		■	■	
2000			**Indiana Jones and the Infernal Machine**	LucasArts		■		
2000			**Indy Racing 2000**	Infogrames		■		
2000			**Jeremy McGrath Supercross 2000**	Acclaim Sports		■	■	
2000			**Madden NFL 2001**	Electronic Arts		■		
2000			**Michael Owen's WLS 2000** ※주61 ※주62 ※주63	THQ		■	■	
2000	165		**Midway's Greatest Arcade Hits: Volume 1**	Midway		■		
2000			**Ms. Pac-Man Maze Madness**	Namco		■		
2000			**NBA In The Zone 2000**	Konami		■	■	
2000			**NFL Blitz 2001**	Midway		■		
2000			**NFL QB Club 2001**	Acclaim		■		
2000			**PGA European Tour** ※주64	Infogrames		■	■	
2000	164		**Pokemon Puzzle League**	Nintendo		■	■	
2000			**Polaris SnoCross**	Vatical Entertainment		■		
2000			**Power Rangers Lightspeed Rescue**	THQ		■	■	
2000			**Rat Attack!**	Mindscape		■	■	
2000			**Ready 2 Rumble Boxing: Round 2**	Midway		■		
2000	163		**Ridge Racer 64**	Nintendo		■	■	
2000			**Rugrats in Paris: The Movie**	THQ		■	■	
2000			**San Francisco Rush 2049**	Midway		■	■	
2000			**Scooby-Doo! Classic Creep Capers**	THQ		■	■	
2000			**South Park Rally**	Acclaim Entertainment		■	■	
2000	166		**Spider-Man**	Activision		■		
2000			**Star Wars: Episode I: Battle for Naboo**	LucasArts		■	■	
2000	163		**StarCraft 64**	Nintendo		■	■	■
2000			**Stunt Racer 64**	Midway		■		
2000			**Taz Express**	Infogrames		■		
2000			**Tigger's Honey Hunt**	NewKidco ※주65		■	■	
2000			**Tom and Jerry in Fists of Furry**	NewKidco ※주65		■	■	
2000			**Tony Hawk's Pro Skater** ※주66	Activision		■	■	
2000			**Turok 3: Shadow of Oblivion**	Acclaim Entertainment		■	■	
2000			**Vigilante 8: 2nd Offense**	Activision		■	■	
2000			**WCW Backstage Assault**	Electronic Arts		■		
2000			**Worms Armageddon**	Infogrames		■	■	
2000	165		**WWF No Mercy**	THQ		■	■	
2001.3.29	148	실황 파워풀 프로야구 Basic판 2001		코나미	■			
2001.4.6	148	햄스터 이야기 64		컬처 브레인	■			
2001.4.14	149	동물의 숲		닌텐도	■			
2001.8.10	150	더비 스탤리언 64		미디어 팩토리	■			
2001.12.20	150	봄버맨 64		허드슨	■			
2001			**Aidyn Chronicles: The First Mage**	THQ		■	■	
2001	166		**Conker's Bad Fur Day**	Rare ※주67		■	■	
2001	167		**Dr. Mario 64**	Nintendo		■		
2001			**Madden NFL 2002**	Electronic Arts		■		
2001			**NFL Blitz Special Edition**	Midway		■		
2001			**Razor Freestyle Scooter**	Crave Entertainment		■		
2001			**The Powerpuff Girls: Chemical X-traction**	BAM! Entertainment		■		
2001	167		**Tony Hawk's Pro Skater 2**	Activision		■	■	
2002			**Tony Hawk's Pro Skater 3**	Activision		■		

※주59 : 유럽판 타이틀명은 Donald Duck's Quack Attack
※주60 : 유럽판 타이틀명은 Daffy Duck starring as Duck Dodgers
※주61 : 북미판 타이틀명은 Mia Hamm 64 Soccer
※주62 : 독일판 타이틀명은 RTL World League Soccer 2000
※주63 : 프랑스판 타이틀명은 Telefoot Soccer 2000
※주64 : 유럽판 타이틀명은 PGA European Tour Golf
※주65 : 유럽판 발매사는 UbiSoft
※주66 : 유럽판 타이틀명은 Tony Hawk's Skateboarding
※주67 : 유럽판 발매사는 THQ

NINTENDO64 SOFTWARE INDEX

일본 발매 닌텐도64 소프트 색인

이 페이지는 일본에서 발매된 닌텐도 64용 소프트 총 208개 타이틀을 가나다순으로 정렬한 색인이다. 이 책에 수록한 해당 게재 페이지도 소개하였으므로, 당시 갖고 있었던 게임을 회고한다거나, 컬렉션 수집을 위해 타이틀을 조사한다거나…… 등등의 이유로 추억의 게임을 찾는 데 참고자료로 활용해준다면 감사하겠다.

※ 붉은색 문자는 64DD용 소프트

※ 붉은색 문자는 64DD용 소프트

CHAPTER 4

NINTENDO64 한국의 닌텐도 64 이야기

NINTENDO64 KOREAN CATALOGUE

해설 | 한국의 닌텐도 64 이야기

COMMENTARY OF NINTENDO64 #4

현대전자에 의해 '현대컴보이 64' 브랜드로 발매

제 4장은 원서인 일본판에는 없는 한국어판의 독자적인 추가 지면으로서, 원서 감수자인 마에다 히로유키 씨의 허락 하에 한국어판 역자가 추가 집필하였음을 먼저 밝혀둔다.

닌텐도의 라이선스를 획득해 닌텐도 게임기의 한국 공식 판매대행사가 된 현대그룹 산하의 현대전자는, 1989년 10월 컴보이(북미판 NES의 한국 공식 유통품)를 시작으로 1990년 11월 25일의 미니컴보이(게임보이의 한국 발매판), 1992년 10월 31일의 슈퍼컴보이(유럽판 SNES의 한국 공식 유통품) 등 당시 닌텐도의 게임 플랫폼들을 꾸준하게 한국 시장에 정식 발매해 소개해왔다. 자사의 게임기 브랜드인 '컴보이'의 연장선상에서 닌텐도 64의 한국 유통판에 해당하는 '현대컴보이 64'(회사명인 '현대'를 아예 상품명에 포함시켰다)의 발매를 개시한 때는 1997년 7월 19일로서, 일본 첫 발매 후 1년만의 한국 소개이기도 하다.

슈퍼컴보이와 마찬가지로, 본체 자체는 일본판 카트리지가 호환되지만 실제 정식발매 소프트는 영문판으로 유통한 것이 특징으로서, 일본판 카트리지의 직접 구동이 가능했던 탓에 당시에는 전자상가 등을 중심으로 일본판 게임 카트리지 및 일본판 본체의 병행수입품도 활발히 유입·유통되었다.

▲ 현대컴보이 64 출시 직전의 지면광고. 실제로는 광고대로의 7월 19일이 아니라 23일경에 발매되었다고도 한다. 실제 판매기간이 짧았고 내부 상황이 여의치 않았던 탓인지, 현대컴보이 64는 지면광고를 찾기가 매우 힘든 편이다.

IMF 사태의 파고에 휩쓸려, 발매 1주년도 채우지 못하고 퇴장하다

현대컴보이 64의 한국 발매 시기는 제 3장 해설의 서술대로, 양산과정에 차질이 많았던 닌텐도 64의 당시 사정상 유럽에 이은 후순위로 밀리면서 확정된 것으로 추측되는데, 결과적으로는 매우 좋지 않은 시점에 출시된 형국이 되었다. 그동안 한국에도 병행수입으로 범람하던 플레이스테이션이 「파이널 판타지 Ⅶ」의 히트를 기점으로 완전히 대세가 된데다, 당시 한국에서도 인기가 있었던 일본 RPG와 대전격투 장르를 전혀 커버하지 못해 유저 입장에서 선호도가 낮았으며, 결정적으로 97년 연말을 기점으로 IMF 구제금융 사태와 환율 쇼크가 발발하면서 국내 경제상황과 소비심리가 직격탄을 맞아 경기가 얼어붙었고, 환율이 갑자기 폭등함으로써 해외 제품의 수입판매 환경도 급격히 악화되었기 때문이다.

유수의 대기업들조차 부도와 해체의 파란에 휩쓸리면서 현대전자의 모회사인 현대그룹도 98년 1월부터 고강도 구조조정을 시작하여, 현대전자 역시 PC, LCD 등의 사업을 모두 매각·분사하고 반도체에 전념하기로 결정했으며(2001년 하이닉스반도체로 사명 변경) 이 과정에서 98년 5월경 변변한 발표 없이 조용히 게임기 사업에서 철수하여 닌텐도 제품 유통에서 손을 떼면서, 약 9년여 간 지속되어 온 현대전자의 '컴보이' 브랜드 전개는 막을 내리게 된다.

▲ 현대전자가 정규 발매한 「디디 콩 레이싱」의 패키지 내용물. 기본적인 디자인 및 구성물은 북미판을 따르고 있으며, 매뉴얼 및 첨부물은 번역하여 제공했다.

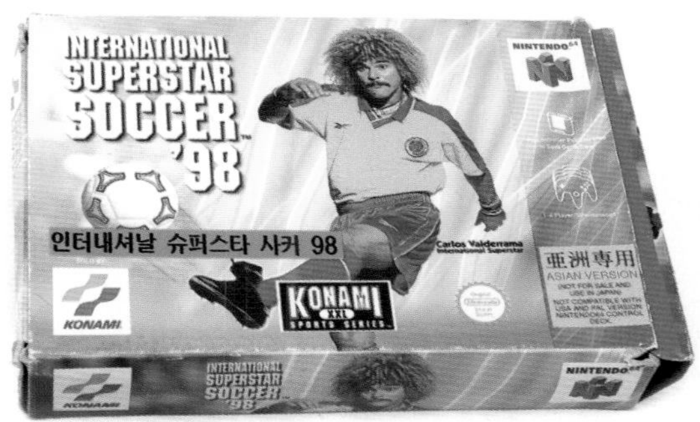

▲ 현대전자 외에도, 한국고나미(코나미의 당시 한국지사로서, 아케이드 게임 유통이 주력이었다) 등 여러 회사가 아시아판·일본판 소프트 등을 수입 발매하는 형태로 국내에 소프트를 공급했다.

현대컴보이 64

현대전자 1997년 7월 19일 330,000원

※ 환율 폭등에 따라, 1998년 1월 21일 출하품부터 440,000원으로 가격 인상

▲ 외장 박스 패키지는 이번에는 일본판의 디자인을 거의 그대로 계승하여 내부 텍스트를 번역해 삽입했다. 'NINTENDO 64'라는 일본판 상품명을 빼지 않고 그대로 병행 배치한 것도 특징.

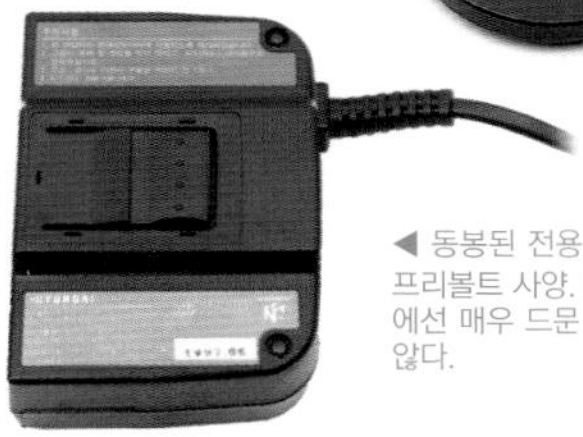

◀ 동봉된 전용 AC 어댑터는 110~220V를 지원하는 프리볼트 사양. 전 세계의 닌텐도 64용 순정 어댑터 중에선 매우 드문 프리볼트라 애지중지하는 팬들이 적지 않다.

현대전자가 내놓은, 최후의 '컴보이'

현대컴보이 64는 닌텐도 64(10p)의 한국 발매판으로서, 당시 닌텐도의 한국 공식 판매대행사였던 현대전자가 1997년 7월 19일부터 국내 시판을 개시한 모델이다. 이후 현대전자가 IMF 사태와 그룹 구조조정 등으로 게임기 사업에서 98년 5월경 철수했기 때문에, 실질적인 정규 판매기간이 1년도 채 되지 않았던 비운의 기기이기도 하다.

내부적으로는 일본판 카트리지가 호환되는 아시아판이며, 본체 및 컨트롤러에 한국어 표기를 실크 인쇄로 추가했다. 따라서 현대전자가 정규 발매한 영문판 소프트와 일본판 소프트를 모두 구동 가능하다는 특이한 사양의 기기이기도 하다.

본체와 함께 컨트롤러 팩, 진동 팩 등도 별매했으나, 당시엔 훨씬 저렴한 병행수입판이 선호되었기에 실물이 그리 남아있지 않다. 또한 현대전자 자체 정식발매 소프트는 불과 4종이며, 한글화 소프트마저 끝내 단 하나도 내지 못했다.

ADVERTISING

SOFTWARE

HYUNDAI COMBOY64 KOREAN SOFTWARE LIST

한국 발매 현대컴보이 64 소프트를 발매시기 순으로 게재

현대컴보이 64 한국 정식발매 소프트 리스트

이 페이지에서는 현대전자 등이 현대컴보이 64용으로 정규 발매한 소프트 총 10타이틀을 발매시기 순으로 정렬해 리스트화하였다. 본서에 이미 소개된 타이틀의 경우 해당 게재 페이지와 타이틀명도 함께 기재해 두었다.

본 리스트는 역자가 보유한 게임잡지 및 네이버 카페 '추억의 게임 여행'에서 유저들이 올린 사진자료를 기초로 하여, 발매사실 혹은 실물 사진이 남아있는 소프트 데이터를 최대한 취합하여 다듬었다. 다만 시간과 자료의 한계로 누락이나 오류가 있을 수 있으며 리스트의 정확성을 완전히 담보하지는 못하므로, 이 점은 너른 양해를 구하고자 한다. 또한 현대전자 및 국내 퍼블리셔가 리패키징하여 정규 및 병행수입 발매한 소프트만을 기준으로 삼았으므로, 비 라이선스 소프트 등은 목록에 수록하지 않았다.

참고로 한국판 현대컴보이 64 관련 제품번호는 기본적으로 일본·북미와 공통이지만, 국가 코드가 '-KOR'로 변경되어 있다.

- 본 리스트의 소프트명 표기는 실제 패키지 표기 기준이다.
- 국내 발매 시기는 최대한 근사치를 기재하려 노력했으나, 당시 소프트 발매 특성상 불명확한 부분이 많기 때문에 대부분이 추정치이며, 발매 순서 등이 실제와 다를 수 있다.
- '본서 소개 정보' 란의 푸른색 문자는 본서에 소개되지 않은 타이틀의 영문 원제이다.
- 기본적으로 일부를 제외한 모든 소프트는 영문판이다.

발매일(추정)	소프트명	본서 소개 정보	발매사	비고
97.7.19	슈퍼마리오 64	슈퍼 마리오 64 (45p)	현대전자	
97.7.19	마리오 카트 64	마리오 카트 64 (48p)	현대전자	
97.9.19	인터내셔널 슈퍼스타 사커 64	실황 J리그 퍼펙트 스트라이커 (48p)	한국고나미	발매기록만 존재
97.10.	스타폭스 64	스타폭스 64 (53p)	현대전자	진동 팩 동봉판
97.12.23	디디콩 레이싱	디디 콩 레이싱 (62p)	현대전자	
98.11.	Kobe Bryant in NBA Courtside	Kobe Bryant in NBA Courtside	멀티테크	북미판
98.12.	MRC : Multi Racing Championship	멀티 레이싱 챔피언십 (56p)	A.K 통상	일본판
98.9.	인터내셔널 슈퍼스타 사커 98	실황 월드 사커 : 월드컵 프랑스 '98 (81p)	한국고나미	아시아판
99.2.	캐슬바니아	악마성 드라큘라 묵시록 (105p)	한국고나미	아시아판
99.	NBA IN THE ZONE '98	NBA IN THE ZONE '98 (73p)	소프트 코 무역	북미판

NINTENDO64

닌텐도 64
퍼펙트 카탈로그

1판 1쇄 | 2021년 1월 25일
감 수 | 마에다 히로유키, 조기현
옮 긴 이 | 김경문
발 행 인 | 김인태
발 행 처 | 삼호미디어
등 록 | 1993년 10월 12일 제21-494호
주 소 | 서울특별시 서초구 강남대로 545-21 거림빌딩 4층
www.samhomedia.com
전 화 | (02)544-9456(영업부) (02)544-9457(편집기획부)
팩 스 | (02)512-3593

ISBN 978-89-7849-631-5 (13690)